入門・倫理学の歴史
―― 24人の思想家 ――

柘植尚則
編著

梓出版社

は　し　が　き

　「倫理学」（ethics）は，哲学の一部門として，古代ギリシアで誕生し，今日に至るまで，二千年以上の歴史をもっている。それは，伝統的には，人間の生き方を探究するものである。

　現代の倫理学は，狭い意味では，「規範倫理学」「メタ倫理学」「応用倫理学」という三つの分野からなっている。規範倫理学は，何が「善い／悪い」のか，何が「正しい／正しくない」のか，それを判断する原理を探究し，その原理に基づいて具体的に判断するものである。メタ倫理学は，「善い／悪い」「正しい／正しくない」とはどういうことか，その意味や性質について考察し，そこからさらに，倫理や道徳の本性を問題にするものである。そして，応用倫理学は，規範倫理学やメタ倫理学の議論をもとに，生命，医療，環境，科学技術，経済，福祉などにおける倫理的な問題を検討するものである。

　また，現代の倫理学は，広い意味では，「社会哲学」「正義論」「他者論」といった分野も含んでいる。社会哲学は，社会のあり方を探究するものであり，今日では狭い意味での倫理学と区別されるが，歴史的には倫理学と重なっている。正義論も歴史的には倫理学と重なっているが，現代の「社会正義論」は，社会の公正なあり方を問題にするものであり，政治哲学や法哲学の一分野とも考えられている。また，他者論は，他者とはどのような存在か，ひとは他者とともに（あるいは，他者のために）どのように生きるべきか，といった問題について考察するものである。

　このように，現代の倫理学の分野は多岐にわたっている。だが，それでも，倫理学の歴史を振り返ると，その分野は限られている。たとえば，人間とはどのような存在か，人間は世界のなかでどのような位置にあるのか，（神や自然など）人間を超えるものとどのような関係にあるのか，といった問題は，現代の倫理学では，主題として論じることが少なくなっている。また，人間にとって，何が幸福であり，何が義務であり，何が徳であるのか，人間は社会のなかでどのように生きるべきか，人間にとって望ましい

社会とはどのような社会か，といった問題は，現代の倫理学では，ストレートに論じることが難しくなっている。

　しかし，これらの問題こそ，伝統的には，人間の生き方を探究する倫理学にとって中心的な問題であった。そこで，本書では，倫理学の世界を広く紹介することを目的として，とくに西洋の倫理学の歴史を辿ることにしたい。具体的には，古代から現代に至る２４人の代表的な思想家を取り上げ，その基本的な考えを解説することにしたい。

　倫理学の入門書は次々と刊行されているが，その一方で，倫理学史の入門書は久しく刊行されていない。歴史を軽んじる最近の学問的な傾向がその大きな理由と思われるが，倫理学の全体像を知るためには，その歴史を振り返ることも必要である。その意味で，本書は，倫理学のもう一つの入門書である。

　梓出版社の本谷貴志氏には，前著『西洋哲学史入門――６つの主題』に続き，今回も大変お世話になった。厚くお礼を申し上げたい。

　2016 年 1 月

編　者

目 次

はしがき　　　　　　　　　　　　　　　i

第 1 章　プラトン　　　　　　　　　　3
第 2 章　アリストテレス　　　　　　　13
第 3 章　アウグスティヌス　　　　　　27
第 4 章　トマス・アクィナス　　　　　37
第 5 章　デカルト　　　　　　　　　　51
第 6 章　ホッブズ　　　　　　　　　　63
第 7 章　スピノザ　　　　　　　　　　73
第 8 章　ヒューム　　　　　　　　　　83
第 9 章　ルソー　　　　　　　　　　　93
第 10 章　スミス　　　　　　　　　　103
第 11 章　カント　　　　　　　　　　113
第 12 章　ヘーゲル　　　　　　　　　123
第 13 章　ミル　　　　　　　　　　　133
第 14 章　マルクス　　　　　　　　　147
第 15 章　ニーチェ　　　　　　　　　157
第 16 章　ベルクソン　　　　　　　　167
第 17 章　ハイデガー　　　　　　　　179
第 18 章　サルトル　　　　　　　　　191
第 19 章　フーコー　　　　　　　　　207
第 20 章　レヴィナス　　　　　　　　221
第 21 章　ハーバーマス　　　　　　　231
第 22 章　ヘア　　　　　　　　　　　241
第 23 章　ロールズ　　　　　　　　　255
第 24 章　セン　　　　　　　　　　　265

コラム
    1　エピクロス派　　　23
    2　ストア派　　　　　25
    3　ルネサンス　　　　47
    4　宗教改革　　　　　49
    5　モラリスト　　　　61
    6　実証主義　　　　 143
    7　進化論　　　　　 145
    8　プラグマティズム　177
    9　現象学　　　　　 189
   10　実存主義　　　　 201
   11　構造主義　　　　 203
   12　ポストモダニズム　217
   13　メタ倫理学　　　 251
   14　徳倫理学　　　　 253

人名索引　　　　　　　　　　　275
事項索引　　　　　　　　　　　277

入門・倫理学の歴史

―― 24人の思想家 ――

第1章
プラトン
Platōn, 427-347 B.C.

　プラトンは，ものごとの究極的な原理とその探求方法について深く考えをめぐらせた，古代ギリシアを代表する哲学者である。プラトンの倫理思想は師ソクラテス（Sōkratēs, 469-399 B.C.）の生と死に向き合うことから出発する。ソクラテス自身は何も書き残していないが，プラトンの初期著作はその思想を伝えている。そこでまず，ソクラテスの倫理思想から紹介し，それをプラトンがどのように継承し展開したのか，正義論を中心に確認する。最後に，プラトンの宇宙論に基づいた倫理思想を概観する。

第1節　ソクラテスの倫理思想

時代背景
　どうしたら人は幸福になることができるのか。「幸福」とは「善く生きること」と同義である。古代ギリシアでは，「徳」（アレテー）をもつすぐれた人こそが幸福であると考えられていた。伝統的にホメロスの描く英雄たちが示す，戦争での勇敢さ，富に対する気前の良さ，友愛，敵への復讐心などが典型的な徳であった。前5世紀半ば，民主制のもと繁栄を極めていた都市国家アテナイにおいては，政治的・軍事的な成功を収めた者がすぐれた人の身近なモデルであった。
　そのアテナイには，ギリシア各地から「ソフィスト」（「知恵ある者」の意）と呼ばれる知識人が集まり，国家で成功するために必要な徳を教える教師として活躍した。ときには高額な報酬を受けとるこのソフィストたちに，民主制国家での成功をめざす若者たちは熱狂した。この風潮は「ソフィスト運動」と呼ばれるが，その活動の内実は多様であり，けっして一括

りにはできない。だが，巧みに語り民衆を説得する能力，すなわち「弁論術」への関心に特徴があるといえる。弁論術は政治議会と裁判での評決において活用された。そして，当時のアテナイの政治や裁判で重要だったのは民衆の判断である。弁論術は，民衆の支持を集めて政治のリーダーとなるための処世術として，裁判において勝利を収める術として発展した。

ソフィスト運動が広まった背景には，相対主義思想がある。それは，国や地域によって正しいことや善悪の基準が変わるように，政治や裁判の場でも人々の決定や取り決めによってそれらは変わるという考え方である。政治的な決断の善し悪し，法廷での正不正は絶対的なものではなく，人々がどのように捉えるかによって決まってくる。

こうした風潮にソクラテスは反論する。重要なのは，説得を通して善い・正しいと人々に思われることでもなければ，自分にとって何が善であるかを考えずに，欲しいままに利益・快楽を追求することでもない。そうではなく，実際に善く正しい人であること，そのために，何が善であり正しいことなのかを知ることが大切なのだと言う。ソクラテス自身は，善や正しさについて自分は何も確かなことを知らないと告白し，アテナイ市民を巻き込み，知を愛し求める探求（哲学）に打ちこんでゆく。そのソクラテスを，アテナイ市民は裁判にかけ死刑にしてしまうことになる。

ソクラテス裁判

ソクラテスを訴える罪状は，アテナイの認める神々を崇めないこと（不敬神）と，若者を堕落させていることであった。ソクラテスを快く思わない政治的な力が働いていたとされるが，プラトンの『ソクラテスの弁明』という著作（実際の裁判記録ではない）では，ソクラテスの哲学的探求に対するアテナイ市民の積年の憎しみや嫌悪が，訴えの背後にあるとされる。

憎しみを生むことになった哲学的探求のきっかけは神託にある。ある日ソクラテスの友人がデルポイのアポロン神殿で「ソクラテスよりも賢い者はいるか」と尋ねると，「否」と告げられる。しかしこれを聞いたソクラテスは，自分は何も知らないと自覚しており，自分は知者であるはずがないと考える。そこで，知者と評判の政治家，詩人（当時，詩人の作品は教

育や教養に重要な役割を担っていた），技術についての知恵をもつ職人のもとを訪ね，自分よりも賢い人がいないか調べていく。

　吟味の結果，知恵があると思われている政治家，詩人，職人たちは，じつは知恵をもっていないのだと判明する。市民たちにとっての善を考えるべき政治家は，肝心の善について知識をもっていない。詩人たちは物語や文章のひらめきをもち，職人たちは個々の専門的な知識をもつ。ところが，彼らはそうした才能や知識をもっていることから，善く生きるために大切な「善美の事柄」についても，実際は知らないのに知っていると思い込んでしまっている。ソクラテスが問題にする無知とは，善美の事柄の探求を妨げ，善く生きることに悪影響を与えてしまうこうした無自覚である。

　他方のソクラテスは，それらについて何も知らないことを自覚している（無知の知）。この無知の自覚ゆえに，ソクラテスは賢いと神に告げられたのである。ただし，善美の事柄について何も知らないという点でソクラテスは他の人と何も変わらない。本当の知者は善美の事柄を知っている神々である。神々に比べるならば無知の自覚は「人間的な知」でしかない。ソクラテスは哲学的探求を通して，アテナイ市民を吟味し善美の事柄についての知識獲得をめざすよう促す。「自分自身の魂がすぐれたものとなるように配慮せよ」とソクラテスは言う。魂をすぐれたものにするものこそ徳であり，人々が追い求める金銭も名誉も，この徳によってはじめて善いものになる。だが徳を獲得するためには，善美の事柄の知識が必要である。

　こうしたソクラテスの訴えも虚しく，自分の無知を暴かれた人たちは，ソクラテスに対する反感を募らせ，死刑に処するに至るのである。

問答法

　無知を自覚するソクラテスは，対話相手とともに問題となっている事柄を吟味し探求を進めていく。これは，のちに「問答法」（ディアレクティケー）と呼ばれ，哲学的な方法論として発展することになる。

　ソクラテスは，魂をすぐれたものにする徳（正義，知恵，勇気，節制，敬虔など）について問答するなかで，まずそれらが「何であるか」を問う。「何であるか」と問われているものは，「〜そのもの」と呼ばれる（正義そ

のもの，勇気そのものなど）。それは，たとえば，個々の正しい行為や状態がそれによって正しいものである原因，それらが正しいと認識される基準，さらに「正しい」とされるものに共通する普遍的なものである。

問答は，徳とは何かについて対話相手がもっている信念を明確にすることから始まる（しばしば，その信念はソクラテスの信念と対立する）。次にソクラテスは関連する別の信念を取り上げ，対話相手の同意を求める。こうした作業を繰り返し，そこで同意されたいくつかの信念が最初の信念と整合的でないことをソクラテスは指摘する。対話相手がもっていた最初の信念は，矛盾なく一貫して保持することができないものだったことが明らかとなる。対話相手はそうした信念を捨てるか，さらに吟味するよう促される。こうした手法は，「エレンコス」（「論駁」の意）と呼ばれる。

徳とは何かをめぐるソクラテスと対話相手の問答はいつも「アポリア」（「行き詰まり」「困難」の意）に陥ってしまう。この対話・探求の続きは，われわれ読者に委ねられているのである。

徳と知

ソクラテスは，善や悪の知識が徳のための必要十分条件だと考えた。徳とは善や悪についての知識なのである。そして徳は，技術知と類比的に論じられる。すぐれた靴職人はすぐれた靴をつねに作ることができるが，それは靴にとっての善を知っていて，理論的な説明ができるからである。靴にとっての善を知らずに，経験やコツによってたまたま善い靴を作ることができても，その人はすぐれた靴職人とはいえない。同様に，徳とは善く生きるための知恵である。この知恵は，こうやったら私の人生は成功したといった個人的な経験ではない。それは，善について理論的な説明を与え，すべての人にとっての人生全体の指針となりうる知である。

もし徳が善悪の知識だとすれば，進んで悪をなすことはありえない。人が不正を犯してしまうのは，それが不正・悪だと知らなかった（無知だった）からである。もし知っていたならば，その人は進んで正しいこと・善を行ったはずであるとソクラテスは主張する。しかし，次のような反論が浮かぶだろう。人は，それが悪いと知っていながら，悪いことをしてしま

うのではないか。ソクラテスにとってこれはありえない。なぜなら，人は誰でも幸福・善く生きることを求めており，自分の人生を不幸で惨めにする不正・悪を欲求することは，原理上ありえないと考えるからである。

ソクラテスは，「ただ生きることではなく，善く生きること」に最大限の配慮をしなければならないと言う。人は自分の命を守るために悪徳を選び，自分の利益のために不正を犯してしまう。しかし，不正は本人にとって最大の害悪であり，いかなる利益（善）も生まない。「不正を犯すよりも，不正を被る方がましである」とソクラテスは主張する。そして彼は，不正な仕返しとなる報復や復讐を禁じた。ソクラテス自身，不当に訴えられ死刑にされても，法を破って脱獄するという不正で仕返しをしなかった。悪徳を選んで死を免れるのではなく，つねに正しいことを行うのがソクラテスの生き方である。これをプラトンは徹底して考え，発展させていく。

第2節　プラトンの正義論と国家

正義

プラトンの代表作『国家』では，正義の問題が取り上げられる。ある立場によれば，正義は強者（支配階級）が自分にとって有利なように定めた法である。被支配者は支配者のために正しいことを行うよう法で命じられている。強者自身は正義に従う必要はなく，独裁僭主のように不正を犯し利益を多く得ながらも罰せられない。このような者が幸福であり，人は正義によって幸福になるのではないと，この立場は主張する。

さらに，正義は本人にとって善ではないとする一般大衆の見解が挙げられる。それを端的に示すのが「ギュゲスの指輪」という物語である。羊飼いのギュゲスは，ある日，黄金の指輪を発見する。その指輪は，身につけている者の姿を見えなくする力をもっていた。それに気づいたギュゲスは，姿を消して王宮へ行き，妃と共謀して王を暗殺し権力の座を不正に奪ってしまう。もし誰にも見られず，罰せられないならば，人はやりたい放題の不正を行うはずである。これが自然本来的なあり方（ピュシス）である。

だが自分の利益を守れない弱者は，自分が損害を受けるのを避けようと，不正を禁じる取り決め・法（ノモス）を定めた。それが正義なのだと言う。

正義は人を幸福にせず，正義は弱者の恣意的な取り決めでしかないというこれらの見解に対して，プラトンは，正義は本人にとって善であり，それ自体で欲求され，その結果与えられる報酬（幸福）という点でも善なのだと考える。彼は，国家を一から建設する作業を通して国家の正義を考察し，個人の正義を類比的に論じていく。

国家

国家は，個人が一人では得ることのできない必要なものや不足するものを，互いに分け与え助け合うための共同体として作られる。国家の要員は，支配者たち（守護者と呼ばれる），それを補助する者（国家を防衛する兵士たち），必要な物資を生産する者たち（職人）である。各人がすべての仕事を平等に行うよりも，専業で行ったほうがよい。まず正義は，国家の成員各人が「自分のことをなすこと」だと確認される。では，自分のことをなすことが，どのようにして国家の正義となるのだろうか。

もし国家に「正義」が生じているならば，「知恵」「勇気」「節制」が備わっているとされる（これらは合わせて四元徳と呼ばれる）。国家として知恵があることは，国家全体について考慮し他国との関係で生じる問題に対処する知識があることである。ものづくりの知恵にすぐれていたとしても，外交政策に失敗したり，特定の人々だけが利益を得る内政を行ったりする国家は，知恵ある国家ではない。国家の知恵は，国家を支配する守護者にかかっている。同じように，国家の勇気は国家を防衛する者たちにかかっている。そして国家の節制とは，少数の支配者と，多くの支配される者のあいだの全体的な調和関係だとされる。

国家の成員がそれぞれのなすべきことをして（正義），全体が節制をもった調和のある状態のとき，国家の正義が生じるのである。

魂

個人の魂にも国家のように三つの部分がある。理知的な部分，気概的部

分（憤りや恐れなどに関わるもの），欲望的部分がそれである。この区分は次のように確認される。同一のものは，同一の側面において，同一のものとの関係において，同時に相反することをしたりされたりすることはない。飲み物を求める渇きに対して，理知的部分がそれを制止することがあるように，欲望と理知は区別される。また，怖ろしいと感じることに対して，見たいと欲することがあるように，気概と欲望も区別される。

　国家と同様，魂の各部分が自分のことをなすことが正しいことである。すなわち，理知的部分は知恵によって魂全体のためを配慮し支配する。気概的部分はその支配を補助し，魂全体のために勇気を振るう。魂のなかで最大多数を占めるのが欲望的部分である。この欲望的部分と気概が，理知の支配に従うとき，節制が生まれる。魂のこれらの働きが，それぞれ自分のことをなし，全体として調和がとれ，「完全な意味での一人の人間」となるとき，その人は正義の人となる。

　では，不正はどのように生じるのだろうか。無知ゆえに人は不正を犯してしまうというソクラテスの考えを，プラトンは魂の三区分に基づいて説明する。欲望的部分が支配し身体的欲望を追求する人の理性は，身体的欲望が善いと思ってしまう。この場合，理性は欲望のためにしか働かず，理性による支配（節制）が魂にとって善であることに無知である。さらに，悪いと知りながらも，それを行う欲望に駆られてしまう場合がある。そして理性が欲望の奴隷となり欲望に追従してしまうことは，一般に「抑制のなさ」（アクラシア）と呼ばれる。そうした人の魂では，欲望と理性が対立し，内的調和が崩れ内乱状態にある。この魂の調和の欠如が不正である。

　そして，魂を不正へと導き，悪しき影響をもたらすとして詩人が批判される。詩人は，善についての考えなしに，ただ聴衆の快楽を高めるために感情をいたずらに刺激し，理知的部分による支配を妨げる。詩人は国家から追放されるべきだとプラトンは言う。このように，正義をめぐるプラトンの思想は，国家体制や教育のあり方に根本的な変化を迫るものであった。

哲人王と善のイデア

　正義の実現された理想国家において，妻子は共有され，市民全員がお互

いを家族と見なすことになる。子どもはもって生まれた自然本性に応じて分けられ、ふさわしい仕事に就くよう教育される。そして支配者は、私有財産をもたず、職人階級から支給された必要物資だけで共同生活をするのであり、支配することで金銭的な利益を得られるのではない。プラトンは、哲学者（男女の性別は問われない）が王となるか、現在の王が哲学に携わるのでなければ、国家の幸福は実現されえないと言う。正しい国家は知恵ある国家であり、この知恵の担い手は哲学者たちだからである。その哲学者たちが学ぶべきものは「イデア」である。では、イデアとは何か。

人は石や木などを見て「等しい」と言うことができる。しかし、厳密に測定してみるならば、それらは等しくない。感覚を通して経験したもののなかに、完全に等しいものはない。それでも、等しいと判断できるのは、完全な「等そのもの」を何らかの仕方で知っているからである。感覚によって捉えられないが、何かを感覚したときに「等しい」と認識できる根拠、感覚される等しいものがそれによって等しいものである原因が「等そのもの」（等のイデア）である。徳についての「何であるか」というソクラテスの探求を、プラトンは自然的なものにまで範囲を広げて受け継いだ。

王となるべき哲学者は「美そのもの」（まさに美であるもの、美のイデア）や「正義そのもの」（正義のイデア）などについて確かな知識を獲得しなければならない。さらには、「善のイデア」を究極的に学ぶべきだとされる。善のイデアとは、他のイデアにそれであるという真理性を提供し、認識する側にはイデアを知る機能を与えるものであり、真理と知識の根拠だと言う。そして、究極的な原理である善のイデアを認識し、諸々の徳の知識をもった哲学者が、自分の名誉や利益のためではなく、全体のためを配慮する支配者となるとき、国家の幸福が実現されることになる。

第3節　プラトンの宇宙論と倫理思想

宇宙論における善

ソクラテスの死刑前の対話という設定の中期著作『パイドン』で、原因

をめぐる次のような議論がある．ソクラテスによれば，牢獄に「座っていること」を，物体的で副次的な原因（足の腱や筋肉）で説明することは十分ではない．それなしでは座っていることはできないかもしれない．しかし，なぜ座っているのか，それは善いことなのかを説明する「善原因」について知ることが重要だと言う．この善原因の探求は『パイドン』で見送られるが，『国家』において「善のイデア」として提示される．さらにプラトンの後期の著作では，宇宙論のレベルで展開されることになる．

　宇宙万有がどのように生じたのかを論じる後期著作『ティマイオス』では，万有の造り主（デミウルゴス，神とも呼ばれる）が登場する．造り主は善良な存在であり妬みをもたないため，永遠不変で最善のモデル（イデア）を眺めて，可能なかぎり美しく立派な宇宙を制作したとされる．この世界のうちで善く美しいものは「知性」（ヌース）によってもたらされるため，この善く美しい世界は知性をもつ．そして，知性は生命原理である魂のうちにあり，魂は物体と合わさって生きものとなる．つまり，最善のモデルに似せて作り出された宇宙は，魂と知性を備えた生きものである．

　宇宙の構築は無から創造されるのではなく，無秩序であったものに形と数が与えられることで秩序づけられる仕方で行われる．物体は幾何学的立体から構成され，魂はあらゆる比率・調和を含むものとして構築される．知性を伴った魂は，この宇宙が最善ものであることの原因であり，物体はそれを支える補助的な原因でしかない．宇宙の自然学的な解明のためには，補助的な原因である物体ではなく，より根本的な原因である魂と知性に目を向けなければならない．同じく魂と知性をもった人間は，調和のとれた宇宙万有のあり方を模倣し，神にできるだけ似るよう努めなければならない．魂に配慮し，善の探求を促したソクラテスの教えは，宇宙が魂や知性をもつという基盤を与えられ，より大きな広がりをもつに至る．

ノモスとピュシスの捉え直し

　最晩年の著作『法律』に，不敬神への罰を論じる箇所がある．無神論者たちは，人間が知性や技術によって産み出すものは自然よりも劣ったものだとする．人々が神々と呼ぶ太陽などの天体も単なる物体の合成体にすぎ

ず，法律（技術）によって神々と定められているだけである。そこで無神論者は，技術や法律（ノモス）といった劣ったものに従うのではなく，自然（ピュシス）に従い，強者が多くを得ることができる生き方を推奨する。

これに対してプラトンは，他のものを動かし自己自身をも動かすことができる魂こそが万物の原因だと反論する。物体は魂によって動かされ支配されるものである。知性や技術を備えた魂こそ，「自然」として理解されるべきすぐれたものなのである。そして宇宙には魂があり，それは知性を備え，宇宙全体が幸福になるよう配慮し支配している。その支配のなかで生きる人間の魂も，善と悪，美と醜，正と不正の原因である。人は徳のあるよい生き方をめざすことで，この宇宙全体が最善のものとなることに寄与することができる。善い自然世界は，知性をもった人間にかかっているともいえる。

＊　　＊　　＊

善く生きるためには，善美の事柄についての知識が必要だとソクラテスは考え，そうした知識の探求をプラトンはイデアの認識という仕方で受け継いだ。しかしプラトンは，そうした知識の探求に魂の理知的部分だけでは不十分であり，気概や欲求に関わる魂の部分の協調，調和が不可欠だと考えた。すべての働きが調和するとき，正しく，善く生きること（幸福）が実現する。これは国家においても宇宙全体を見ても同様である。宇宙の自然本来のあり方とは，限りない欲望の支配ではなく，全体の調和がとれた魂と知性による支配なのである。

（西村洋平）

【文献】
プラトン『ソクラテスの弁明ほか』田中美知太郎・藤澤令夫訳，中公クラシックス，2002年
プラトン『国家』上・下，藤澤令夫訳，岩波文庫，2008年（改版）
納富信留『プラトン：哲学者とは何か』日本放送出版協会，2002年
藤澤令夫『プラトンの哲学』岩波新書，1998年

第2章
アリストテレス

Aristotelēs, 384-322 B.C.

　アリストテレスはプラトンに並ぶ古代ギリシアを代表する哲学者である。彼はプラトンのもとで学び大きな影響を受けたが、イデアなどの見解を批判し独自の立場を築いた。アリストテレスの功績はあらゆる分野にわたる。「倫理学」（ethics）もまたその一つである。本章では、人間のあり方の分析を通して人生の究極目的を論じた『ニコマコス倫理学』をおもに取り上げる。まず、倫理学がいかなる学問として位置づけられているのかを確認する。そして、人生の究極目的としての幸福がどのように定義されているのかを見る。また、その幸福の定義に含まれる徳について、性格に関わる徳を中心に解説する。最後にアリストテレスが幸福な生のために重要視する友愛論と政治学について概説する。

第1節　倫理学の確立

「倫理学」とは何か
　『ニコマコス倫理学』は、誰もがそれをめざして生きるような人生の究極的な目的、すなわち幸福を論じている。アリストテレスはこの著作を「エーティカ」（ēthika）と呼ぶ。「エーティカ」という語は、人間の「性格」（エートス）に関わることを意味する形容詞である。では、性格に関わることが、人生の究極目的を論じる学問にとってどうして重要なのか。
　善く生きるためには、善い行為についての知識が必要なだけではなく、実際に善く行為することが重要だとアリストテレスは考えた。欲求や感情はそうした行為を促進したり妨げたりする。これらが人の「性格」（エートス）と呼ばれている。アリストテレスの倫理学の中心課題は、そうした

行為を促進あるいは妨げる人間の性格の総合的な考察である。したがって，今日の倫理学のように道徳規範や原理，義務を扱うことはない。

倫理学の位置づけ
　それぞれの学問領域には，事柄の本性に即した厳密性がある。数学には数学の厳密性があり，蓋然的な事柄を扱う法廷での弁論術には弁論術なりの厳密性がある。では倫理学にふさわしい厳密性とはどのようなものか。
　それは，たとえば航海術のようなものである。航海術は船を安全に目的地まで航行させる技術だが，それぞれの航海に応じて積荷の重さ，天候，海流は異なり，なすべきことも異なる。航海術の場合，そうした個々のケースを厳密に学ぶことは求められないが，それでもたいていの場合にうまく対処できる技術の習得がめざされるだろう。倫理学も同様である。立派な行為や正しい行為は，個々の状況によって異なる。倫理学に求められているのは，人生が順風のときも逆風にさらされているときにも，たいていの場合によく生きることができる人のあり方を考察することである。
　また倫理学は実践的な学問である。それは，われわれにとって明らかな事実（たとえば，「借りたものは返さなければならない」）を出発点とする。そうした事実は，教育や経験を通してほとんどの人間がもっているものである。その事実へと向かって考察すること（「なぜ返さなければならないのか」と問うこと）で，すぐれた人間になることはできない。倫理学の目的は，明らかな事実から出発し，実際にすぐれた人間になることにある。
　ところで人々を善きものにしようとする倫理学は「政治学」とも呼ばれる。政治の理想は，市民が法に従う立派な人間になることである。そのため政治家は，人間の徳とは何かについてよく知る必要がある。個々人がすぐれた人間となり幸福となることをめざす倫理学は，市民社会全体がすぐれたものとなり，立派となることをめざす政治学に接続することになる。

第2節　人生の目的

究極目的としての幸福

　行為や研究，技術など人間の営みはすべて善をめざしている。アリストテレスは善を目的とも呼ぶ。そして行為や技術には，あるものが別のもののためになされるという階層構造がある。たとえば，運動することは健康のためになされ，大工の技術は，家を建てることのためにある。これらの行為において，「～のために」としてめざされている目的（健康，家を建てること）のほうが，それをめざすもの（運動，大工術）のあり方を決定する点で支配的であり，よりすぐれている。他方で，活動がそれ自身で求められている目的である場合もある。たとえば踊ることは，それ自体が目的であるような活動である。

　もし最高善（究極目的）があるとすれば，それは，すべてのものがそれのためになされ，それ自身は他の何かのために求められることがなく，それ自身で求められるものである。アリストテレスは，幸福こそまさにそうした最高善だと言う。人は幸福になるためにあらゆる行為を行うのであり，人生の究極目的は幸福にある。それを実現するための学問が倫理学・政治学なのである。そしてアリストテレスは，善のイデアは人間にとって実現可能な究極目的ではないとして，プラトンを批判する。

素材形相論と善のイデア批判

　プラトンは，感覚されるこの世界のうちにはないイデアを認識することで確かな知識が得られると考えたが，アリストテレスは経験されるこの世界のうちで知識は成立するとし，イデアを批判する。

　アリストテレスによれば，事物は素材と形相からなる。素材とは，それから事物が構成されているものである。たとえば，家の素材は石や木材である。こうした素材に形が与えられて家が出来上がる。ただし，どんな形でも家になるわけではなく（風雨や寒熱から人を守らない家は家ではないだろう），それが家として実現するための形がある。それが形相である。

形相は，素材である石や木が現実に家として実現されているという状態のうちにある。家について知るために，この世界を超越した家のイデアは必要ないというのがアリストテレスのイデア批判の要点である。

　善のイデアも同様に批判される。もし善のイデアがあるとしたら，それは，この世界のあらゆる善いものが善であることの普遍的な原因ということになる。しかし，善いと一言に言っても，いつどの薬を処方することが善いのか，どこに軍隊を進めたら善いのかなど様々である。これらのケースで善いことを判別するのは医術や統帥術であって，善のイデアの知識ではない。かりに善のイデアがあるとしても，人はそれを行うことも獲得することもできない。このように善のイデアは個々の行為において役に立たず，現実的な目的ともなりえないのである。

徳に基づいた魂の活動としての幸福

　では人間が実現しうる最高善・幸福とは何か。それは，「徳に基づいた魂の活動」と定義される。では，「徳」（アレテー）とは何か。アリストテレスは「徳」（アレテー）を機能という観点で考察する。たとえば，ピアニストにはピアノを演奏するという機能がある。素晴らしい演奏をするピアニストは，すぐれたピアニストであり，ピアニストとしての徳をもっている。素晴らしい演奏の機能を果たすことには，音楽の知識，感性，指使いなど多くの要素が含まれる。これらすべてが合わさって，ピアニストの徳となる。他方，ピアノメーカーについての知識，衣装，心臓が規則的に働いていることなどは，すぐれたピアニストであることに貢献しない。

　では，すぐれた人間はどのような機能をよく果たしているのか。まず身体の機能ではない。脚力があって心肺能力の高い泥棒をすぐれた人間と呼ぶことはけっしてないだろう。そこでアリストテレスは魂の機能をよく果たすことに存すると考える。しかし魂の機能も，多くの要素からなる。大きく分けるならば，非理性的な部分と理性的な部分がある。

　理性的な部分の機能は真理を認識することにある。すると真理への到達がこの部分の徳だということになる（思考に関わる徳）。この機能は，学問的知識や技術，行為における善悪で真なるものを認識する思慮（フロネ

ーシス），原理を直接的に把握する知性，さらには真理そのものを観想する知恵（ソフィア）などに分析される。すぐれた人間は，こうした思考の機能（とりわけ行為に関わる思慮）をよく果たすのである。さらに，真理の純粋な観想活動（テオーリア）が，人間にとって最も幸福な生だとされる。神の生とはこのような活動であり，人間もわずかではあるがこうした活動に与ることができるとアリストテレスは言う。

　しかし，何が善い行為であるか知っていたとしても，実際にその行為を行わないことはある。そこで重要なのが非理性的な部分である。非理性的な部分には，栄養摂取して成長に関わるものがあるが，植物にも備わるこの部分に人間の徳はない。他方，非理性的であるが，理（ことわり，ロゴス）に耳を傾け，それに従う部分がある。これをアリストテレスは欲求的部分と呼ぶ。すぐれた人においてはこの機能がよく果たされている。それは，「性格に関わる徳」と呼ばれる。

　徳に基づくとは，善い行為について思慮をもち，それが示す正しい理に進んで従う人の魂のあり方を指す。だが幸福が徳に基づいた魂の「活動」だというのはどういうことか。アリストテレスにとって，たとえ徳をもちあわせていたとしても，実際に徳に基づいて活動していなければ眠っていて何もしていないのと同じである。思考的な徳を備え，それに従う性格的な徳も備え，それに基づいて人生全体にわたって活動することが，人間の幸福である。

第3節　性格に関わる徳

中庸

　性格に関わる徳は，知識とは異なり単純に教えることによって備わるのではない。それはすぐれた人が行うような行為を繰り返し実践し，習慣づけることで形成される。とはいえ，ただピアノを弾くだけで誰もがすぐれたピアニストになるのではないように，適切な仕方で行為をしなければすぐれた性格は身につかない。性格にとっての適切な仕方とは，超過や不足

を避けた「中庸」(中間性)のうちにある。

　たとえば,性格に関わる徳の一つに怒りに関わる「温厚」がある。温厚とは,理に従い,しかるべき対象にしかるべき仕方で怒る性格である。怒るべきでない人や怒るべきでないことに怒ったり,怒るべきであっても必要以上に怒ったり,長いあいだ怒ったりすることは,怒りの点で超過してしまっている。他方,自分や家族が辱められているのに怒りを覚えないことなどは,怒りが不足している。理に従い,しかるべき人や物事に,しかるべき仕方で,しかるべきあいだ怒ることが超過と不足の中間にある温厚である。何が適切で中間かは個々のケースとその人の気質によって異なるが,しかるべき中間を狙うことが性格の徳の獲得に重要である。

　人の性格は,特定の傾向性をもっている。短気な人は,次の行為においても短気になる傾向にあるし,放埓な人は快楽追求をエスカレートさせていくだろう。逆に,徳ある人が行うような行為を繰り返し行い,習慣づけることで,人はすぐれた性格を身につけていくことになる。したがって,社会全体が倫理的模範を示すことが理想的である。節制のある家族や友人たちに囲まれるならば,その人も節制ある行為をとるようになるだろう。そうした行為を繰り返すことで,なぜ節制が善いのか理解をもつようになり,最終的には自発的かつ持続的に節制を選択し,すぐれた人となる。

　抑制のなさ
　善い行為であっても,それを自ら選択し自発的に行っているかどうかが,性格に関わる徳を見極めるうえで重要となる。行為自体がすぐれていても,嫌々ながら行われているケースもあるからである。嫌々ながらでも行為できる人は,抑制のある人と呼ばれる。さらに,正しい理がわかっていても,それに従わないケースがある。こうした人は,抑制のない人と呼ばれる。

　抑制のなさ(アクラシア)は,何が正しいかについて無知だから生じるのではないとアリストテレスは考える。抑制のない人は,欲求に支配された放埓な人のように,進んでその行為をするのではけっしてないからである。放埓を善いと考える人は悪徳の人であるが,抑制のない人の行為は何が正しい理か知っている点で悪徳よりもすぐれた状態にある。このため,

理性をもたない非理性的な動物は抑制のない状態に陥ることがない。つまり抑制のなさには，理性的部分が関与している。問題は関与の仕方である。

たとえば，甘いものは体に悪いと知っている人が，チョコを食べてしまうのはなぜか。チョコを食べてしまったとき，その人は「甘いものは体に悪い」ことに関して無知なのではない。しかし，「甘いものは体に悪い」という知識は行為に対していかなる効果も発揮していないのも事実である。目の前のチョコを見ることで，「これは甘いチョコである」と思う。その思いに加えて，「甘いものは快い」という知識があり，「甘いものを食べたい」という欲求があれば，食べるという行為となる。

知恵なしに正しい行為ができないというソクラテスの見解は，ある意味で正しい。しかし，知恵だけでは正しい行為を行うことができないとアリストテレスは考えた。抑制のなさは無知に由来する悪徳からは区別されるべきである。「節制をすることは善いことである」「友人を助けることは善いことである」について無知である人は，それだけで劣悪であり，それらについて知っているが，実際に行為できない人とは別である。同様に，気が進まないけれども正しい理に従って行為する抑制のある人と，進んでそれを行う徳ある人を区別しなければならない。こうした区別に決定的なのが，理に耳を傾ける欲求的部分，すなわち人の性格である。

正義
プラトンと同様，アリストテレスにとって「正義」は重要な徳である。しかし，正義は大きく分けて二つの異なる意味で理解される。

広い意味での正義は，法に従うことである。しかし，法が勇敢な行為を命じたり，姦通しないよう節制を命じたり，暴力を働かないよう温厚であることなどを命じるように，正義はあらゆる性格の徳に関わるものである。この意味で正義は共同体における「完全な徳」だと言われる（全体的な正義）。他方，固有の意味で正義は，個人の性格に関わる徳の一つである（徳の部分としての正義）。国家や魂の調和が実現されている状態としての，いわば全体的な正義について論じたプラトンとは異なり，アリストテレスは，個人の状態としての正義について詳しく考察している。

個人の正義は，他者との相互関係において，等しいものを自分と他者に配分する状態であり，自分には多く，あるいは少なくといった超過と不足を避けた適切な状態である。共有される等しいものには二種類がある。一つ目は，望ましいもの（富や名誉）であり，これを共通に分配することは「配分的正義」と呼ばれる。二つ目は，おもに損害に関わる。ある人が損害を被った場合（殺人や窃盗，姦通など），被害者と加害者の損益は不公平な状態である。これを裁判によって公平にすることで正しい状態になる。こうした調整によって得られた中庸の状態が「是正的な正義」と呼ばれる。

しかし，誰もが同じものを平等にもつことが公平なのではない。これは物の交換の場合に顕著である。家職人（A）と靴職人（B）のあいだの，家（C）と靴（D）の公平な取引とは，靴職人が必要なものとして受け取るのと同じ価値のものを，家職人が受け取ったときである。つまり公平さとは，A＝B や C＝D のうちにあるのでもなく，A：B＝C：D という比例関係，すなわち BC＝AD が成り立っていることにある。等しい関係では等しく，そうでない場合にはその関係にしかるべき仕方で分配すること，こうした比例関係に基づいた等しさが，正義を実現する中庸である。

第4節　友愛と政治

友愛の重要性

アリストテレスにとって人間とは，「社会的（ポリス的）な動物」である。実際，われわれの日常生活は，家族，友人，同僚との個人的な関係のなかで営まれている。幸福はそうした関係のなかで実現される。あらゆるものを手に入れながら，孤独に過ごすことを望む人は誰もいないとアリストテレスは言う。「友愛」（フィリア）は幸福のために重要な要素である。

すぐれた人にとっての友とは，一緒にいることから得られる快楽のためのものでもなければ，自分にとって役に立つといった利益のためのものでもない。真の友とは「別の自己」だという。しかし，この友愛の基礎には自己愛があると言う。どういうことだろうか。

人は，自分のためを思うのであり（自己愛），それはあたかも自分が友であるかのように気づかうことである。そして，幸福を実現しているすぐれた人は，自分のうちにある善を知覚することができ，それは快いことである。このすぐれた人は，自分を友のように気づかうように，友に対しても自分と同じように気づかう。このように友は，「別の自己」なのである。つまり，すぐれた人は自分に善を望むように，すぐれた友にも善を望む。これが相互に実現し，お互いがそれを認識するとき，真の友愛が実現する。こうした友と，共に生きることが人間にとっての幸福である。共に生きるときに友と共有されるのは，群れている動物が共有する牧草のような食べ物ではなく，言葉と思考である。

政治学

また，アリストテレスは国のあり方についても論じている。彼の倫理思想によれば，若い頃からの教育・習慣づけは決定的に重要であるが，その教育を定めるのが法である。家庭において親が子どもに対して影響力をもつように，それぞれの国における立法が，国家成員の教育に配慮すべきである。支配者は人間にとっての善について倫理学的知識をもっている必要がある。では，すぐれた人によるすぐれた国制とはどのようなものか。

『政治学』では，一人が支配する「王制」，少数が支配する「最優秀者（貴族）支配制」，多数が支配する「ポリテイア」（「国制」という意であり，特別な名前はない）が善い国制であり，これらがそれぞれ逸脱した悪い国制が「僭主制」「寡頭制」「民主制」だという。そしてアリストテレスは「徳の部分としての正義」に基づいて最善の国制を考える。

部分としての正義の基本は，比例関係，すなわちふさわしいものをふさわしい者に配分することにある。一部の支配者のみが利益を得る寡頭制や，自由や平等を誰にでも分配する民主制は，中庸としての正義を欠いている。正義が実現された最善の国制とは，国家全体のために貢献するすぐれた人に支配権を与え，それによって被支配層が利益を得られるような最優秀者支配制（貴族制），あるいは完全な徳を身につけた一人による支配である王制である。アリストテレスにとって「貴族」（アリストイ）とは徳をも

ち，国家全体の善についての知識をもった「すぐれた人」を指す。

　政治の理想は，市民全体が平等に徳や富，能力をもっていることである。だが，これは現実的ではない。国家は，徳をもち支配者であるべき人物にふさわしくないような仕事を必要とする。また実際に，人の能力や本性，生まれの身分や財産など様々である。そこで，人にとって中庸のあり方が最善の生であったように，国家の生き方としての国制も，中庸のうちに最善があるとされる。富や生まれのよさなどの幸運に恵まれた人々と，それとは逆の人々のあいだの，中間層が支配する国制が実現可能な最善のものだとされる。この国制は，貧しい人々の側に極端に傾けば民主制，裕福な人々の側に傾けば寡頭制となってしまうような，中間的な「国制」である。

　アリストテレスの倫理思想は政治学に接続している。彼の政治学は，当時の政治体制などに批判的であるが，幸福を実現する国制と，そこからの逸脱の危険性について，より現実的で豊かな考察を残している。

＊　　　＊　　　＊

　ソクラテス・プラトンの影響を受けつつも，アリストテレスは人間の性格・欲求的部分に着目し，独自の倫理学を展開した。性格に関わる徳のためには教育や習慣づけが重要であり，共同体全体が善へと向かうよう方向づけられている必要がある。そうした共同体は，友愛の精神や中庸としての正義によって実現されたものである。人間の性格（エートス）への深い洞察に基づいたアリストテレスの倫理学（エーティカ）は，今日，「徳倫理学」として再評価されている。

（西村洋平）

【文献】
アリストテレス『ニコマコス倫理学』朴一功訳，京都大学学術出版会，2002 年
アリストテレス『ニコマコス倫理学』神崎繁訳，岩波書店，2015 年
アリストテレス『政治学』牛田徳子訳，京都大学学術出版会，2001 年
内山勝利編『哲学の歴史　第 1 巻　哲学誕生』中央公論新社，2008 年
高橋久一郎『アリストテレス：何が人間の行為を説明するのか？』日本放送出版協会，2005 年

コラム 1
エピクロス派
Epicureans

　アレクサンドロス大王の死（前 323 年）から，ローマが帝政へと向かうころ（前 31 年）までに栄えた文明・文化を「ヘレニズム」（「ギリシアの」という意）と呼ぶ。ヘレニズム期には，新たな学派が生まれ，盛んに議論を戦わせた。主要な学派がエピクロス派とストア派である。それぞれの倫理思想を紹介する。

快楽主義
　エピクロス（Epikouros, 342/1-271/0 B.C.）の倫理思想は快楽主義である。快楽主義は，快楽こそが善であり人生の目的だと考える。しかし，何を快楽とするかは立場によって異なる。エピクロスは快楽を，欲求を満たすプロセスにではなく（動的快楽），身体的・精神的苦痛がなくなり満たされた状態にあると考える（静的快楽）。
　苦痛ゼロの状態としての快楽はそれ以上増えることがない。したがって，のちの功利主義のように，どの行為が最大の快楽をもたらすか計算することはない。しかしエピクロスは，ある快楽を選び，ある快楽を避けるべきだと考える。重要なのは，自然的な欲求を満たすことである。ヘレニズム哲学における「自然」は，自然学的・生物学的な事実ではなく，それに従って生きるべき規範であった。
　まず自然に生じ，それを満たさなければ必然的に苦痛となる欲求がある。たとえば空腹である（復讐心など精神的な欲求も自然的な欲求に含まれる）。自然的な欲求は容易に満たすことができ，それがもたらす苦痛のない状態が快楽である。
　他方，美味しいもので空腹を満たしたいと思うのが人の自然な欲求だろう。しかし，美味しいものでなくても空腹は満たされるのであり，この欲求は自然的であるが必要なものではない。こうした欲求によって快楽は多様化しうるが，快楽の量が増えることはない。
　これに対して，美味しいものを食べなくては満たされないような

欲求がある。これはもはや自然的でも必要でもなく，人の虚しい思いによって生み出された欲求である。この快楽は容易に満たされず，満たされたとしても新たな虚しい欲求（苦痛）を生むのであり，心をかき乱す。虚しい思いが求める快楽は避けなければならない。

　人は，自然的な欲求とは何かを知り，それを満たすことで容易に幸福になることができる。身体的・精神的苦痛がない状態は幸福であり，「魂の平静」（アタラクシア，「動揺がない」の意）と呼ばれる。幸福は，特別な賢者のような存在のみが到達できる境地ではなく，同じ自然本性をもつすべての人間に実現可能なものである。

エピクロス派の生き方

　都市での生活や名誉を求める政治的な生は，自然的でも必要でもない欲求を引き起こす。そこでエピクロス派は，アテナイ郊外で共同生活を営んだ（「エピクロスの園」と呼ばれる）。「隠れて生きよ」が彼らのモットーであったと言われている。

　エピクロスの思想を覚えてすぐ実践に移せるよう，主要な教えはコンパクトにまとめられた。その教えの一つに，「死とはわれわれにとって何ものでもない」というものがある。死への恐れはあらゆる動揺や欲求の根底にある。それを取り除くことは幸福のために不可欠である。原子論者であるエピクロスによれば，死は原子の分解状態であり，そこに認識の基本である感覚は生じない。死は快でも苦でもないのであり，われわれにとって何ものでもないのだという。

　それでも，生の終わりである死は恐怖だと人は思うかもしれない。だが，長く生きることで幸福が増大するとエピクロス派は考えない。魂の平静という幸福は，年齢に関係なく実現可能である。

　さらに，友と一緒に暮らすことでこうした考えを強めることができる。自分の幸福のために友情から得られる支えは重要である。しかし，友情は自分の快楽のためだけにあるのではない。友を助けることもまた快楽でありそれ自体で価値をもっている。エピクロス派の快楽主義はけっして利己的ではなく，人間的な関係のなかで営まれた生き方なのである。

（西村洋平）

コラム 2

ストア派

Stoics

自然に一致して生きる

　キプロス島出身のゼノン（Zēnōn, 334/3-262/1 B.C.）が，アテナイの中心広場にある列柱回廊（ストア）に開いた学校が「ストア派」である。ゼノンによれば「自然に一致して生きること」に人間の幸福はある。「自然」は規範的な価値をもっており，自然に定められたあり方（役割，義務）がすべてのものにある。

　たとえば，生きものには，自分に親近なものに向かい，そうでないものを避けるという自然的な衝動がある。生きものは，生まれたときに自己を保存することへと向かい，感覚と運動を備えると，食べ物へと向かうようになる。衝動が向かう自己保存や食べ物が親近なものであり，これは生きものや発達段階によって異なる。ストア派にとって，親近なものを達成することで快楽は付随的に生じるが，エピクロス派が言うように快楽自体が目的となることはない。

　さらに，人間は成長すると理性を身につけ，理性が衝動を導くようになる。人間だけが，なすべきこと（義務）を理性的に把握して行動できる。自然に従いなすべきことをすることが，理性的な人間にとって親近なものである。

　そして，理性が完全に自然と一致したとき，「徳」が身についたと言われる。徳（知恵，正義，勇気，節制など）は善であり，その反対は悪である。生，健康，快楽，富，名声やこれらと反対のものは，幸福に寄与せず善悪とは無関係だとされる。ストア派にとって，徳のみが真の価値であり，幸福そのものである。

　またストア派の自然は「運命」でもある。この世界に原因なしで生じるものはなく，すべては運命づけられている。しかし，人間の行為や選択もまた原因の一つである。ストア派は，何でもできる自由は認めなかったが，行為を起こす要因としての自由を人間に認めた。理性は人間しだいであり，行為の責任は問われるのである。

こうしたストア派の自然についての理解は「自然法」という考え方に発展する。さらにのちのストア派においては，人間は宇宙全体を国家とする市民だという「コスモポリタニズム」として展開する。

情念からの解放と賢者
　ストア派はプラトンやアリストテレスのように，魂に対立する部分（欲求的部分，気概的部分）を認めない。人間の魂はその全体が理性的なのだという。これは，欲求などが魂にないということではない。そうではなく，すべてが理性（ロゴス）の働きなのである。
　たとえば，節制ある人は，ケーキを食べてはいけないと理性が判断しているあいだは，食べないかもしれない。しかしケーキを目の前にしたときに食べてしまうことがある。これは，理性が劣悪な判断をしてしまったからである。問題は，理性の一貫性のなさにある。あるとき，なすべきことを行っても，別のときにはできないかもしれない。その人はまだ完全に徳のある人間ではないのであり，劣悪な理性の判断の倫理的責任が問われる。
　さらに劣悪な理性は衝動に過剰さを加えてしまい，「情動」（パトス）をもつことになる。目の前の敵を見て，自分を脅かす堪え難い悪だと判断することで，恐怖という情動が生まれる。情動には怒りや心配，貪欲さなどが含まれる。理性が正しく働き，魂が全く動揺しない状態は「アパテイア」（情動がないことの意）と呼ばれる。ただし，これは無感情を意味しない。理性的な人は，恐怖ではなく慎重さを，貪欲さではなく意志をもち，これらは「よい感情」（エウパテイア）と呼ばれる。
　全く動揺することなく，完全に理性的で自然に一致して生きることができるのは理想的な賢者のみである。それ以外の人間は，賢者に比較すればすべて愚かであり，完全な状態へと進歩していくべき存在である。こうした理想主義がストア派の倫理思想の特徴であるが，自然に一致してなすべきことをするという生き方は，ローマ帝政期に，より実践的な仕方で受け継がれてゆく。

（西村洋平）

第3章
アウグスティヌス

Aurelius Augustinus, 354-430

　キリスト教公認後の4世紀において信仰の礎を築き，長きにわたって西欧のキリスト教観に多大な影響を与え続けたアウグスティヌスは，自らの心の渇きを満たすもの，真に愛するべきものとしての神を追い求めた。神を見出すに至るアウグスティヌスの魂の遍歴は，徹底的な内省と哲学的探究を通したものであり，終始一貫したその姿勢は，信仰と理性，宗教と学知とが，矛盾することなく両立しうることを教えている。

第1節　真理の追求

知恵への愛

　「私は真なるものが何であるかを，たんに信ずることによってだけでなく，理解することによっても把握したいと思う」。この言葉は，回心の後，知的探究を通して信仰を確立したアウグスティヌスの精神を表現している。
　『告白』（397〜401年頃執筆）によれば，ウェルギリウスなどのラテン文学に親しんだ青年は，修辞学を修めるため，一家の期待を背負って北アフリカの政治文化の中心地カルタゴへ遊学した。辿り着いたかの地で「恋を恋しながら，何を恋したらよいかをさがしまわった」多感な青年は，キケロ（Marcus Tullius Cicero, 106-43 B.C.）の『ホルテンシウス』との出逢いによって，哲学（フィロソフィア），すなわち知恵への愛の道へと促された。かの書の勧めに心を燃えたたせたアウグスティヌスは，知恵・真理（＝神）を求めて聖書をひもといたが，その文体の素朴さに失望し，早々と聖書を投げ出してしまう。
　次に彼が接近したのは，キリスト教の一派を自称する異端のマニ教であ

った。しかし，マニ教の多弁を通して教えられる真理は，青年の知恵への愛を満たすことはなく，彼は「ますます空腹をおぼえた」と言う。この内的な飢えが解消されていくのは，のちに教師として赴くミラノにて触れた新プラトン主義を介してであった。この新しい学説との出逢いにより，彼はマニ教の唯物論的二元論を脱してゆく契機を与えられることになる。様々な思想と向き合い，それらの内に自らの問題の解決を見出さんとしたアウグスティヌスは，飽くことなき内面の凝視を経て「霊」（精神）と「肉」（身体）の争いに立ち向かっていった人物であった。

真理の認識と幸福な生

　思想的遍歴のあととキリスト教へと回心した経緯は『告白』から知られるが，回心後のアウグスティヌスは，世俗の生を捨て，カシキアクムの山荘で共同生活を始めた。精神の向上をめざすこの共同生活へと彼を促したのは，キケロとの出逢いを機に喚起された，知恵への愛であった。聖書と祈りに沈潜するかたわら，仲間との哲学的な討論を通して思索を深めたこの時期は，後年「キリスト教的な生活としての閑暇」と回顧されたが，そこでの彼の探究対象は，人間を幸福にするものとしての知恵・真理であった。

　人間は真理を認識することができず，ただ蓋然性で満足するしかないとしたアカデミア派の懐疑論に対し，アウグスティヌスは懐疑そのものの構造を突き詰めることで，彼らの主張の矛盾を立証する。懐疑論的見解に立つかぎり，人は真理を求めることがなくなってしまうが，それはキリスト教の真理・神との出逢いをも否定することであった。しかるに，疑っている自分が存在するということそれ自体が，真理の標準を自己がもっているということであると彼は論ずる。

　幸福とは真理に与ってゆくことにあり，また人間の根本欲求でもあると論じたアウグスティヌスの立場は，ギリシア哲学以来の愛智の探究と触れ合うものがあった。その一方で，回心を経た彼にとっての幸福とは，最高善で不変不滅の神を追求し見出すことであった。そして，神を見出すということは，神を愛し，人間が神に似ることを通して成し遂げられると考えられた。

第2節　創造と悪

無からの創造

　神に似ること——それは古代ギリシア以来論じられてきた生の目的であるが，キリスト教的文脈の中で論じられるとき，その内実は全く別の様相を帯びる。ギリシア思想との相違を最も特徴づけているのが，創造主としての神と，その神によって造られた被造世界というキリスト教特有の枠組みである。神＝創造主という考えは，プラトンが『ティマイオス』で論じるデミウルゴス（造物主）に一見類似しているようにも思われるが，キリスト教において強調されるのは，万物は質料からではなくまったくの無から造り成されたという考えである。そうしたあらゆる被造物の中で，天使以外ではただ人間のみが，「神の似姿」（imago Dei）として，精神を備えた存在として造られたと考えられている。

　人間を含めすべての被造物は，自らの存在の根拠を，存在そのものであり創造主である神に負う。それらは永遠で不変の存在（神）とは異なり，いずれ朽ち果てるべき定めにあるが，神の意志の結果として無から存在の次元へと至らしめられたがゆえに，善きもの（善）であるとされる。

　さて，この「存在するものは，存在する限りですべて善である」という考えは，世の中の不正や醜悪さに対して目をつむるということではない。むしろ，悪は若き日の青年を苦しめ続けた問題であった。悪に対する繊細な感性と妥協なき対峙対決を通してこそ，アウグスティヌスにあって，そうしたキリスト教的な存在と善の把握は受け容れられるに至るのである。

　聴聞者として一時は熱心な信奉者となるほどに青年を虜にしたマニ教は，宇宙生成論を教義の中心に据え，善悪二元論的観点から物質を悪と見なす一方で，精神・魂を汚れなき神的実体のかけらと見なす宗教団体であった。しかるに，霊のみならず肉体をも含めての全体が人間であるとすれば，肉を蔑みただ霊にのみ従うようにと説くマニ教の教えは，内なる汚れなき部分を卑しき肉体から切り離すことに腐心するのみで，根本的な解決をなさないのではないか。ことに，肉体的快楽に罪意識を覚える青年にとって，

霊肉の争いをいかに捉えるかは重大な問題であった。

　しだいにマニ教に見切りをつけたアウグスティヌスが触れた新プラトン主義は，魂と身体を一者からの流出の結果として捉えていた。この一元的説明によれば，すべては善なる一者から流出した善きものであって，肉体や質料もまた善の末端に与っている。つまり，悪は実体的原理としてそれ自体存在するのではなく，善の欠如と考えられる。それは，善がなければ悪はそもそも存在しえず，悪があるということは善もまた存在することを意味する。善は悪によって浸食される受動原理なのではなく，むしろ善のほうがより深くかつ根源的なのである。こうして新プラトン主義との出逢いはアウグスティヌスの目を開かせ，創造主としての神とその作品たるすべての被造物を，善という原理のもとで理解することを可能にした。

悪とは何か
　とはいえ，たとえ欠如という形ではあっても，この世に悪が存在するのはなぜであろうか。存在するものはすべて善であるという理解に達したアウグスティヌスは，悪を行為主体である人間の内面の問題，すなわち自由意志の問題として考えるようになる。

　人間の心には，本来は欲すべきでない悪を為すという暗い側面がある。これをまったく自身の体験の内に見出して「告白」しているように，それはすでに十代の青年の心にも巣食うものであった。ならず者の仲間とともに梨の木の実を盗んだ青年は，「困窮に迫られて」盗んだのではなかった。彼は「盗みと罪それ自体」を楽しもうとして盗みを働いたのであり，正義を嫌い，不義を好んで盗んだのであった。このことをアウグスティヌスは「まさに自分の欠陥そのものを愛した」と振り返り，人間には，悪を醜いと知りながらも愛する心が潜んでいることを明らかにしている。

　たしかに，人間は善を為しそれを喜ぼうとするのもまた事実である。しかしその意志は完全ではなく，現実には欲している善ではなく欲していない悪を為してしまう。こうした状態に陥る人間の悲惨さを，アウグスティヌスは原罪と結び付けて考えている。

　先にも述べたように，神の似姿として造られた人間は，本来自分の意志

に従って行為し，また行動できる存在であった。しかしながら，神の命令に背きおのれを神の位置に置くという高ぶりによって真なる神から離れた人間は，その原罪の結果として意志の自由を失う。アウグスティヌスによれば，原罪の物語（アダムの堕罪）は，単に過去の一個人に関わる出来事ではない。それは，私たちの精神の構造そのものとして理解され，「悪とは何か」に関する普遍的な問題を喚起していると考えられている。

意志の弱さ

意志していることを行おうとしているにもかかわらず，その意志を遂行できないのはなぜか。善を欲しているにもかかわらず，善ではなく悪を行ってしまうのはなぜか。精神に引き起こされるこうした弱さと矛盾の根源を，アウグスティヌスは「意志の転倒」（voluntas perversa），すなわち意志が「欲望」（libido）に仕える状態に見出している。堕落以前には意志の完全なる制御下に置かれていた欲望は，アダム（人間）における神への背反によって，意志に逆らって働くようになる。

欲望に対する意志の転倒は習慣となり，その習慣もやがて必然となって人を強固に縛る鎖となる。この鎖の束縛ゆえに，唯一の確かな喜びである神へ赴き回心しようとする新しい意志が生まれても，その実行には並々ならぬ苦痛が伴う。かくして，人は自らが欲していない方向へと自ら意志してしまうという矛盾，新しい意志と古い意志との闘争の場に置かれ引き裂かれることになる。

習慣と化した情欲は，いまだ完全なる意志をもって神を意志しえないアウグスティヌスの「背後からささやきかけ」，「私の袖をひそかにひっぱってふりむかせ」ようとし，消滅的な快楽に留まるよう下方へと誘惑する「古い情人たち」である。しかし，闘争の中で安住の場を得ることなき迷える魂は，彼の岸へと来るように手招きする「貞潔」が清らかな威厳にみちた乙女として現れることで，ついに分裂と闘争の最中から救い出されるに至る。アウグスティヌスの心中で演じられたこの劇中劇は，様々な意志によって引き裂かれた自己を統一してくれる永遠のものや，そこに憩うことで安らぎを得ることを可能にするものの存在，そして，そこからの照明

の体験を暗示している。

第3節　恩寵と予定

回心へ向けて

　『告白』の著者は，回心に至るまでに犯した諸々の行為の内に原罪の傷跡を認め，自身の罪深さを赤裸々に告白するとともに，紆余曲折の果てにようやく辿り着いた信仰の背後に神を見出し，その恵みに感謝と賛美を捧げてやまない。ミラノのキリスト教徒のあいだで読まれていた新プラトン主義の書物を紹介されたアウグスティヌスは，この書によって認識において大きな転回を遂げ，霊的な存在としての神を探究し始めていた。マニ教的唯物論を脱して「心の内奥」に進んでいった彼は，なおかすんではいたが，「精神をこえたところに，不変の光」である神を見たと言う。

　しかし，行くべきところを知りながら，いまだそこに行くべき道を知らない状態にあったアウグスティヌスは，哲学的探究の末に貪るように読んだパウロ（Paulos, c.5-c.60）の著作の中に，ついにキリスト教の神，神の愛の発露としてのイエス・キリストの存在を見出すに至る。人間は，精神では神の法を知っていても，肉体にある別の法の虜になる弱き存在であるが，アウグスティヌスは，そうした人類の罪の贖い主の姿を「受肉」した神，ロゴス・キリストの内に見，キリストによってこそ壊敗した人間本性は救われるとの理解に達した。

人間の弱さの自覚と神の恩寵への信頼

　しかし，見神やパウロとの出逢いのあともなお，前節の「意志の転倒」による内的な葛藤は，アウグスティヌスを苦しめ続けた。人間は，たとえ罪を犯さないよう努めることはできても，罪を犯さないでいることはできない。なぜならば，人間は自由な存在であるがゆえに，欲すべきでない悪を為してしまうという悪への可能性にもつねに晒されているからである。自分ではどうすることもできないこの罪深さを，アウグスティヌスは自身

の前半生を通して痛感し，自己以外のものからの照明なくしては自己は救われえないという確信を心に刻み込んでいく。

こうしていまだ苦悶の内にあった彼は，激しい自責と涙の末，ついに中庭において劇的な回心を遂げる。この体験をもとに，人間意志の弱さと神の絶対的な恵みについて深く洞察したアウグスティヌスは，のちのキリスト教世界においては恩寵の博士として敬愛されている。後期に重点的に関わることになる「ペラギウス論争」は，人間の信仰に対する神の恩寵の絶対性と先行性の考えを，より明確な形で展開する契機となった。

自由意志と原罪

ブリタニア出身の修道士ペラギウス（Pelagius, c.360-c.418）は，アウグスティヌスの著作『自由意志論』（388〜395 年頃執筆）に深く共鳴し，人間は自由意志を用いて善悪を判断し，正しく生きるよう努力すべきであると考えた。人間の能力を肯定的に捉えるペラギウスの自律的な人間観は，ローマを中心として少なからぬ人々に歓迎された。しかし，アウグスティヌスは，人間自らが立派に生きようと意志すればそれを成しうるとの考えの内に，神の恩寵を退け自分の努力によって罪を犯さぬ境地に達することができるとの傲りを見て取り，晩年のかなりの年数をペラギウスとその支持者との激しい論戦に費やした。この論争は，人類の救済における自由と恩寵の関係についての教義の形成を促すこととなった。

アダムの罪は人類全体に及ぶものではないとしたペラギウスに対し，アウグスティヌスは，原罪によって招き入れられた感覚的快楽への傾きは，生命そのものとともに伝達されており，幼児を含め誰一人として情欲の罪から自由ではないと応ずる。原罪によって腐敗した本性をもつ人間が善く意志するには恩寵の介入が不可欠であり，恩寵はキリストの贖罪の業を通して与えられる。イエスをもっぱら徳ある生の模範としたペラギウスは，善の主体を人間と見なして人間意志を鼓舞したが，人間を神の前において考えるアウグスティヌスにとっては，人が善を為すことができるのはキリストへの信仰においてのみであった。

このような考えから，アウグスティヌスは，パウロに基づいて義認論を

展開する。義（正しさ）は何らかの行為や努力の功績として与えられるのではなく，人間の自由な意志が神に応答する度合に応じて，神の無償の恩寵が人間を支え，共に歩むことによって与えられる。罪人たる人間を義とするのは神の恵みであり，その根拠は功績にあるのではない。アウグスティヌスは，善い生活や善い行為をするためには自由意志が必要だが，同時に，人間は神の恩寵なしには何一つ行うことができないとした。そのため，彼は，救いは神の自由な選びと「予定」の内で決定されていると考えた。

第4節　愛の秩序

三つの愛

　人間は真理を追求するという根本的欲求をもつとともに，信仰心それ自体を神の恩寵によって与えられている。この両側面から，自己と神との関係について洞察を深めたアウグスティヌスは，自己と他者との関係についても考察している。聖書は，第一の掟として神への愛の実践を教えるとともに，隣人を愛するという第二の掟をも守るよう教えている。以下に見るように，これら自己と隣人と神とのあいだに成立する愛の関係について，アウグスティヌスは「使用」と「享受」の区別によって説明を試みている。

　アウグスティヌスによれば意志には重さがあり，人間はその重みに従って動かされる。ギリシアの自然学において空気，火，水，土などの物体は自らの重みによってそれぞれに定められた場所へと赴くと考えられていた。これに対し，人間にとっての意志の重さとは愛であり，この愛こそが意志を突き動かす原動力とされる。すると，とかく何らかのものを求め愛さずにはいられない人間が気高く生きるためには，真に愛するに値するものは何であるのかを吟味する必要があるだろう。この「愛の秩序」を通して初めて，人間は本来あるべき場所へと安住することができるからである。

　享受とは，あるものにひたすらそれ自身のために愛をもって寄りすがることであり，使用とは，愛するものを獲得するのに役立つものを用いることである。前者がそれ自体のために愛されるものを対象にしているのに対

し，後者は前者を得るという究極目的のために，一定の限界をもって愛されるべきものを対象としている。

　アウグスティヌスによると，私たちは神を「享受」し，それ以外のものを神の享受のために「使用」しなければならない。したがって，自己は神を愛するという目的のために使用されねばならず，隣人もまた神への愛という究極目的のために，自己を愛するように愛されるべきである。こうして，神へと位置づけられた愛の中で，人々のあいだには平和と秩序が生まれ，自己，隣人，神への三つの愛は相矛盾しないことが明らかにされる。

神の国と地の国
　自己と隣人と神のあいだに成立する愛の正しい秩序は，より広い次元で捉えられるとき，社会的な秩序，すなわち国家の成立の根拠としても理解されるものとなる。晩年に完成された大著『神の国』（413〜426年頃執筆）によれば，神を愛するために自己と隣人を愛する愛と，自己を究極目的として神のごとく愛する愛との対立によって，原罪以降，人類の世界には二つの国が現れたという。アウグスティヌスは，神を愛し信ずる者たちのつくる神の国と，不信者たちのつくる地の国との闘争を，聖書におけるイスラエル民族の歴史そのものの中に見出すのである。

　アウグスティヌスは，神による救済（神の内なる予定・計画）の実現過程として自らが捉えた歴史を，アダム〜洪水〜アブラハム〜ダビデ〜バビロン捕囚〜キリスト誕生〜現在の六時代に区分している。神の国と地の国の対立は，キリスト以降，教会とローマ帝国という二つの社会形態として現れ始めたとされている。

　ここで注意すべきなのは，神の国と地の国という構図は，可視的組織としての教会と世俗国家との対立に必ずしも同一視されているわけではないという点である。実際には，世俗にも天の国の住人がおり，教会の内にも地の国の住人がいる。なぜならば，完全な形で神の国が現れるのは最後の審判のあとであり，たとえ教会であっても天と地，善と悪の「二つの国」は混在し，いまだ神の国の体現途上にあると考えられたからである。また，アウグスティヌスは，人間は本性的に社会的な存在であり，結びつきを求

める存在であると考え，世俗国家の必要性を否定したり，教会と国家の両組織を対立させたりはしていない。

　このような視点から，アウグスティヌスは人々の平和と幸福を守る国家の役割を認める一方で，国家はキリスト教会の治安をも維持しその理想を目的とせねばならないとしている。彼によれば，国家は，悪人の跋扈する無秩序な状態に最低限の秩序を与えるために要請される，いわば必要悪の強制力であり，正義によってかろうじて盗賊団と区別されるにすぎない。神により善く応答していった人々の集いである教会こそが，神の国の完成の担い手であると考えたアウグスティヌスは，国家に対する教会の優位を論じ，宗教に対して政治を相対化させているといえよう。

＊　　　＊　　　＊

　アウグスティヌスは，原罪によって堕落し，意志の自由を失って欲望に支配されるようになった人間の現状を嘆きつつも，無からの創造の教義や，無力なる人間を無償の愛で照らし出す神の恩寵についての洞察を通して，被造世界を根本において蔑むことはなかった。アウグスティヌスは，堕落した自然世界の救済の可能性を，神の受肉を通して与えられる恩寵と，それに対する人間意志の応答のプロセスによって理解しようとした。

　彼の教説に影響を受けて成立した原罪論や恩寵論は，西方キリスト教の筋道に決定的な方向づけを与えたのみならず，その後の西欧思想の展開にも一石を投ずるものとなった。

（武富香織）

【文献】
アウグスティヌス『告白』全3巻，山田晶訳，中公文庫，2014年
アウグスティヌス『神の国』全5巻，服部英次郎・藤本雄三訳，岩波文庫，1982～1991年
K・リーゼンフーバー『西洋古代・中世哲学史』矢玉俊彦訳，平凡社ライブラリー，2000年
山田晶『アウグスティヌス講話』講談社学術文庫，1995年
谷隆一郎『アウグスティヌスの哲学：「神の似像」の探究』創文社，1994年

第 4 章
トマス・アクィナス

Thomas Aquinas, c.1225-1274

　トマス・アクィナスは西洋中世を代表する哲学・神学者である。その著『神学大全』（1266 年頃〜1274 年執筆）ではいわゆるスコラ哲学の体系的完成が認められる。ここでのトマスの営みは，キリスト教神学を信仰の領野からのみならず，理性的に正当化するものである。同書は 3 部からなっており，第 1 部では「神」に関する事柄が探求され，それをもとに，第 2 部では「人間」に関して考察がなされ，最後に，第 3 部では「キリスト」について論が進められる。道徳的な問題に関して，トマスはつねに神との関係で考察する。とりわけ，第 2 部では，人間が神の似姿，つまり知性的な存在者という観点から論じられている。

第 1 節　理性と信仰

理性と信仰の問題
　スコラ哲学とは「スコラ＝学校」の哲学を意味し，9 世紀のカロリング・ルネサンスに始まった修道院付属学校における聖職者の教育を起源とする。これらの学校は大学へと発展していったため，スコラ哲学はのちにパリとオックスフォードなどでの哲学を指すようになった。その歴史は 16 世紀ルネサンスまで続くこととなる。このような営みの中で，トマスはスコラ哲学を総合し，体系化をなした哲学者とされる。
　さて，トマスが活躍した 13 世紀において，哲学と神学のあいだには，強い緊張関係があった。すなわち，聖書が教える知識，たとえば世界は創造されたものであることと，理性によって得られた知識，たとえば世界が永遠であるということが相反するものとして現れる，という関係である。

哲学と神学の対立は，パウロの「哲学，つまりむなしいだまし事」という表現にさかのぼるが，この対立が激化したのがとりわけ13世紀においてであった。

この対立に火を付けたのは，西洋へのアリストテレスのテキストの導入である。12世紀以来，イスラーム世界を通して，『自然学』とそれに関連する著作の多くが西洋に知られることとなった。それに伴って，アリストテレス哲学を重視するいわゆる「ラテン・アヴェロエス」主義者たちが登場した。彼らは，上述の世界永続説など，聖書に反する事柄を主張した。そして，信仰における真理と理性における真理は違う，という説（「二重真理説」）を唱えるに至ったのである。

理性と信仰の調和

哲学と神学，あるいは，理性と信仰の対立について，13世紀には，いくつかの立場があった。たとえば，信仰を過度に重視し，理性は排除されるべきだ，という見解である。それに対して，トマスは「恩寵は自然を破壊せず，むしろ完成させる」と述べる。つまり，理性（自然）に対する信仰（恩寵）の優位は保持しつつも，信仰と理性を対立するものとせず，むしろ補い合うものだと理解している。トマスは理性を重視する。それは，とりわけトマスのアリストテレスへの態度から伺うことができる。トマスはアリストテレスの哲学を，信仰に対する矛盾を理由に斥けるのではなく，神学的議論において積極的に用いる。たとえば，神の存在証明において，トマスはアリストテレス由来の「現実態」という考えに大きく依拠している。このように，理性はトマスの神学体系のいわば基礎として機能している。

それでは，信仰はその活躍の場をどこにもつのか。たとえば，信仰箇条の一つである「三位一体」は，人間の救済のためには必要な知である。しかし，理性はこれを把握することはできない。ここにおいて，信仰が必要となる。つまり，信仰は理性のみでは捉えきれない神的事柄と人間の橋渡しの役割を有する。すなわち，神について理性的に探求するためには，すでに神に関する事柄を何らかの仕方で知っていなければならない。学の対

象が探求に先立ってあらかじめ，与えられていなければ，それに関する探求は不可能である．この対象，つまり神的な事柄を準備するのが信仰である．

第2節　至福と恩寵

神と人間

　さて，トマスは人間をどのように捉えているのか．彼は，当然ながら，人間を神との関係から捉えている．神が存在することは次のように証明される．まず，動いているものはすべて，他のものによって動かされている．この系列を動かすものに向かって進めば，第一に動かすものがなければならない．この意味で，神は存在する．そしてこのような神はすべてのものを創造した原因である．

　加えて，神は最も善きものでもある．トマスは「善いもの」を「欲されるもの」と理解する．さて，神はすべての被造物に欲される．なぜならば，神は作るものであり，被造物は神によって作られたものであり，かつ，作られたものはそれを作ったものに似ることを欲するからである．よって神は善であり，かつすべてのものの目的として機能する．

　このような神は世界に「位階秩序」を定めた．神は自らの善さを表現するために事物を創造した．善さを表現するためには，多くのものを作る必要があった．というのも，神のもつ無限の善性は，ただ一つの被造物によっては表現されることはできないからである．加えて，「多」と言っても，それは無秩序の被造物の寄せ集めであってはならない．神の善性の表現のためには，序列や上下関係が必要とされる．これが位階秩序の存在理由である．そして，この位階秩序は，神，天使，人間，動物，植物という順で構成される．

　この位階秩序において，人間は中間的な位置にある．この秩序は非物体的なものと，物体的なものに分けられる．神と天使は完全に非物体的という点で上位に位置している．他方で，動物や植物は物体的という点で下位

に位置している。人間は知性ないし魂をもつため，非物体的であると同時に，身体をもつため，物体的でもある。それゆえ，人間は位階秩序において中間的な位置にある。人間が「神の似姿」（imago Dei）として捉えられるのは，それが非物体的な知性をもつからである。他方で動物はそれをもたないため，似姿とは見なされない。

至福

　それでは，神の似姿としての人間の「至福」（beatitudo）とは何か。トマスは，何かにとっての至福とはその善い部分を最高に働かせることと理解する。さて，神の似姿である人間の善い部分は知性である。よって，知性を最高に働かせることが人間の至福である。そして，知性を最高に働かせることは，最高の対象に向けてそれを行使することにほかならない。認識される対象のうちで最高のものは神である。よって，知性を最も善く働かせることは神を認識することであり，人間の至福はここにある。

　このような理解に基づいて，トマスは，至福が富・名声・快楽にあることを否定する。富は人間の生活を維持するのには役立つ。しかし，知性を働かせることは，精神的な事柄であり，それを金銭で買うことはできない。よって，至福はここにはない。また，名声は何らかの卓越性に与えられる。つまり，優れているから名声が与えられるのであって，その逆ではない。さらに，快楽（美味など）は身体に属する。至福は知性においてある。よって，快楽も至福とは認められない。

恩寵の必要性

　トマスによると，人間は自らの力で至福に達することはできない。つまり，独力で神を認識することはできない。それは次の理由による。

　現世に生きるわれわれは肉体をもつ。そのため，われわれの認識は感覚に関わるものから始まる。感覚の対象は物体である。さて，知性の働きは感覚から得られた表象をもとに行われる。すなわち，知性は感覚から得た表象をもとに認識を行う。たとえば，まず個別的な石の像を感覚によって得て，そこから知性によって個別的な性質を抽象し，石の性質そのものを

認識する。このように，人間の知性は石を認識することはできる。
　しかし，人間は，肉体において存在する限りで，神という非物体的なものを認識することができない。なぜなら，人間の認識が必要とするような，感覚的な表象を神がもたないからである。
　独力で神を認識することができない人間の知性は，どのようにして神の認識に達するのか。トマスは，それを不可能と見なすのではなく，ある場合には可能とする。というのも，不可能であれば，神の認識が人間の至福であるにもかかわらず，その至福は「空しく満たされないまま」になってしまうからである。それが可能である場合とは，神の「恩寵」（gratia）が人間に注入される場合である。恩寵は人間に対して，外的な仕方で神により与えられる。この恩寵によって，人間の知性は強化され，神を認識することが可能になる。
　ただ，ここで言う神の認識とは，神が「存在すること」を認識することではなく，「神が何であるか」を認識することである。前者は恩寵による強化なしにも可能である。だが，人間の至福，言い換えれば，最終目的は後者にある。

第3節　徳

至福と徳
　さらに，トマスはこのような至福に至るために「徳」の必要性を主張する。人が至福に動かされ，それへと向かうのは徳によるのである。それでは，徳とは何か。トマスによると，徳は習慣である。まず，われわれは行為において自由である。たとえば，右に行くのも，左に行くのも可能である。習慣とは，その自由な選択の余地をもつ人間において，どちらに行くかを規定するものである。この習慣のなかでも，善い習慣をトマスは徳と呼ぶ。
　さらに，トマスは徳を「倫理徳」（virtus moralis）と「知的徳」（virtus intellectualis）に区分する。ここでは，人間の魂において意志的部分と知

性的部分が区別されることが前提とされている。すなわち，何かを欲する部分と知る部分である。トマスは，前者に対応する善い習慣を倫理徳と，後者に対応する善い習慣を知的徳と呼ぶ。

　知的徳とは魂の認識的部分の善い習慣である。たとえば，何らかの目的に対して，それにふさわしい手段を認識することである。また，倫理徳とは魂の欲求的部分における善い習慣である。善い行為を行うためには，その行為やそれにふさわしい手段を認識するだけでは不十分である。「わかっているけど，しない」という日常的な文句はこれを表現している。倫理徳が必要とされるのはこの場面である。つまり，倫理徳は，魂が善い行為を欲し，それに向かうようにするのである。

枢要徳

　トマスは徳のうちで，善い行為に向けて直接に影響する徳を「枢要徳」（virtus cardinalis）と呼ぶ。「枢要的」とは「蝶番」という言葉から派生した形容詞である。扉が外への入口として機能するように，枢要徳は（のちに述べる）「対神徳」を準備する役割を果たす。

　知性徳のうちでは「知慮」が，倫理徳のうちでは「正義」，「勇気」，「節制」が枢要徳とされる。知慮とは，設定された目的に対して，どの行為が善くふさわしいかを認識することに関する徳である。正義とは，あらゆる人に対する義務をなさせる徳である。勇気とは，善い行為が恐怖によって脅かされたとしても，負けずにそれを行う徳である。そして，節制とは，肉体的欲望に対する欲求を抑制する徳である。

　この枢要徳において，知慮は特権的な位置を占める。他の徳は善い選択肢を選ぶことを助けるものであるが，それに対して，知慮はその選択肢そのものを用意する。つまり，知慮はすべての善い行為の土台なのである。

対神徳

　さらに，トマスは，枢要徳と対比させて「対神徳」（virtus theologica）について論じる。枢要徳は人間が独力で獲得できるものであるが，対神徳は人間が独力では獲得できず，神によって注入されるものである。つまり，

対神徳は恩寵として神から与えられる。

　それでは，なぜ対神徳が必要とされ，なぜそれは人間に外的に注入されるのか。すでに述べたように，トマスは人間の至福を神に置いていた。徳は幸福への手段として要求される。そのため対神徳が必要とされる。しかし，神は人間を超越する存在であるため，人間は，枢要徳の場合とは違い，神との関係を自分の力でもてない。したがって，そのような徳は恩寵として外的に注入されるほかないのである。

　トマスは対神徳として次の三つを挙げる。「信仰」，「希望」，「愛」である。そのどれもが，人間本性に備わっている能力では到達できない事柄に関わっている。すでに述べたように，魂は知性的部分と意志的部分を備えているが，枢要徳と同様に，対神徳もまたその各々の部分に対応する。

　信仰は知性に関わる。具体的には，それは理性によって論証できない事柄（神の復活など）を信じることにある。希望は意志に関わる。すなわち，神を欲することが希望である。救いを求めて「旅する人間」は，希望によって，神を求め続けることができる。そして，愛もまた意志に関わる。ここで言う愛とは神に対する友愛であるが，それはわれわれが自らのために神を愛するのではなく，むしろ神自身のために神を愛することである。この愛は，じつは，神がわれわれを愛することに基づいている。それゆえ，ここには，相互の愛し返しがある。

第4節　共通善と法

共通善としての神
　一般に，徳は人間の行為を内側から規制するものであるが，それに対して，「法」は行為を外側から規制するものである。言い換えれば，徳が善い行為の内的な根源であるのに対して，法は善い行為の外的な根源である。
　トマスによると，法は「共通善」（bonum commune）を基礎として成り立っている。共通善は，個人的な善（私的善）とは対照的に，すべての人にとっての善を指し，国家（政治社会）の基盤となる。トマスは国家に関

わるものを人間の本性に基づくものとして，その意義を認める。これは，当時のアウグスティヌス派が国家を原罪の結果と見なすことに対立する。トマスが国家に対して価値を認める理由は彼の人間理解にある。トマスは，人間が他人に対して友であると考えている。つまり，人と人の関係は互いに友愛を結び合うものとして理解されている。国家が正当化されるのも，この発想の延長線上にある。ただ，すべての人間に共通する善はいかにして基礎づけられるのか。これは倫理学史上，しばしば問題となるテーマである。

　トマスの立場はこれに一つの答えを与えるものといえる。彼の考えでは，神が共通善を基礎づけるのである。神はあらゆる事物の目的因である。つまり，すべての被造物は神をめざして進む。そして，神は全宇宙の善である。それゆえ，被造物は神により目的が定められており，その目的とは神自身であり，神自身へと向かうことは世界全体の善さに向かうことである。このようにして，共通善，つまり，すべての人々に共通する善は，神という確固たる地盤を得ることになる。

　ただ，もちろん，共通善が私的善と対立するケースはある。その場合に優先されるべきは共通善である。トマスは次のような例を挙げる。裁判官が強盗に対して死を求刑するとき，それは共通善に即している。それに対して，強盗の家族は彼の死を欲しないが，それは家族にとっての私的善である。この場合，共通善が私的善よりも優先されるものであるから，裁判官の意志が正しいものとして認められる。

　法が正当化されるのは，それが共通善に関係づけられ，さらに，共通善が神によって基礎づけられるからである。よって，徳だけでなく，法もまた，神に支えられているのである。

永遠法

　トマスはこのような法をいくつかの種類に区分する。その一つは「永遠法」（lex aeterna）である。神は世界全体を秩序あるものとして創造したが，この秩序を「摂理」とも言う。永遠法，すなわち，神の法とは，神の知性において見出される事物の摂理を指す。

このような永遠法は他のすべての法の基礎として機能する。これは，「運動」に関するトマスの考えから導出される。この世界の運動は第一のもの（神）に由来する。第二のものが何かを動かすとすれば，それは第一のものに動かされることによってなのである。法に関しても，同じことがいえる。法は，人間の行為を外側から規制するという形で，人間を何らかの目的へと動かすものである。そして，様々な法が人間を動かすことができるのは，それらが永遠法によって動かされるからである。ゆえに，いかなる統治者が発令した法であっても，それが正当であるとすれば，永遠法に基づいている。このように，永遠法は他のすべての法を基礎づけるという重要な役割を担っている。

自然法と人定法

被造物はこのような永遠法（神の法）により統制されている限りで，法をもつといえる。だが，さらに進んで，人間が受動的に統制されるのみならず，互いを能動的に統制する場合には，永遠法を「分有」していると言われる。分有するとは，何かの部分をもつことであり，この場合には，人間が神の永遠法を部分としてもつと解される。この分有された永遠法をトマスは「自然法」（lex naturalis）と呼ぶ。

この自然法は，われわれの道徳判断において，論証の第一原理と同じ役割を果たす。すなわち，数学において「全体は部分よりも大きい」という原理から他のいくつかの原理が派生する。同様に，自然法に基づいて，われわれの実践的判断が形成される。トマスは，自然法のうちでも最も主要なものとして，「善は為すべく，追求すべきであり，悪は避けるべきである」を挙げる。人の行為は何であれ，この原理に基づいて導出され，統制されるのである。

さて，論証の第一原理から特殊・個別的な定理が帰結するように，自然法からも特殊・個別的な法が帰結する。これを「人定法」（lex humana）と呼ぶ。たとえば，「何人に対しても悪を為してはならぬ」という自然法があるとしよう。ここから導かれるのが「殺すなかれ」という人定法である。それゆえ，人定法は，永遠法の分有としての自然法によって基礎づけ

られている。

　ただし，既存の人定法が自然法によって基礎づけられることは，それが絶対的であることを意味してはいない。数学では，派生した定理が絶対確実であるが，実践理性はつねに個別的な事柄に関わるため，誤ることもある。よって，人定法はつねに改善の余地がある。トマスは，人定法が明確に悪を含む場合には，それを改変すべきであると認める。

＊　　　＊　　　＊

　トマスは信仰と理性の調和を強く主張した。また，人間の至福は神にあり，かつそれに到達するための恩寵の必要性を強調した。さらに人間の行為を内的に善いほうへと規制するものとして枢要徳と対神徳を考察した。他方で外的に規制する法について論じ，この法一般が神に基礎づけられると説明された。このようなトマスの思想は，倫理学にいわば神の視点を組みこむことで，神という人間を超えるものによって人間を捉え直すものとして，今なお大きな影響力をもっている。

（菅原領二）

【文献】
トマス・アクィナス『神学大全』全 45 巻，高田三郎・稲垣良典ほか訳，創文社，1960〜2012 年
上智大学中世思想研究所編『中世思想原典集成 14　トマス・アクィナス』山本耕平編訳・監修，平凡社，1993 年
稲垣良典『トマス・アクィナス『神学大全』』講談社選書メチエ，2009 年
山本芳久『トマス・アクィナス　肯定の哲学』慶應義塾大学出版会，2014 年

コラム3
ルネサンス

Renaissance

ルネサンスとは
　14世紀から16世紀にかけて，イタリアに始まり西洋に広がった，文化的・社会的な運動を「ルネサンス」と言う。もともと「再生」という意味だが，ギリシアやローマの古典が再評価されたので「文芸復興」とも呼ばれる。古典研究に基づく教養が「フマニタス」と呼ばれて重視され，「人文主義」と訳されるが，これが「ヒューマニズム」の語源である。

　ルネサンスの一般的な特徴は，中世の神中心の文化や世界観が人間中心の文化や世界観に転換し，個性を陶冶して能力を発揮する「万能人・普遍人」を理想とし，人間の感情や欲求を肯定したことである。人間の探究，人間性の尊重や完成を重視するという意味では，ヒューマニズムは「人間中心主義」「人道主義」でもある。

ルネサンス期の倫理思想の五つの潮流
　哲学・倫理学の歴史から見ると，ルネサンス期の思想には，それぞれ関連し合う，五つの潮流が見出される。

　一つ目は，自由意志や人格形成に人間の尊厳を見出し，様々な思想の融合をめざす傾向であり，これを体現するのがピコ・デラ・ミランドラ（Pico della Mirandola, 1469-1533）や，エラスムス（Desiderius Erasmus, 1466-1536）である。とくにピコは，自分の生き方を自ら選択し決定する自由に，人間の本性と人間の尊厳を見出した。また，プラトンの哲学をもとに，ユダヤ教やキリスト教やイスラームの思想などを取り入れることを試みた。

　二つ目は，自然を一つの生命体と見なす有機体的な自然観と，神の力が世界の万物に宿っていると捉える「汎神論」であり，これを代表するのがブルーノ（Giordano Bruno, 1548-1600）である。ブルーノによれば，宇宙は，神の無限と摂理を反映して，無限で秩序立っ

ている。また、個物と宇宙とのあいだには照合関係がある。たとえば、種から芽が出て、やがて葉をつけ、花が咲いて実がなる、といった自然の現象に、神の力や宇宙の秩序が見出される。

　三つ目は、通常の言語や論理とは異なる次元で、神の現れを見て取ろうとする「神秘主義」であり、クザーヌス（Nicolaus Cusanus, 1401-1464）やベーメ（Jakob Böhme, 1575-1624）の思想に見られる。ルネサンス期は合理化や世俗化の起点である一方で、神秘主義や占星術や錬金術もさかんに研究された。クザーヌスによれば、神は無限であるが、人間の知性は有限なので、無限な神を認識することはできず、神は理解を超えているということのみが知られる（学識ある無知）。ベーメは、神は「無」として現れると説いたが、悪が存在する意味を議論したことが重要である。のちにライプニッツ（Gottfried Wilhelm Leibniz, 1646-1716）は、全能で善なる神が創造した世界に、なぜ悪が存在するのか、という問いを立てて「弁神論」を展開した。

　四つ目は、観察や実験によって自然現象の法則を探究する自然学の革新であり、これに寄与したのがコペルニクス（Nicolaus Copernicus, 1473-1543）、ケプラー（Johannes Kepler, 1571-1630）、ガリレイ（Galileo Galilei, 1564-1642）である。古典力学を大成したニュートン（Isaac Newton, 1642-1727）がこの流れに連なる。そうして自然現象を数学的に解明する方法がしだいに形成され、結果として、自然を機械のように捉え、自然現象を因果関係のみによって説明する「機械論的自然観」を準備することになった。

　五つ目は、世俗的な道徳や社会の理論の構築であり、国内の分裂や混乱に際して、マキアヴェッリ（Niccolò Machiavelli, 1469-1527）は現実の国家を論じ、モア（Thomas More, 1477/8-1535）は理想の国家を描いた。マキアヴェッリは、人間の利己性を前提にしつつ、どのように社会の秩序を成立させ維持するのか、どのように利己的な人間を政治や軍事に参加する市民に変えるのかを考察した。モアは、自由で公正で平和な、質素で私有財産のない農本的な共同体を描き、風刺を交えつつ、土地の囲い込みなどの不公正を批判した。

（吉田修馬）

コラム 4
宗教改革
Reformation

宗教改革とは
　ルネサンス期における世界観の転換は，キリスト教にも変化をもたらした。16世紀の西洋では，教会の腐敗を批判する「宗教改革」という運動が起こり，西方教会は「カトリック」と「プロテスタント」に分裂した。後者を代表する思想家がドイツのルター（Martin Luther, 1483-1546）と，フランスに生まれスイスで活動したカルヴァン（Jean Calvin, 1509-1564）である。

ルター
　ルターの考えは，以下の四つの主張に要約される。
　一つ目は，人間は神への信仰と神の恩寵によってのみ，正しい者になれるという「信仰義認説」。二つ目は，人間は教会に従うのではなく，一人ひとりが聖書に従うべきであるという「聖書中心主義」。三つ目は，すべての信徒が司祭であり，神のもとでは平等であるという「万人司祭主義」。四つ目は，すべての職業は神から与えられた使命であると捉える「職業召命観」である。
　エラスムスとルターは，ともに教会の腐敗を批判していたが，人間の自由意志をめぐっては論争を行っている。一方でエラスムスは，人間が善を行う際には，人間の自由意志と神の恩寵が協働していると考え，人間の自由意志を高く評価した。他方でルターは，原罪によって堕落した人間は，神の恩寵がなければ善を行えないと唱え，人間の自由意志をあまり評価しなかった。

カルヴァン
　カルヴァンの考えでは，「予定説」と「職業召命観」を結びつけたことが重要である。
　人間が救われるかどうかはあらかじめ決まっているが，神は人間

に職業を与えた。そこで人間は，神の栄光を実現するために，現世の職業に励む義務があり，職業で成功することが結果として救いの証になる。のちにウェーバー（Max Weber, 1864-1920）は，カルヴァン派の信仰から，勤勉で禁欲的な生活態度や職業倫理が生まれ，「資本主義の精神」が形成されたと論じている。

宗教戦争とその後の倫理思想

いずれにしても，プロテスタントにおいては，一人ひとりの人間が，教皇や教会を介さず，神と直接に向き合うことが重視された。宗教改革は，信仰の単位を教会から個人に移すことで，近代的な個人の意識を高める契機となった。

他方で，カトリックにおいても，教会を改革する「対抗宗教改革」が行われ，イエズス会が海外への布教に努めた。カトリックの思想家では，スアレス（Francisco de Suárez, 1548-1617）が形而上学の体系化を試み，近世の哲学・倫理学に影響を与えたことは特筆に値する。

ところで，エラスムスは教会の分裂を招くとして，宗教改革を批判していたが，カトリックとプロテスタントの対立は，実際に激しく悲惨な「宗教戦争」を引き起こした。16世紀末から17世紀のヨーロッパは凶作や疫病の頻発に苦しんだが，宗教戦争という意味でも「危機の時代」であった。

そこで，宗教戦争や宗教内乱に対して，宗教寛容の理論化や，戦争や内乱を止めるための新しい倫理学の構築が，16世紀後半から17世紀の課題の一つとなった。たとえばボダン（Jean Bodin, 1530-1596）は，宗教内乱を克服しようとして，国家の「主権」の絶対性を強調した。また，次の時代においては，グロティウス（Hugo Grotius, 1583-1645）やスピノザ（Baruch de Spinoza, 1632-1677），ホッブズ（Thomas Hobbes, 1588-1679）やロック（John Locke, 1632-1704），ベール（Pierre Bayle, 1647-1706）らの思想を，内乱や無秩序の克服，寛容の理論化という課題に応答する試みとして捉えることもできる。

（吉田修馬）

第5章
デカルト

René Descartes, 1596-1650

　デカルトは 17 世紀前半のフランスの哲学者であり，いわゆる大陸合理主義の祖，近代哲学の父とされる。彼は聖書や教会の権威による超自然的な信仰の光に依存せず，人間自身に備わった自然的理性（「自然の光」）のみに基づいて，無限に広がる宇宙，世界で生じる様々な現象，そこに生きる動物や人間の機構を全体として，統一的な原理によって体系的に説明しようとした最初の思想家である。このような近代科学の出発点を画する新たな世界像の提示に伴い，そうした世界に対面し，そして生きる人間の生の在り様もまた問題となってこざるをえない。デカルト哲学は，かくてつねに人間の生き方の問題，すなわち道徳の問題とも連動しているのである。

第1節　理性

合理主義
　デカルトに始まり，スピノザなどに続く一連の哲学の諸体系は，しばしばひとくくりに「（大陸）合理主義」（rationalisme）と呼ばれる。その語源はラテン語の ratio であり，その訳語の組み合わせによって合理主義の特徴を示すことができる。つまり，世界の中の諸事物は原因と結果の「関係」によって互いに連関し，これを捉える認識者の「観点」からすれば，この関係は事象の生起の「理由（根拠）」として理解される。この理由の秩序を辿ることが，前提から帰結を導き出す論理的「推論」であり，こうした知の働きを遂行する能力こそが「理性」にほかならない。
　こうなると理性が捉える秩序がそのまま自然の秩序に照応することになり，かくてすべての事物は権利上理解可能である。デカルトにとってこの

ことは，超自然的な啓示や神の恩寵に依存せずに真理を捉えることのできる理性の力の表明である。

デカルトによって整備された新たな世界観は，しばしば「量的世界観」と呼ばれる。彼に先立つスコラ哲学において，世界の諸現象は二組の対立的質（温／冷，乾／湿）の組み合わせから成る四元素（地・水・火・空気）の按配によって説明され，この意味で「質的世界観」と呼ばれる。たとえば「火」は暖かく乾いており，そのため世界空間の上方へ向かう傾向をもつといったように，四元素はそれぞれが本来身を落ち着けるべき自然的な場所を有する。地上の物体の運動はこの自然的な場所へと戻ろうとする各元素の傾向性によって説明される。このように，ある運動がそこへと向かい，またそこで完結するようプログラムされている終極点をもとに事象を説明する方式を，「目的論的説明」と言う。

これに対しデカルトは，物体を，空間のうちに場所を占め，「長さと幅と深さ」の三次元への広がりを内実とする「延長する事物」と規定し，自然全体をこうした物体が充満する等質的空間と見なす。そして物体の運動は空間中の位置の変化としての場所移動に還元され，数量的な関係によって表現される。「対象において見出される様々な関係つまり比例のみを考察する」数学をモデルとする量的世界観は，以上の意味での運動を扱う「機械論（静力学）」を準備する。またこれに伴い目的論的説明も廃される。生命体をも一種の機械と見なすことで，自然全体を機械論の一般的原理から包括的に説明するデカルトの自然学は，「私たちを自然の主人かつ所有者たらしめる」という近代ヨーロッパの合理的・技術的知の先駆である。

良識はこの世で最も公平に配分されているものである

デカルト自身の精神の歴史が記された『方法序説』（1637年）の正式なタイトルは，『理性をよく導き，もろもろの学問において真理を探究するための方法についての序説』である。この著作の冒頭でデカルトは言う。「良識はこの世で最も公平に配分されているものである」。

「良識」は「理性」とも言い換えられ，「よく判断し，真を偽から分かつ能力」と規定される。良識あるいは理性は，真理の探究を主導する力とし

て，一種の「真理の種子」としてすべての人間に公平に与えられている。しかし世を顧みれば，一つの主題に関する真の意見は唯一でしかありえないはずなのに，実に多くの異なる意見が入り乱れている。たしかに真理の種子はすべての人に植え込まれているが，この種子をたんにもっているというだけでは不十分であり，それを芽生えさせ，育む必要がある。だから重要なのは，自らの有する理性を「よく」導き，正しく使用すること，またそのための条件や規則を定めることである。

　デカルトにとって真を偽から分かつことは，純粋に思弁的な事柄ではなく，「確信をもってこの生を歩むために」こそ求められる。自らが生きる中で生じるあらゆる出来事に際して，何をなすべきで何をなすべきではないかを認識するために，なしうるかぎりよく自らの精神を用いるように努めることが求められるのである。

第2節　学の体系性と方法

哲学は人間の知りうる一切のものに及ぶ
　デカルトは諸学問がまずは一人の手によって，それらすべてに通底する根本的な基礎，土台を築くことから出発して統一的に構築されるべきことを主張する。すべての学問は相互に連関し，ある学問が他の学問の諸前提を提供するからである。『哲学の原理』（1644年）の序文によれば，哲学とは「知恵の探求」を意味し，この知恵とは「人間の知りうるすべての事物の完全な認識」である。それゆえ哲学は，人間精神のあり方，世界の一般的構造，そして神についての研究である狭義の形而上学に限られず，広く機械的技術論や医学等をも包摂する。さらにすべての事物についての認識が完全であるためには，その認識が「第一の諸原因すなわち諸原理」から，曖昧さを残すことなく「導出（演繹）」されることが求められる。

　またデカルトは哲学の中の諸学問間の連結関係を次のように表現する。「哲学全体は一本の木のようなもの」であり，その根は形而上学，幹は自然学，そしてそこから伸びる枝は，他の主要な諸学問としての医学，機械

学，道徳である。ここに明らかなとおり，デカルトの哲学的探求の最後の課題は道徳，すなわち人間のよき生き方に関する探究である。医学と機械的技術は人間がよく生きるための手段となりうるが，自らの生を自己の理性を用いてよく導いていく道徳，形而上学と自然学に支えられ，他の諸学の完全な認識を前提とする道徳こそが，最高の善としての究極の知恵の果実となるのである。

方法

闇雲にさまようことでたまたま真理を手にする人もいるかもしれない。しかしデカルトは断言する。このような正しい順序を踏まない研究によっては，自らに与えられた自然の光は曇らされ，精神は盲目になってしまう。これを避けるために，自らの思想を正しい途を通って順序正しく導かねばならない。「事物の真理を探究するには方法が必要である」。自らの理性の正当な用い方を定める「方法」こそが，人の賢愚を決めるのである。

デカルトが正しい途として採用するのは，諸事物が順序だって発見される真の方法を示す「分析」の途である。幾何学者たちが用いる定義，公理，証明を介した総合の途は，たしかに結論の論理的正当性に対する読者の同意をもぎ取る点で有益ではある。しかしそれは諸事物の真理を段階を踏んで発見していく精神の実地の歩み，その順序を示さない。これに対し分析の途は，デカルトとともに途を注意深く辿っていく者に真理の発見をいわば追体験させ，それまで知らずにいた諸真理を順序だって発見していく際に得られる満足をもたらしてくれる。

このようにして，方法は哲学における第一の諸原理の発見へと精神を正しく導く途を整備するものである。その際，方法は誤謬のリスクを排する確実性，必要以上の労力の消耗を回避するための平易さ，知識の漸進的増大をもたらす豊かさ，そしてこの方法の遵守によってもたらされる知恵の獲得を特徴とする諸規則の形で表現される。

デカルトは『方法序説』において以下の四つの規則を提示する。第一に，「注意深く即断と偏見を避け」，あらゆる疑いを排除するという点を特徴とする「明証性」を備えた真理の判断を行うこと。第二に，解かれるべき問

題を「できるだけ多くの，しかもその問題を最もよく解くために必要なだけの数の小部分に分割する」こと。第三に，最も単純で認識しやすいものから出発して，徐々に段階を踏んで最も複雑なものの認識へと「順序」にしたがって，あるいは順序を想定して進むこと。第四に，「何ものも見落とすことがなかったと確信しうるほどに，完全な枚挙と全体にわたる通覧とをあらゆる場合に行う」ことである。

　ところが私たちは「一人前の人間である以前に子どもであった」。幼いころからの偏見や悪しき習慣は根強く，教師に代表される伝統的権威の影響は大きい。だからこそ以上の規則は，たった一度でもそこから逸れまいとする確固不動の決意とともに遵守されなければならない。けれども真理の探究過程では即断を差し控えるとしても，実生活において人間は迅速に行動を決断すべく強いられるのがつねである。そこでデカルトは最高の知恵に至る過程の中で自らの生の諸行為を規律するに十分なだけの，「備えのための道徳」（暫定的道徳）を立てる。

　その第一の格率は，自国の法律と習慣に従い，自らの宗教を保持し，極端な意見ではなく中庸をとることである。第二に，一度採用すると決意した意見に対しては，それが疑わしく思えてもきっぱりした変わらぬ態度でそれに従い続けること。第三の格率は，私たちの自由になるものが自分自身の思考のみであると思い切り，自らの意のままになしえないことは，絶対的になしえないものであるのだと見切りをつけ，それに対する欲望を消すことである。たんに備えのために立てられたこの道徳はしかし，精神の満足をもたらす知恵の最後の果実としての最完全な道徳へと深まっていく必要がある。そのためには，まずは「少しでも不確かだと思われるすべてのものを，一生に一度は疑う決意をするほかないように思われる」。

第3節　私は思惟する，ゆえに私は在る

疑う私の実在

　私には幼いころからの偏見が付きまとっている。さらに，錯覚のような

事例が示すように，感覚に基づく判断はしばしば誤る。それゆえ確固とした確実な何かを手にするためには，あらゆる偏見と感覚を精神から引き離して，第一の基礎から始めなければならない。自らが諸真理を見出していった行程を叙述する『省察』(1641 年)において，デカルトは徹底的な懐疑の遂行から出発する（方法的懐疑）。少しでも疑いを差し挟みうるものに対しては判断を留保し，けっして疑いえない何かと出会うまで懐疑を徹底するというデカルトの態度は，疑うためにのみ疑い，真偽の判断をすべて中止して口をつぐまざるをえない懐疑論者の態度から区別される。

デカルトの懐疑は，感覚や世間一般の通念にとどまらず，この現実がじつは夢なのではないかと疑うことによって世界の実在へも向けられる。さらに「2+3=5」のような数学的知識についてさえ，私が誤るように私を創造した神がいるかもしれない。あるいは，あらゆる努力を傾注して私を欺こうとする悪しき霊を想定することができるし，また私自身が身体をもたないと想定することもできる。こうした誇張的な懐疑を遂行する私はかくて，あらゆることを否定すべきであることになる。

しかしながらここで，それだけは否定することができない唯一のもの，唯一の肯定に気づかされる。あらゆることを疑い，また否定すべきであると思惟している者，この私の実在である。「私は思惟する，ゆえに私は在る」(cogito, ergo sum)。この思惟する私の実在こそが，デカルト哲学の第一の原理の一つにほかならず，西洋思想における近代的自我の原型とされるものである。

この思惟する私の実在についての肯定のうちには，「明晰かつ判明な」知得がある。「明晰」とは注意深くものを見ようとしている精神に，光に照らされるようにはっきりと顕わになっていること，「判明」とは明晰であることに加え，そのように現れているものが他のものから分かたれ，はっきりと区別されていることである。こうした性格をもつ思惟する私についての認識と同程度に，明晰かつ判明に知得されるか否かを基準として，デカルトは疑いからの回復をめざしていく。

しかし，もし神が実在し，その神が私を欺くものであるとすれば，いかに明晰かつ判明な知得であろうと誤る可能性を排除しえず，疑いは執拗に

付きまとう。それゆえ「神が在るかどうか，そしてもし在るとしたら神が欺くものでありうるかどうかを検討しなければならない」。

神の実在

こうしてデカルトは神の実在の証明を開始する。その際，疑いをくぐり抜けた私の思惟，その特定のあり方（様態）としての神についての「観念」が証明の立脚点に据えられる。この観念は私自身と他のすべての事物を創造した「無限な実体」を示すものである。この観念はしかし，私自身が根拠なく作り上げたものではないのか。けっしてそうではない。

私は疑い，何かを欲している。つまり私には欠けているものがある。この意味で私は完全ではなく，有限な存在である。ところで「無限」は，有限の否定，つまり限りがあるのではない，ということではない。むしろ逆に有限のほうこそが無限の否定なのであり，したがって無限なものこそが第一のものである。それゆえ私は無限の観念を作り出すことができず，無限である神自身こそが，私を創造するに際して自らの観念を私に植え込んだのである。神の観念が「本有（生得）観念」と言われるゆえんである。この神の観念から出発する一連の議論を介して，私の起源の作者，私の原因である神の実在が証明される。

有限である私には，無限なる神を包括的に理解し尽くすことができない。だが神の汲み尽くしえない無限な力こそが，人間に対する神の超越こそが，私に神の実在を立証する。加えてこの無限性，神の欠くところのない完全性こそが，神が欺くものではないことを示すものにほかならない。

とはいえ私はやはり事実としてしばしば誤った判断を下す。デカルトによればこの誤りは，判断を構成する精神の二つの態勢，つまり知性と意志のギャップに由来する。認識する能力である知性は人間においてきわめて限られているが，他方選択し同意を与える「自由意志」は際限なしに拡張されうるからである。したがって誤りを避けるためには，知性によって明晰かつ判明に捉えられるものだけに判断を及ぼし，不明瞭なものについてはけっして同意を与えないという決意を堅く貫くことが必要である。

第4節　情念と徳

心身・物心二元論と情念の本性

　第一の原理として見出されたのは，思惟を本質的属性とする精神としての私の実在である。他方で身体と物体（ラテン語でともに区別なくcorpus）について明晰かつ判明に認識されるのは，それが長さ・幅・深さという三次元の延長を本質的属性とすることである。精神と身体・物体は一方が他方を要することなく明晰かつ判明に理解され，それぞれが「思惟実体」，「延長実体」と見なされる。たしかに「実体」は「実在するために他のいかなる事物をも必要としない」ものと規定され，この点では神のみが（無限）実体であるが，物体と精神も実在するために神の協力のみを要し，互いに他を必要としないという点で（有限）実体と見なされる。

　精神はけっして広がりをもたず，物体は思惟しない。このようにして精神と物体・身体は事物として区別される（心身・物心二元論）。それにもかかわらずデカルトは同時に，精神が身体と密接に合一していると主張する。両者の区別は両者の合一の条件にほかならない。区別は分離ではない。心身の区別は注意深く哲学的省察を行う者にとってのみ明らかになるが，それらの合一の場面は日常生活の只中にすでに現れている。悲しみや怖れといった強い感情である「情念」がそれを知らせてくれる。

　身体が傷ついたとき，私は痛みを感じる。この事実は精神と身体の密接な合一を教えている。精神は身体全体と合一しているが，デカルトは精神がその機能をとくに働かせている身体の部分があると言う。それは脳の奥まった箇所に位置するとされる「松果腺」であり，この器官において精神と身体は相互作用を行う。身体が作用を被っているとき，つまり受動にあるとき，作用を行っているもの，つまり能動にあるものは精神であり，逆に身体が能動にあるとき，精神は受動にある。この精神の受動こそが「情念」である。これに対し，精神にとっての能動は「自由意志」の働きである。精神は能動的に意志を働かせることによって，この意志に応じる結果を生み出すように松果腺を運動させることができる。

人々は古来，精神の理性的部分（意志）と感覚的部分（自然的欲求）とのあいだの戦いを思い描いてきたが，デカルトにとって精神は部分をもつものではない。真の対立は身体が松果腺のうちに引き起こそうとする運動と，精神が意志によってそこに引き起こそうとする運動のあいだにある。それゆえ情念を正しく理解するには，精神の働きと身体の働きを注意深く区別する必要がある。そこでデカルトは『情念論』（1649 年）において情念が生じる際のメカニズムを，身体の生理学的観点から説明していく。
　一般的に言えば，情念を生じさせる主な原因は，脳，心臓，その他諸器官をつなぐ脈管を流れる微細物質である「精気」の運動である。この精気の動揺が松果腺を動かす際に情念が生じるのである。さらにデカルトは，他のすべての情念がそこへと還元される六つの基本的情念を提示する。驚き，愛，憎しみ，欲望，喜び，悲しみである。

自由意志と高邁
　たとえば苦痛の感覚が精神のうちにまず悲しみを生み，次にその苦痛をもたらす対象に対する憎しみを生み，最後にこの対象から逃れようとする欲望を生む。かくて情念は精神を促して身体を保存するように協働させるものであり，この点に情念の効用が存する。けれどもひとときは喜びをもたらすものの，身体を害してしまうものもあり，また情念は人々を悪へと走らせてしまうこともある。こうした情念を統治するためには，「意志がそれに従って自らの生の行動を導こうと決心しているところの，善と悪の認識についてのしっかりした決然たる判断」，しかも真理の認識に支えられた決心が求められる。
　デカルトは精神の受動である情念を，自由意志という精神の能動によって支配することをめざす。つまり情念を統御することは，精神を身体から被る受動状態から精神自身の能動状態へと転じることである。こうした受動性から脱した精神の能動性の感受は，「内的感動」と呼ばれる。この内的感動は受動的な情念よりもはるかに強く私たちを支配する。名誉や富，健康といった自らの力だけでは意のままにならないものを手に入れることは「幸運」にすぎないが，知恵や徳といった私たち自身に備わる力を正し

く発揮させることによって得られる精神の満足にこそ,「幸福に生きる」ことが存するのである。

　精神が自己自身の価値を尊重し,自らに満足するためには,自由意志を正当に用いようとする確固不変の決意を,すなわち自分が最善と判断した事柄を実現しようとする——これが「徳に従う」ということにほかならない——不屈の決意を自己自身の内に感じることが求められる。そしてこの内的感動が「高邁」（気高さ）と呼ばれ,この自己尊重,自己への満足を知ることが「知恵の主要な一部」をなす。自由意志は正しく用いられれば,「私たちを私たち自身の支配者たらしめる」。この高邁という徳は「他のすべての徳の鍵であり,あらゆる情念の迷いに対する万能薬」として,情念の完全なる統御を可能にする最完全な道徳の果実といえるものである。

＊　　＊　　＊

　デカルトは理性に備わる力を重んじ,それを正しく用いる方法を整備することで,第一の諸原理としての私と神の実在を示し,精神と物体・身体を別々の実体と見なした。またこの区別に基づいて情念の本性を探求し,能動的な自由意志による情念の完全統御をめざした。こうした思想はスピノザによって大きな変更を加えられながら継承されていくことになる。

（秋保亘）

【文献】

デカルト『方法序説ほか』野田又夫・井上庄七・水野和久・神野慧一郎訳,中公クラシックス,2001年

デカルト『省察　情念論』井上庄七・森啓・野田又夫訳,中公クラシックス,2002年

所雄章『デカルト『省察』訳解』岩波書店,2004年

野田又夫『デカルト』岩波新書,1966年

所雄章『デカルト』I・II,勁草書房,1996年（新装版）

コラム 5

モラリスト

moraliste

モラリストとは

　モラリストとは，広義には道徳や習俗を論じる著作家のことであるが，狭義には 16～18 世紀のフランスにおいて，ありのままの人間の生き方を鋭く観察・分析し，自由に描写した思想家のことである。モラリストと見なされる思想家の作品に共通する特徴として，以下の四点がある。一つ目は，人間の個別的なあり方を描くことで，人間の本性を認識すること，二つ目は，体系的で論証的な議論ではなく，随筆・箴言・断章といった形式を好んで用いること，三つ目は，古典の教養に基づいていること，四つ目は，社会や政治の改革よりも，個人の内面の改善に考察の力点を置いていること，である。

モンテーニュ

　最初のモラリストと目されるモンテーニュ（Michel Eyquem de Montaigne, 1533-1592）は，人文主義の継承者であり，宗教戦争の調停を試みた政治家でもあった。彼の『エセー』（第一巻・第二巻，1580 年，第三巻，1588 年）は，自己や世界を探究する「試み」であり，「随筆」というジャンルの嚆矢ともなった。

　モンテーニュは「私は何を知っているか」という言葉を掲げ，理性や知識の不確実性を強調する。しかし彼の懐疑論は，人間は真理を知ることはできない，と断定する不可知論ではない。むしろ，判断を留保することで，狂信や独断を戒め，開かれた探究を続けようとする態度の表明として受け取るべきであろう。

　また，モンテーニュは人間や世界の流動性，文化や習慣の多様性を重視している。しかし彼は，道徳は人それぞれであり，何でもありである，という倫理的相対主義を主張したのではない。彼の議論の眼目は，自文化中心主義や，人間は他の動物より優れているという思い上がりから離れようとすることにある。

パスカル

　もう一人の代表的なモラリストであるパスカル（Blaise Pascal, 1623-1662）は，優れた科学者・数学者でもあり，力学の原理や気圧を表す単位にその名を残している。しかしパスカルは，人間や道徳を考察するうえでは，物事を抽象的に推論する「幾何学の精神」ではなく，物事を具体的に感じ取る「繊細の精神」を重視している。

　パスカルの代表作とされる『パンセ』（1670年）は，理性的な議論を用いて，理性を超えるキリスト教の信仰へと，人々を導くために準備された，キリスト教護教論の遺稿集である。そこでは，「神なき人間の悲惨」と「神とともにある人間の至福」の対比を基調としながら，人間のあり方が鋭く洞察されている。

　「人間はひとくきの葦にすぎない。自然のなかで最も弱いものである。だが，それは考える葦である」。宇宙が人間を押しつぶすのは容易であるが，人間は自分を殺すものよりも尊い。なぜなら，人間は自分が死ぬことを知っているからである。それに対して，宇宙は何も知らない。パスカルはこう述べて，考えることに人間の尊厳があると唱えている。

　ただ，それだけでなく，パスカルは人間を「中間者」と捉えている。人間は悲惨だが，それを知っているがゆえに，偉大である。また，全体に対しては虚無であり，虚無に対しては全体であり，無と全体の中間にある。このように矛盾した存在である人間は，自分自身から目をそむけ，「気晴らし」に走ろうとする。

　パスカルによれば，そうした状況から人間を救済することができるのは，神の恩寵だけである。そして，「神を感じるのは心情であって，理性ではない。信仰とはこのようなものである」。パスカルは，物体や俗界と関わる「身体の秩序」，理性や学問と関わる「精神の秩序」，宗教的な救済に関わる「愛の秩序」を区別し，人間は，神の恩寵によって，「理性」ではなく「心情」を通じて，愛の秩序へと導かれると論じている。

（吉田修馬）

第 6 章
ホッブズ

Thomas Hobbes, 1588-1679

　ホッブズは，主著『リヴァイアサン』（1651 年）で「社会契約説」を唱えている。社会契約説とは，社会（国家）は個人間の契約に基づくという思想である。自由で平等な個人が契約を交わすことで，社会が成立するのであり，そうした契約によって成立した社会こそ，正統な社会である。このように主張する社会契約説は，近代の「市民社会」を正当化する思想の一つであり，それをいち早く唱えたホッブズは，近代政治哲学の父とも呼ばれている。

第 1 節　人間本性

運動する物体

　ホッブズはまず，「国家」の素材であり，考案者である「人間」について論じている。そこで論じられているのは，「人間本性」（human nature），すなわち，自然のままの人間である。ここに，ホッブズの議論の大きな特徴がある。

　では，自然のままの人間とはどのような存在か。ホッブズによれば，人間をはじめとする動物には，二種類の「運動」がある。一つは「生命的」と呼ばれる運動であり，血行，呼吸，消化，排泄など，生まれてから死ぬまで続くものである。もう一つは「動物的」あるいは「意志的」と呼ばれる運動であり，心の中で思うとおりに歩いたり，話したり，手足を動かしたりする，といったものである。そして，それが目に見える行為として現れる前に，その端緒となるものが人間の身体のうちに存在する。この端緒は「努力（コナトゥス）」（endeavour, conatus）と呼ばれる。

このように，ホッブズは努力を意志的な運動の基礎としているが，努力は身体の働きである。それゆえ，ホッブズは意志の働きを（精神ではなく）身体の働きから説明している。言い換えれば，人間を運動する物体と捉えている。

情念

では，努力とはどのようなものか。ホッブズによれば，努力とは，一般に「情念」と呼ばれているものにほかならない。

まず，ホッブズは，「欲求」「欲望」「嫌悪」「愛」「憎しみ」といった基本的な情念を規定している。努力は，それを引き起こしたものに向かう場合，欲求や欲望と呼ばれ，反対に，そこから離れる場合，嫌悪と呼ばれる。また，あるものを欲望することは，それを愛すると言われ，嫌悪することは憎むと言われる。

次に，これらの基本的な情念に関連して，ホッブズは「善」「悪」について説明している。ある人の欲求や欲望の対象は，その人が善と呼ぶものであり，嫌悪の対象は悪と呼ぶものである。善悪という言葉は，それを用いる人との関係で用いられるのであり，絶対的に善や悪であるものはないし，対象の本性から引き出される，善悪の共通の規則もない。つまり，ホッブズの考えでは，人間は自分の欲するものを善と，嫌うものを悪と呼ぶのであり，善悪は相対的なものにすぎない。それは人間が用いる主観的な言葉であって，対象に存する客観的な性質ではない。

続いて，ホッブズは，基本的な情念をもとにして，様々な情念を規定している。たとえば，「希望」とは，対象を得るという意見を伴った欲求であり，「絶望」とは，そうした意見を伴わない欲求である。また，「恐怖」とは，対象から害を受けるという意見を伴った嫌悪であり，「勇気」とは，そうした害を抵抗によって避ける希望を伴った嫌悪である。

さらに，ホッブズは，「熟慮」や「意志」のような，一般には「理性」の働きと見られるものも，情念をもとにして説明している。人間は，あることをする／しないことから生じる，善い／悪い結果について考えると，そのことを欲したり，嫌ったり，望んだり，恐れたりする。欲求，嫌悪，

希望，恐怖が心の中で交互に生まれ，そのことが最後になされる／なされないところまで，それは続く。熟慮とは，このような欲求，嫌悪，希望，恐怖の全体のことであり，意志とは，熟慮における最後の欲求あるいは嫌悪のことである。

　ホッブズは理性を否定しているわけではないが，その働きを限定している。理性は，「推論」したり「命令」したりする能力であるが，自ら行為を生み出したり，抑えたりするような能力ではない。行為を生み出したり，抑えたりするのは，熟慮や意志，すなわち，情念である。ホッブズは人間を情念的な存在と捉えている。

自己保存
　人間は運動する物体であり，情念的な存在である。ホッブズによれば，そのような人間にとって「至福」とは，心が平静であることではなく，自分の欲するものを獲得するのに成功しつづけること，すなわち，繁栄しつづけることである。人間は，生きているかぎり，欲求をもちつづけるのであり，心の平静のようなものはない。それゆえ，欲求を満たしつづけることこそ，人間にとって至福なのである。

　そして，自分の欲求を満たすことは，つまるところ，自分の生命を「保存」（conservation, preservation）することである。ホッブズは，この自己保存こそ，人間の主要な目的であると考えている。あらゆる人間は自己保存を目的とし，自分の欲求を満たそうとする。そのような意味で，ホッブズは人間を利己的な存在と捉えている。

　さらに，ホッブズは，自己保存を目的とする人間の一般的な性質として，「力への欲望」を挙げている。「力」とは，未来の善を得るための現在の手段である。ホッブズによれば，いま手にしている，よく生きるための力は，より多くの力を手に入れなければ，確かなものにはできない。そこで，あらゆる人は力そのものを欲する。その欲望は永久で不断のものであり，死においてのみ止むものである。

第2節　自然状態

人間の平等

　人間本性について論じたのに続いて，ホッブズは，国家のない「自然状態」について論じている。

　ホッブズはまず，人間が能力において「平等」であると主張している。自然は身体と精神の能力において人々を平等に造ったのであり，ある人が他人よりも身体が強く，精神が鋭いこともあるとはいえ，人々の違いはそれほど重大なものではない。身体の強さについては，最も弱い者が策謀したり，他人と共謀したりすることで，最も強い者を殺すだけの強さをもっている。そして，精神の能力については，さらに大きな平等が人々のあいだで見られるのである。

　人間の平等という考え方は，ストア派，ルネサンス，宗教改革など，古代や中世の思想にも見られるが，それが一般的になったのは，近代に入ってからである。ホッブズはそれをいち早く主張しており，このことも，彼が近代政治哲学の父と呼ばれる理由である。

　次に，ホッブズは，人間が能力において平等であるために，かえって「争い」が生じると論じている。人々は，能力を等しくもつがゆえに，目的を達成する希望を等しくもつようになる。そこで，二人が同じものを欲し，両方が享受できないとすれば，二人は敵となる。そして，目的に至る道において，相手を滅ぼしたり，征したりしようとするのである。

　ホッブズによれば，人間本性のうちには，争いの主な原因として，「競争」「不信」「誇り」の三つがある。競争は「利益」を求めて，不信は「安全」を求めて，誇りは「評判」を求めて，人々に侵略を行わせる。競争は，他人やその妻子などの主人になるために，不信は，それらを守るために，誇りは，意見の相違のようなつまらないことのために，暴力を用いる。こうして，自然状態は必ず「戦争」状態に至るのである。

万人の万人に対する戦争

では，戦争状態とはどのような状態か。ホッブズはそれを「万人の万人に対する戦争」（war of every man against every man）と呼び，次のように述べている。共通の権力のないところで生きているあいだは，人々は戦争と呼ばれる状態にある。それは万人の万人に対する戦争である。そうした状態では，勤労の余地はない。その成果が確かでないからである。それゆえ，農業や工業や商業もなく，芸術や学問や社交もない。そして，最も悪いことに，絶えざる恐怖と，暴力による死の危険があり，人生は孤独で，貧しく，不快で，残酷で，短い。

そして，ホッブズは，万人の万人に対する戦争では「正／不正」「正義／不正義」「所有」「支配」が成り立たないと論じている。万人の万人に対する戦争には，正と不正，正義と不正義のための場所はない。共通の権力のないところには，法はない。法のないところには，不正義はない。正義と不正義は，身体の能力でも精神の能力でもない。それらは，孤独ではなく社会にいる人々に関わる性質である。また，そのような状態では，所有もなく，支配もなく，私のものとあなたのものという区別もない。ただ，自分の獲得できるものが，しかもそれを保持できるかぎりで，各人のものなのである。

それでは，万人の万人に対する戦争から脱却し，平和を実現することはできるのだろうか。ホッブズによれば，その可能性は，人間本性のうちに，すなわち，いくつかの情念と理性のうちにある。人々を平和に向けさせる情念は，死への恐怖であり，快適な生活に必要なものへの欲望であり，自分の勤労によってそれらを得るという希望である。また，理性は，人々を合意に導くことのできる，平和のための条項を示す。そして，ホッブズの考えでは，人々は，死への恐怖などの情念によって平和に向かい，理性によって平和のための条項を見出し，合意に至るのである。

第3節　自然法

自然権，自由，自然法

　人間本性と自然状態について論じたのちに，ホッブズは「自然法」について詳しく論じている。自然法とは，理性によって見出される，平和のための条項にほかならない。

　はじめに，ホッブズは「自然権」「自由」「自然法」を定義している。自然権とは，人間が，自分の生命を保存するために，自ら意志するように自分の力を用いる自由であり，それゆえ，自分の判断と理性において，その最適の手段と考えることを行う自由である。自由とは，外的な障害が存在しないことである。そして，自然法とは，理性によって見出される一般的規則であり，人間が自分の生命を破壊することや，それを保存する手段を取り除くことを行うのを禁じ，それを保存すると考えられることを怠るのを禁じるものである。

　ホッブズの定義によれば，あらゆる人間は，国家のない自然状態においても，権利（自由）をもっている。このことが，何よりもまず，ホッブズの議論の特徴である。それは「人権」という近代の考え方の先駆けといえる。また，自然法という考え方は，ストア派やトマス・アクィナスをはじめとして，古代や中世にもあるが，ホッブズは自然法を自己保存によって定義している。このこともホッブズの議論の特徴である。

三つの自然法

　では，自然法とは，具体的にはどのようなものか。ホッブズは，全部で十九の自然法を挙げているが，はじめの三つの自然法について，とくに詳しく論じている。

　ホッブズによれば，万人の万人に対する戦争では，各人は自分の理性によって統治されており，自分が利用できるもので，敵に対して自分の生命を保存する助けになりえないものはない。それゆえ，そうした状態では，各人は万物に対して権利をもっている。この自然権が続くかぎり，生きつ

づける保証は誰にもない。
　そこで，ホッブズの考えでは，「各人は，平和に達する希望をもつかぎり，平和に向かって努めるべきであり，平和に達しえないときは，戦争のすべての助けと強みを求め，用いてもよい」というのが，理性の一般的規則になる。この規則の前半が「第一の根本的な自然法」である。それは「平和を求め，それに従う」ことを命じている。
　そして，ホッブズは，第一の自然法から，「人は，他人もそうするときには，平和と自己防衛のために必要と考えるかぎりで，万物に対するこの権利を進んで放棄し，他人が自分に対してもつのを許すのと同じくらいの，他人に対する自由で満足すべきである」という「第二の自然法」を導いている。それは，自然権を放棄し，他人と同等の自由で満足することを命じている。ここで言う「放棄」とは「譲渡」のことである。そして，権利を互いに譲渡することは「契約」と呼ばれ，それが未来に履行される場合には，とくに「信約」と呼ばれる。それゆえ，第二の自然法が命じているのは，自然権の相互譲渡という信約を結ぶことである。
　さらに，ホッブズは，第二の自然法から，「人々は結ばれた信約を履行すべきである」という「第三の自然法」を導いている。ホッブズによれば，この自然法のうちに「正義」の起源がある。信約がなければ，権利の譲渡もなく，各人は万物に対して権利をもち，いかなる行為も不正義ではありえない。それゆえ，不正義とは信約の不履行のことであり，不正義でないものがすべて正義なのである。

その他の自然法
　ホッブズは，三つの自然法のほかに，十六の自然法を挙げている。
　十六の自然法とは，具体的には，感謝すること（第四），従順であること（第五），許すこと（第六），報復に際しては将来に配慮すること（第七），傲慢でないこと（第八），うぬぼれないこと（第九），尊大でないこと（第十）といった，他人に対する態度に関わるもの，公平であること（第十一），共有できるものは平等に用いること（第十二），共有できないものはくじ引きとすること（第十三），くじ引きは長子相続か先占とする

こと（第十四）といった，事物の分配に関わるもの，そして，調停者の安全を認めること（第十五），仲裁に従うこと（第十六），自分の裁判官にならないこと（第十七），公平でない者を裁判官にしないこと（第十八），証人を信用すること（第十九）といった，争いに関わるものである。

これらの自然法を挙げたうえで，ホッブズは，それらがいずれも人間の保存の手段として平和を命じるものであり，「自分にされたくないことを他人にするな」という命令に要約されると述べている。そして，それらが不変にして永遠であると主張している。

また，ホッブズは，自然法に関わって，善悪について改めて論じている。善悪は欲求や嫌悪を表す名前であり，人によって異なり，同じ人でも時によって異なる。そこから，議論や論争，戦争が生じる。それゆえ，私的な欲求が善悪の尺度であるかぎり，人は戦争の状態にある。そこで，すべての人は，平和が善であり，平和へ手段である自然法が善であり，その反対が悪である，ということに合意するのである。

第4節　国家

リヴァイアサン

以上の議論を踏まえて，ホッブズは国家の成立について論じている。

ホッブズの考えでは，何かの「強制力」に対する恐怖なくして，自然法がおのずから守られるということはありえない。剣をもたない信約は言葉にすぎず，人間を安全にすることはできない。信約が守られるためには，人々を畏れさせる「共通の権力」が必要である。

では，共通の権力はいかにして確立されるのか。そして，国家はいかにして成立するのか。ホッブズは次のように論じている。

共通の権力を確立する唯一の方法は，万人の力と強さを，一人の人物に，あるいは，一つの集団に与えることである。人々は，ある人物や集団に自分の自然権を譲渡するという信約をお互いに結ぶ。そして，その信約に基づいて，特定の人物や集団を任命し，さらに，その人物や集団の行為を自

分のものとして認め，その意志や判断に従う。これは合意以上のものであり，各人が互いに信約を結ぶことで，万人が一つの「人格」に結合することである。そして，そのように一つの人格に結合した人々こそ，「国家（コモンウェルス）」である。

　ホッブズはこのように論じて，国家を次のように規定している。国家とは一つの人格であり，人々は，国家が万人の強さと手段を平和と共同防衛にとって適切と考えるとおりに用いることができるように，相互の信約により，国家の行為をそれぞれ自分のものと認めたのである。

　では，それはどのような国家か。ホッブズは，国家の体制について次のように論じている。「国民」は，統治の形態を変えることも，主権を奪うことも，主権の設立に抗議することも，主権者の行為を非難したり処罰したりすることもできない。それに対して，国家の人格を担う「主権者」は，国民の平和と防衛にとって何が必要か，いかなる教義を教えるべきかを判断する，法律を定める，裁判や判決を行う，平和のために戦争を起こす，顧問や大臣を選ぶ，報償や処罰を行う，名誉や序列を与える，といった権利をもつ。そして，それらの権利は分割できない。国民に比して，主権者の権力は強大である。

　このように，ホッブズの唱える国家は専制的である。ホッブズ自身，国家を，旧約聖書に出てくる巨大な怪獣「リヴァイアサン」（Leviathan）に見立てている。

市民社会
　ホッブズが専制的な国家を唱えたのに対して，ジョン・ロックは，『統治二論』（1690年）において，社会契約説を受け継ぎながらも，より民主的な国家を唱えている。

　まず，ロックによれば，自然状態は自由で平等な状態である。そこでは，自然法（理性）が万人を拘束している。各人は，自然法の範囲内で，自らの考えに従って自分の行為を律し，自分の身体や財産を扱う。これが自然権であり，とくに，自分の生命，自由，財産に対する権利である。ロックはそれらを総称して「所有権」（property）と呼んでいる。そして，人は自

分の身体を所有するがゆえに，身体の労働とその成果も当人の所有となるとして，所有権を「労働」によって基礎づけている。

　だが，自然状態では，所有権が侵害される恐れがつねにある。そこで，人々は，所有の保持を目的として，「同意（合意）」に基づき，「市民社会（政治社会）」を形成する。市民社会では，人々は，自らの代表たる政府に対して，（自然権に伴う）立法権力や執行権力を「信託」する。そして，政府が人々の目的に反して行動する場合には，政府に抵抗したり，政府を解体して新たな政府を設立したりすることができる。

　ロックはこのように，より民主的な国家を唱えるとともに，多数決の原理，権力の分立，議会の優位，政教分離の原則などを主張している。それらはいずれも近代の民主主義の基礎とされている。

＊　　　＊　　　＊

　ホッブズは，人間本性，自然状態，自然法について論じたうえで，国家の成立や体制について論じている。ホッブズの唱える国家は専制的であり，近代の民主主義国家とは大きく異なっている。だが，ホッブズの議論は，人間を自由で平等な存在と捉え，個人から社会のあり方を考えるものであり，近代の人権思想や個人主義の先駆けといえる。事実，社会契約説は，近代の市民社会を正当化する思想の一つとして，ロックを経て，ルソー（Jean-Jacques Rousseau, 1712-1778）に受け継がれることになる。

（柘植尚則）

【文献】
ホッブズ『リヴァイアサン』全4巻，水田洋訳，岩波文庫，1992年（改訳）
田中浩『ホッブズ』研究社，1998年
藤原保信・佐藤正志『ホッブズ　リヴァイアサン』有斐閣新書，1978年

第 7 章
スピノザ

Baruch de Spinoza, 1632-1677

　スピノザは 17 世紀オランダの哲学者である。ユダヤ人の商人の子として生まれたが，神と自然を同一視する思想や大胆な聖書解釈（『神学・政治論』1670 年）などを打ち出し，ユダヤ教会から破門され，同時代の人々からは「無神論者」として激しく非難された。18 世紀末，ドイツを中心にスピノザが再発見されたとき，今度は「神に酔える者」と呼ばれる。スピノザの思想形成にとってデカルト哲学は不可欠なものであったが，しかしスピノザ哲学はデカルトに根本的に対立する諸帰結をもたらした。スピノザの主著は，彼の死後に公刊された『エチカ』（1677 年）すなわち倫理学であり，そこでは自然の内に生きる人間の自由，至福が語られる。

第 1 節　神あるいは自然

形而上学と自然学を基礎とする倫理学（エチカ）
　『知性改善論』はデカルトの『方法序説』に相当するとされ，「知性が事物の真の認識へと導かれるための最善の途」を叙述する未完の論考であるが，その冒頭において，スピノザはすでに自身の哲学的探求の倫理的含意を表明している。人々は富，名誉そして快楽を善いものと見なし，それらを求めている。だがたとえば貨幣価値は相対的なものでしかない。人々が通常善と見なしている対象自体が変わりやすく滅びうるものならば，それを求める人々の精神もつねに揺れ動かざるをえないだろう。
　自然の内で生起するすべての事象はしかし，人間的な価値判断とは関わりなしに，永遠で確固たる法則に基づいて必然的に生じる。自然は永遠で恒常的で無限である。このような自然へと精神が向かうとき，精神の動揺

は止み，平静がもたらされるだろう。しかも人間は自然の一部分をなすものにほかならない。それゆえめざされるべきは，「精神と全自然との合一性の認識」であり，これこそが至福そのものにほかならない。『エチカ』はまさにこの認識へと読者を実地に連れていこうとする書物である。

『エチカ』はユークリッドの『原論』に倣う形で，定義，公理から始まり，それらを用いた定理の証明の連鎖による「幾何学的な順序」で叙述されている。スタイルと思想内容の連関は決定的である。スピノザは具体的な経験への参照を促す場合もあるが，基本的には証明を要することなく明白なもの（公理）と，証明を介して確立されるものしか認めない。この態度は，デカルト由来の合理主義をさらに徹底させたものといえよう。

『エチカ』は5部に分けられ，それぞれ「神について」，「精神の本性と起源について」，「感情の起源と本性について」，「人間の隷属あるいは感情の力について」，そして「知性の力能あるいは人間の自由について」論じる。狭義の倫理学，つまり人間の倫理的ふるまいに関する議論は，4部と5部で示されるが，1部から3部は形而上学と自然学の議論を行うことで，そのための基礎を提供している。

神は無限なる自然そのものである

スピノザは第1部冒頭で，それ自身によって在り，それ自身によって理解される「実体」，その実体の本質を構成する「属性」，実体の特定のあり方としての「様態」を定義するが，これらは基本的にデカルトの用語法を踏まえている。しかしこれらを用いた論証の諸帰結は，デカルト哲学とはまったく異なる世界を開くことになる。

つまり，実体は唯一でしかありえず，それは無限の属性から構成される神であり，自然の内なる諸事物はこの実体の様態である。それゆえ，「およそ存在するものは神の内に在る，そして何ものも神なしには在りえず理解されえない」。スピノザの神は自然を超越した万物の創造主ではない。むしろ自然の内に必然的な諸法則をもたらす原理として，自然そのものに内在する。「神あるいは自然」と言い換えられるスピノザの世界は，一方で神と自然を同一視する点で「汎神論」と，他方で超越的な創造神を否定

する点で「無神論」と呼ばれることもある。

　三角形の本性からその内角の和が 180°であるという特質が帰結するのと同じ必然性によって，無限の属性から構成される神＝実体から，運動と静止といった自然学的諸法則，さらに有限な個別的事物に至る無限の事物が帰結する。神は自らの原因（「自己原因」）でありかつすべての事物の必然的な内在的原因としての産出力を有している。かくて自然は，原因としての神＝実体という面からは「能産的自然」として，また同時にその結果である諸様態という面からは「所産的自然」と名指されるが，いずれにせよ一つの同じ自然であることを忘れてはならない。

　また有限様態としての個々の事物のほうも，様々な仕方で無数の結果を産出する。「その本性からある結果が生じないようなものは一つとして存在しない」。有限な諸様態はこれまた相互に必然的な原因と結果の関係を取り結ぶ。こうして自然の内なるすべては，神の本性の必然性によって規定されている。スピノザの必然主義である。

　スピノザは『エチカ』の諸論証の理解を妨げる根本的な偏見として，人間中心的な目的論的理解を批判する。人間は自らが目的に従って行動していると考えるために，自然そのものもまた目的に従っていると考えてしまう。しかし自然の一部にすぎない人間のみに固有な価値基準を絶対化することは，自然全体の理解を歪めることになる。自然においてはすべてが永遠なる必然性によって生じる。目的にかかずらうことなく，図形の本性と特質の導出関係のみを扱う幾何学的様式が採用されるゆえんである。

第2節　人間

人間は実体ではなく様態にすぎない

　デカルトにおいては神が本来的な意味での実体であるが，思惟と延長も（有限）実体と呼ばれ，実体概念は多義的に用いられていた。ところがスピノザにおいて実体は神のみであり，思惟と延長は唯一実体を構成し，異なる仕方でそれを表現する無限な属性のうちの二つである。つまり一つの

同じ実体が，ある時は思惟属性のもとで，ある時は延長属性のもとで考えられる。そして人間を含めた個々の自然的事物は，神＝実体の内に在る様態，神＝実体の属性を一定の制限された仕方で表現する様態にすぎない。

　ここからライプニッツが「並行論」と呼ぶことになる考えが帰結する。自然の諸事物は有限な様態として相互に因果関係を有しているが，この因果関係が，人間の場合には思惟と延長という二属性のもとで考えられる。ある個別的な物体と，この物体についての観念は，二つの別の属性によって説明される一つの同じものである。そして人間は様態であり，延長属性のもとでは「身体」として捉えられるが，この身体についての観念が思惟属性のもとでの「精神」にほかならない。さらに以上の議論は人間のみではなく他のすべての事物にも妥当する。「すべての個物は程度の差こそあれ魂を有している」。しばしば「アニミズム（万有霊魂論）」と呼ばれる考えである。

　スピノザにおいて以上の事態こそが人間の精神と身体の合一にほかならない。それゆえ精神が何をなしうるかを理解するには，その対象である身体がどのような構造をもち，何をなしうるのかを理解する必要がある。そこでスピノザは第2部において，物体・身体の機構を手短に論じる自然学の小論を導入し，人間身体が他の物体や生物に比べてきわめて複雑な組成を有し，外界から多様な仕方で刺激を受け取り，また外界に対する高い適応力をもつことを示す。

自由意志の否定

　人間は自らが自由に決意し，自由に行動すると考えている。しかしスピノザによれば，精神は意志したりしなかったりする絶対的な能力をもたない。自然の諸事象はすべて原因・結果の必然的連結によって決定されており，そこから独立な意志は存在しない。人間が自由意志をもっていると思い込むのは，こうした因果連鎖に関する無知に由来する。

　ところで，精神は思惟する。すなわち観念を形成する。この観念は静止した映像のようなものではなく，たとえばしかじかの時にある精神が行う「三角形の内角の和は180°である」という肯定判断，つまり個別的な意

志作用である。個々の精神がそのつど行う個々の意志作用のみが現実的なものなのであって，個々の作用から切り離された一般的な「意志の能力」は空虚な抽象物にすぎない。また個々の観念つまり理解作用は肯定という意志作用にほかならないのだから，意志と知性は同一である。デカルトは誤謬の源を知性より広く及ぶ意志に求めていた。しかしスピノザにおいて意志の及ぶ範囲は知性のそれとぴったり一致する。では誤謬はどこから生じるのか。それは観念が毀損し，認識が十全ではないことに由来する。

三種の認識

スピノザは身体との関係で認識が生じる仕方に合わせて三種類の認識様式を区別する。まず，身体は外的環境との絶えざる接触関係を結んでいる。たとえば高温の物体に接触したとしよう。私は熱さや硬さを感じる。しかし厚手の手袋をしていれば熱さを感じないかもしれない。つまりこうした認知は人間身体のあり方と，接触する物体側のあり方双方を含んでいる。このような認識は「第一種認識」あるいは「表象知」と呼ばれる。表象知は毀損した非十全な認識しか与えない。というのもそれは物体側の内的ないわば科学的な構造も，身体自身の構造も，認識する精神の構造をも部分的にしか示さず，規則性を欠くランダムな遭遇に基づくからである。

とはいえ外的物体と人間身体のあいだにはいくつかの共通点がある。たとえばともに延長属性の様態であり，運動と静止の法則に従っている。それゆえ外的物体と身体とに共通な理解，さらにすべての人間によって共通にもたれうる理解，すなわち「共通概念」がある。すべての事物に共通な法則性に根差すこの認識は「第二種認識」あるいは「理性（知）」と呼ばれ，毀損した部分的な認識ではありえず，必然的に十全な認識である。また十全な観念から生じる観念は同様に十全であり，さらに十全な観念間の導出関係は，思惟する力能の有する規則性に立脚する。

身体が他の物体と共通するものをより多く有するようになれば，精神はより多くの十全な認識の力能をもつことになり，理性の発達は身体の適応能力の発達と連動する。かくて理性は，自然の諸法則の原理としての，万物がその内に存する神の認識へと導かれるだろう。しかし共通概念は諸事

物に共通の法則性に関わるために，個々の個物の本質を認識させるものではない。「第三種認識」あるいは「直観知」こそが，個物の本質に関わる認識である。

第3節　倫理

感情の本性
　人間を含めたすべての個物は，神の力能を制限された仕方で表現する様態である。神＝自然が実在し，結果を産出する力能を有するのと同様に，制限された仕方でではあれ，各々の個物も実在し結果を産出する力能を分けもっている。ある個物をそのものたらしめている力能は，何らの否定も含まず，刻々とそのものを肯定し続けている。各個物は「自らの及ぶ限り自己の存在に固執するよう努める」のであり，この努力（ラテン語でコナトゥス）は当の個物の「現実的本質」にほかならない。またコナトゥスは自己保存のみではなく，自己の力能を増大させようとする内発力をも備えており，スピノザの倫理説の根本的な支柱をなすものである。

　一つの同じ個物は，思惟と延長の二属性のもとで表現される。ある個物のコナトゥスは，精神のもとでは「意志」と呼ばれ，精神と身体に同時に関わるときには「衝動」と呼ばれる。言い換えれば，ある行動をなそうとする精神の「決意」と，身体のふるまいの物理的「決定」は一つの同じものであり，必然的な因果関係によって規定されている。よって意志も衝動も自己保存に役立つすべてのことを人間に行わせる人間の本質にほかならない。そしてこの衝動に意識が向けられるときに「欲望」と呼ばれる。

　またスピノザは，当の事物自身のみによって過不足なく理解される結果がその事物の本性から生じることを「能動」，反対に当の事物がその部分的原因でしかない結果が生じることを「受動」と呼ぶ。デカルトと異なり，いわゆる「並行論」をとるスピノザにとって，精神が受動であれば身体も受動であり，逆に精神が能動であれば身体も能動である。属性を異にする精神と身体のあいだの相互作用はない。スピノザにとって「感情」とは，

身体の活動力能を増大あるいは減少させる身体の触発状態と，それについての認識であり，他の事物と同様に自然の必然性と力から生じる自然現象として考察される。

　そして，身体の活動力能が増大し，それに伴い精神が先行する状態より大なる完全性へと移行することが「喜び」，その反対が「悲しみ」と呼ばれ，欲望，喜び，悲しみがコナトゥスの受け取る三形態としての三つの基本感情である。さらに，表象の対象との関係によるこれらの変形，人間関係に基づく「感情の模倣」による感情の強化・弱化などによって，他の諸感情が発生的に記述される。また感情には「受動感情」と「能動感情」とがある。悲しみは精神の完全性の低下に存するため，つねに受動であるが，喜びと欲望は能動感情でもありうる。

人間の条件と徳

　スピノザによれば，人間は自らを「国家の内なる国家」と見なし，自己の行動に関する絶対的な支配権をもつと考えている。しかし人間は自然の一部にすぎず，自然的事物間の必然的因果関係から独立しえないため，自己保存の力は外的原因によって制限される。人間身体は外的物体との絶えざる接触状態にあり，表象知としての非十全な部分的認識を有し，その結果受動感情にとらわれる。身体の活動力能の増大に存する喜びや，それに基づく他の諸感情でさえ，人間が「自己の活動を十全に認識するに足るほどその活動力能を増大しえない限り」受動にとどまる。自然の一部にすぎない人間は受動感情を完全には統御できず，この無力が「隷属」である。

　しかし人間は共通概念を，理性による十全な認識をも有することができる。理性は諸事物をあるがままに，自然の法則性・必然性のもとに認識する。それゆえ理性は「自然に反する何ものをも求めず」，むしろ各人が自己の存在を保存することを求める。ところで，「徳」（ラテン語で virtus すなわち「力」をも意味する）とは「人間が自己の本性の諸法則のみによって理解されうる事どもを実現する力能を有する限りでの人間の本質」にほかならない。それゆえコナトゥスは「徳の第一かつ唯一の基礎」である。したがって，このコナトゥスに基づいて能動的に自己の力能を展開させて

いくことに徳が存する。そして精神の能動は十全な観念のみから生じる。よって徳に基づいて行動するとは，理性の導きに従って行動することにほかならない。

だから人間たちは理性の導きに従う限り必然的に相互に和合する。しかし実際には理性に従う人間はまれである。法に基づく国家の樹立が求められるゆえんである。また徳は自己保存のコナトゥスに立脚するために，徳が語られる当の個体に外的な規範，超越的な善悪という価値基準は存在しない。人間身体を保存し，その存在を助長するもののみが善であり，それを破壊してしまうもののみが悪である。この基準によって，善になりえない感情（憎しみなど），それ自体では悪だが社会的には有用な感情（謙遜や後悔など），そして悪になりえない感情（高邁など）が分類し直される。

自由への途

スピノザは理性の導きにのみ従って生きる人間を「自由な人」と呼ぶ。自由な人は死について考えず，その知恵は「生についての省察」である。第5部はこの理想がどの程度実現されうるのかを論じる。自由への途は受動感情の療法と，理性ないし知性の力への参与にある。スピノザにとって「自由」とは，「自己自身のみによって行動へと規定される」こと，つまり自己の行為の十全な原因として能動的であることに存する。精神の力能・能動は十全な認識に，精神の無力・受動は非十全な認識にある。人間はつねに自然の一部である以上，非十全性を完全には免れることができない。したがって自由は程度問題である。つまり自己の精神の最大部分が十全認識によって構成されるようになることが自由への途である。

受動感情はその原因について十全な認識が得られるや否や受動であることをやめる。また十全な認識を行う精神に帰される諸感情から生じるあらゆる能動は「精神の強さ」（「勇気」と「高邁」に分けられる）に帰され，人間の能動性の源はここに存する。

感情は身体の触発状態とその認識であったが，人間は身体と外部物体に関する共通概念を形成しうるため，精神はあらゆる感情に関して十全な認識を形成しうる。さらに，共通概念あるいは理性は，諸事物の法則性の原

理・原因である神の認識へと導くものであった。また自らの感情を十全に認識する精神は，それによってより大なる完全性に移行することで喜びを感じる。そして「愛」は「原因の観念を伴った喜び」と定義される。それゆえこうした精神は，自己の認識の原因としての「神に対する愛」を有する。この愛は人間が理性に従って求めうる最高の善であり，あらゆる感情のうちで最も恒常的で，身体が滅びない限り滅ぼされない。

精神の永遠性と至福

　第5部の後半は身体の現在的な実在との関係を度外視した精神のあり方，つまり「永遠性」を論じる。神はすべての事物の原因であり，したがって個々の人間身体の本質の原因でもある。真の認識は原因から結果へと進むものであるから，結果である人間身体の本質は原因である神の本質を介して理解されなければならない。しかも神は万物を必然性のもとで産出し，この産出の必然性こそが永遠性にほかならない。よって神の内には個々の人間身体の本質を永遠の相のもとに表現する観念が存する。そして精神は身体の観念であった。それゆえ身体の本質を表現する観念は精神自身の本質に属する。それゆえ精神は永遠である。

　このような永遠である限りでの精神を十全な原因とするのが第三種認識であり，この認識は認識を行う当の精神自身が神の本性の必然性から生じることを，つまり神の本質と当の個別的精神の本質との必然的関係を捉える。この観点のもとで事物を理解することが「永遠の相のもとで」の理解である。さらにこの第三種認識から必然的に「神の知的愛」が生じる。法則性に立脚した神に対する愛と異なり，この知的愛は認識する個別的精神と神との永遠性における直接的な合一性に立脚する。神に対する愛はたしかに恒常的ではあるが，身体の破壊とともに滅びるだろう。しかし永遠性に根差した神の知的愛は，それ自身が永遠であり，そこに直接に参与する精神も永遠である。この神の知的愛にこそ人間の自由と至福は存する。

　第三種認識は永遠なる精神を十全な原因とする。つまり当の精神の諸法則のみによって理解される認識活動を実現する。それゆえ第三種認識から生じる神の知的愛は徳そのものであり，したがってまた「至福は徳の報酬

ではなく徳そのものである」。このような境地に至った精神は，精神自身と神と諸事物とを永遠の必然性のもとで捉え，「けっして存在することをやめず，つねに精神の真の平静を我がものとしている」ことになるだろう。

　理性の導きに従って生きる人間は稀である。しかしスピノザが示した至福への途はつねに開かれている。だが至福あるいは隷属からの救済がもし労苦もなしに見出されるとしたら，それがほとんどの人間から閑却されていることはありえないだろう。「たしかに，すべて高貴なものは稀であるとともに困難である」。『エチカ』の締めくくりをなすことばである。

＊　　＊　　＊

　スピノザは神と自然を唯一実体として同一視し，人間はその様態にすぎないとした。また自然の内なる諸事象がすべて必然的な原因性によって生じ，自然の一部としての人間の意志もまたこの原因性によって規定されると考え，自由意志を否定した。またいわゆる「並行論」とコナトゥスの原理に基づいて感情を説明し，コナトゥスを能動的に展開させていくことを徳と見なした。そのうえで，自然の一部である以上受動感情を完全には統御しえない人間が，理性に基づく十全な認識を発展させることで，永遠なる至福を享受しうる地点にまで至りうることを示したのである。

（秋保亘）

【文献】
スピノザ『知性改善論』畠中尚志訳，岩波文庫，1968 年（改版）
スピノザ『エチカ』上・下，畠中尚志訳，岩波文庫，2011 年（改版）
上野修『スピノザの世界：神あるいは自然』講談社現代新書，2005 年
工藤喜作『スピノザ』清水書院，2015 年（新装版）

第8章
ヒューム
David Hume, 1711-1776

　近代のイギリスでは，道徳判断の起源をめぐって，「合理主義」と「感情主義」が対立した。合理主義とは，道徳判断は理性や知性によってなされるとする立場であり，感情主義とは，道徳判断は感情や感覚であるとする立場である。多くの思想家が合理主義を唱えたのに対して，感情主義を唱えたのがヒュームである。ヒュームは，『人間本性論』（1739～1740年）において，感情主義の立場から徳の認識や本性について論じている。

第1節　情念と理性

理性は情念の奴隷である
　ヒュームは，徳の認識や本性について論じるのに先立ち，「情念」と「理性」の関係について論じている。
　まず，ヒュームは，理性はそれだけでは意志的な行為の動機になることができない，と主張している。理性（知性）は，観念の抽象的な関係や対象の経験的な関係について考察する能力である。それゆえ，理性だけでは，意志や行為を生み出すことはできない。人間は，ある対象が快楽や苦痛をもたらすことに気づくと，その対象への欲求や嫌悪といった情念をもつ。その情念から，意志や行為が生じる。そのとき，理性は，その対象の原因や結果について判断し，その判断を示すことで，意志を導く。とはいえ，意志や行為を生み出すのは情念であって，理性は判断を通じて意志や行為に影響を与えるにすぎない。
　次に，ヒュームは，理性は意志を導く際に情念と対立することができない，と主張している。理性だけでは，意志や行為を生み出すことはできな

い。意志や行為を生み出すのは情念である。それゆえ，理性は，意志や行為をめぐって，情念と争うことができない。情念に抗したり，情念を妨げたりすることができるのは，反対の情念だけであって，理性ではない。それゆえ，理性が情念と対立することはありえない。そもそも，情念は根源的な存在であり，その存在について真偽を問うことはできない。一方，理性はまさに真偽を問うものである。それゆえやはり，理性が情念と対立することはありえない。

そして，いわゆる「情念と理性の争い」について，ヒュームは次のように説明している。たしかに，情念が理性に反しているように見えることもある。しかし，それは，情念が現実には存在しない事物を想定しているか，目的にとって不十分な手段を選択しているためである。その場合，理性に反しているのは，情念そのものではなく，情念に伴う誤った判断である。そして，情念は，判断の誤りに気づくとすぐに，理性に従い，理性と対立しないのである。

さらに，情念と理性の関係について，ヒュームはこう明言している。「理性は情念の奴隷であり，ただそうあるべきであって，情念に仕え，従うこと以外のいかなる役目もけっして任じることはできない」。つまり，ヒュームの考えでは，情念は，理性と対立しないだけでなく，理性に対して優位に立つのである。

情念の対立

ヒュームは，情念と理性の争いについて，さらに次のように説明している。情念のうちには，穏やかなものがある。それらは，心のうちに混乱を生じさせないために，しばしば，理性と取り違えられる。その結果，情念が理性と争うと見なされてしまう。しかし，その争いは，じつは「激しい情念」と「穏やかな情念」の対立である。そして，ふつうは，激しい情念のほうが意志に対して影響力をもつとはいえ，ときには，穏やかな情念が激しい情念に勝ることもある。

ヒュームはここで，激しい情念と強い情念，穏やかな情念と弱い情念を区別している。この区別に従えば，情念は，激しく強いもの，激しいけれ

ども弱いもの，穏やかではあるが強いもの，穏やかで弱いもの，に分けられる。そして，ヒュームの考えでは，穏やかであるが強い情念は，ときには，激しいけれども弱い情念に勝るのである。

先に見たとおり，意志や行為を生み出すのは情念である。言い換えれば，人間をその根底において動かしているのは情念である。そして，人間本性には，様々な情念が存在し，それらのすべてが意志や行為を生み出そうとする。それゆえ，人間は情念の対立のうちにある。このように，ヒュームは，ホッブズと同じく，人間を情念的な存在と捉えている（ただし，ホッブズと異なり，人間を利己的な存在と捉えてはいない）。

第2節　徳と悪徳

徳と悪徳の区別
さて，ヒュームは，徳の認識について論じるにあたって，以下の問いを立てている。「われわれが徳と悪徳を区別し，ある行為を非難すべきである，あるいは，称賛に値すると表明するのは，観念によるのか，それとも，印象によるのか」。

ヒュームによれば，心のうちに現れるものはすべて「知覚」である。見ること，聞くこと，判断すること，愛すること，憎むこと，考えることは知覚であり，道徳的な善と悪（徳と悪徳）を区別することも知覚である。そして，知覚は「印象」と「観念」に分けられる。印象とは，心のうちにはじめて現れる生き生きとした知覚であり，観念とは，それが記憶や想像において再現されたものである。さらに，観念について考える能力が理性であり，印象を受け取る能力が感覚である。したがって，先の問いは，「道徳的区別」(moral distinction) は理性から引き出されるのか，それとも，感覚から引き出されるのか，という問いにほかならない。

この問いに対して，ヒュームはまず，情念と理性に関する議論に基づいて，道徳的区別は理性から引き出されるのではない，と主張している。道徳は，行為に対して影響力をもっており，行為を生み出したり，妨げたり

する。だが，理性はそうした影響力をもっていない。それゆえ，道徳的区別は理性が作り出したものではない。

続いて，ヒュームは，道徳的区別は感覚から引き出される，と主張している。徳や悪徳は，理性だけでは，すなわち，観念について考えるだけでは見出されない。だとすれば，感覚によって，すなわち，印象を受け取ることによって知られるはずである。それゆえ，「道徳は，より適切には，判断されるというよりも，感じられるのである」。

このように，ヒュームの主張では，道徳的区別は理性ではなく感覚から引き出される。では，道徳的区別とは，具体的にはどのようなものか。ヒュームは次のように述べている。

ある性格（感情，行為）が有徳とされたり，悪徳とされたりするのはなぜか。それを見ると，特定の種類の快楽や苦痛が生じるからである。徳を感じることは，ある性格を眺めて，特定の種類の満足を感じることにほかならない。その感情こそ，称賛なのである。われわれは，ある性格が快楽を与えるがゆえに，それが有徳であると推論するのではない。ある性格が特定の仕方で快楽を与えるのを感じることが，まさに，それを有徳であると感じることなのである。

つまり，ヒュームの考えでは，道徳的区別とは，ある性格に対してある種の快楽や苦痛を感じることである。

共感

ヒュームは，道徳的区別が引き出される感覚を「道徳感覚」と呼んでいる。だが，道徳感覚という特殊な能力が人間に備わっているとは考えていない。ヒュームにとって道徳感覚とは，称賛や非難といった様々な「道徳感情」を表す言葉にすぎない。そして，ヒュームは，道徳的区別をさらに「共感」（sympathy）から説明している。

では，共感とは何か。ヒュームによれば，それは，感情（情念，情動）が人から人に移ることである。具体的には，観念が印象に変わることによって，感情が伝わることである。他人の感情は，まず，他人の顔つきや会話に表れる外的な印によって知られ，それらの印が感情の観念を伝える。

そして，この観念は，ただちに印象に変えられ，活気を得て，感情そのものになる。共感とはこのような心の作用である。ヒュームは共感の作用を光の反射や弦の共鳴に例えている。

そして，ヒュームは，この共感が道徳的区別において重要な働きをすると説明している。たとえば，巧みに仕事をする人を見ると，私は敬意を感じる。この場合，巧みさという性質はその人の幸福に役立つものであり，その人の幸福は私には関係がない。にもかかわらず，私が敬意を感じるのは，その人の幸福に共感するからである。このように，共感は，道徳的区別において不可欠であり，その意味で「道徳的区別の主要な源泉」である。

一般的な観点

だが，共感は変わりやすい。だとすれば，道徳的区別（道徳感情）も変わるのではないか。そうした反論に対して，ヒュームは次のように答えている。われわれの位置は絶えず変化している。そして，あらゆる人は特定の立場にある。それゆえ，特定の観点だけから性格や人物について考えるとすれば，われわれは分別をもって交際することさえできない。そこで，われわれは，「不動で一般的な観点」を選び，現在の位置がどうであっても，考えるときには，つねに自分をその観点に置くのである。

また，ヒュームは次のように論じている。他人への共感は自分への配慮よりも弱く，縁遠い人物への共感は身近な人物への共感よりも弱い。それでも，われわれは，人々の性格について判断するときには，そうした違いを無視する。さらに，他人と感情を交わすことで，「一般的な不変の基準」を作り上げ，その基準によって性格を是認したり否認したりするのである。

このように，ヒュームは，一般的な観点や基準をとることによって，道徳的区別がより正確になると主張している。もとより，ヒュームの考えでは，道徳的区別は一般的な観点を前提にしている。つまり，ある性格が道徳感情を引き起こすのは，それについて（特定の利害に関わりなく）一般的に考えるときだけである。

徳の本性

次に，ヒュームは，徳の認識（道徳的区別）だけでなく，徳の本性についても論じている。

ヒュームによれば，たんに眺めるだけで快楽を与える心の性質はすべて，徳と称される。この快楽は，四つの異なる源泉から生じる。その源泉とは，本人にとって有用な性格（勤勉，思慮，倹約），他人にとって有用な性格（正義，誠実，博愛，仁愛），本人にとって快適な性格（平静，快活，威厳），他人にとって快適な性格（上品，礼儀正しさ，機知），である。このように，ヒュームは，徳が「性格」の「有用さ」や「快適さ」にあると考えている。

また，ヒュームは「行為」の徳性をその「動機」に求めている。行為が有徳とされるのは，そのうちに有徳な動機が見出されるからである。つまり，有徳な動機が行為を有徳なものにする。たとえば，仁愛という行為が有徳とされるのは，そのうちに他人への愛情という有徳な動機が見出されるからであり，それが仁愛という行為を有徳なものにする。

さらに，ヒュームは，有徳な動機はもともと自然的なものである，と主張している。行為を有徳なものにする有徳な動機は，元来，自然的なものであって，行為の徳性への顧慮ではない。たとえば，仁愛という行為を有徳なものにする有徳な動機は，元来，自然な愛情であって，仁愛という徳性を顧慮することではない。徳性への顧慮は二次的な動機にすぎない。

ヒュームは，徳性への顧慮を「義務感」と呼んでいる。そして，義務感について次のように論じている。ある有徳な動機が人間本性のうちにふつうにあるとして，自分にそれがないと感じる人は，自分を憎む。そこで，その動機を身につけるために，あるいは，その欠如を自分から隠すために，その動機をもたずに，義務感から行為する。たとえば，感謝をまったく感じないような人も，進んで感謝を示し，それで義務を果たしたと考える。このように，人は義務感だけから行為することもできる。とはいえ，そのことは，義務感とは別の有徳な動機が人間本性のうちにあり，それが行為を有徳なものにする，ということを前提にしている。

第3節　正義

正義は人為的な徳である

　行為を有徳なものにするのは有徳な動機であり，それは自然的なものである。ヒュームがこのように論じたのは，じつは，徳のなかには，有徳な自然的動機をもたないものがあることを示すためであった。ヒュームの考えでは，「正義」がそのような徳である。

　ヒュームは，正義に固有の自然的な動機を見出すことはできない，と主張している。たとえば，個人の利益をめざす「自己愛」は，正義の正統な動機であるどころか，不正義の源泉にもなる。社会の利益をめざす「公的な仁愛」は，遠大で崇高な動機であり，人々を動かすことができない。特定の他人の利益をめざす「私的な仁愛」も，限定されたものであり，正義の根源的な動機ではありえない。それゆえ，正義に固有の自然的な動機は存在しない。

　そのうえで，ヒュームは，正義は「自然的な徳」ではなく「人為的な徳」である，と主張している。正義に固有の自然的な動機は存在しない。それゆえ，義務感のほかには，正義の実在的ないし普遍的な動機はない。しかし，義務感は二次的な動機にすぎない。したがって，次のことを認めなければならない。「正義と不正義の感覚は，自然から引き出されるのではなく，人為的に生じる」。つまり，ヒュームの考えでは，正義は自然のままで徳であるのではなく，人間によって徳とされるのである。

正義の規則

　では，正義はどのようにして徳とされるのか。ヒュームは，まず「正義の規則」が確立され，続いて「正義の徳」が成立する，と主張している。

　それでは，正義の規則はいかにして確立されるのか。ヒュームは以下のように説明している。

　人間は多くのものを必要とするが，その手段をほとんどもたない。そうした弱点を補うことができるのは「社会」だけである。共同することで力

が増し，分業することで能力が高まり，援助しあうことで安全が得られる。このように力や能力や安全が加わるがゆえに，社会は有益なものになる。しかし，人間の性質や外的な状況のうちには，結合するのに不都合なことがある。すなわち，利己心が強いこと，寛大さが限られていること，財物の所持が安定していないこと，財物が不足していること，である。

そうした不都合に対する救済は，自然ではなく人為から引き出される。人々は，社会がもたらす利益に気づくとともに，財物が安定していないことが社会を混乱させることを知る。そこで，社会の全成員が一つの「黙約」(convention) を結ぶ。それは，財物の所持を安定させ，各人が獲得するものを安心して享受できるようにする，というものである。この黙約は契約ではない。それは，利益が共通しているという感覚にすぎない。社会の全成員は，その感覚を示しあい，それに導かれて，一定の規則によって自分の行為を規制する。この規則が正義の規則にほかならない。

ヒュームは，以上のように，正義の規則が黙約を通じて確立されると説明している。

ヒュームによれば，正義の規則は人為的であるが，恣意的ではない。また，自然的という言葉を，人間にとって普通であるとか，人間という種に不可分であるという意味で理解するなら，正義の規則を「自然法」と呼んでも不適切ではない。ヒュームは，とくに，所持の安定に関する規則，同意による所持の移転に関する規則，約束の履行に関する規則を「三つの根本的な自然法」と呼んでいる。

また，ヒュームは，「正義」「不正義」「所有」「権利」「義務」の観念も，黙約を通じて確立される，と主張している。他人の所持物に手を出さないという黙約が結ばれ，各人の所持物が安定すると，ただちに，正義と不正義の観念が生じ，さらに，所有，権利，義務の観念が生じるのである。

正義の徳

それでは，正義の徳はいかにして成立するのか。ヒュームは以下のように説明している。

正義の規則を守るように人々を最初に動かすのは，社会がもたらす利益

への顧慮だけである。社会が最初に形成されるときには，この動機は強力である。だが，社会が大きくなると，その利益は遠く離れたものになる。そのため，人々は，正義の規則に反することが無秩序を引き起こすということに気づかなくなる。

　しかし，人々は，自分の行為においては，秩序を維持することで手にする利益をしばしば見失い，より少ない目先の利益を求めるかもしれないとはいえ，他人の不正義から受ける不利益をけっして見逃さない。その不正義は，自分の利益にまったく影響しないほど離れているときも，人々を不快にする。なぜなら，不正義が人間の社会にとって不利益であり，不正義を犯す者に関わる人たちにとって有害であると考えるからである。このとき，人々はその人たちの不快に共感している。

　そして，人間の行為のうちで，一般的に眺めて，不快を与えるものはすべて，悪徳と呼ばれ，同様にして，満足を生み出すものは何であれ，徳と称される。このようなわけで，正義や不正義から道徳的な善や悪の感覚が生じるのである。したがって，「公共の利益への共感が，正義の徳に伴う道徳的な是認の源泉である」。

　つまり，ヒュームの考えでは，正義の徳は公共の利益への共感から生じる。人は，自分の利益から離れて，正義の行為を一般的に眺め，当事者の感情に共感することで，その行為を徳として是認するのである。このように，ヒュームは，正義の徳が共感を介して成立すると説明している。

　以上が，正義に関するヒュームの議論である。そこには，ヒュームの人間観や社会観も表れている。

　正義の規則は黙約を通じて確立されるが，人々が黙約を結ぶ動機は自分の利益である。それゆえ，正義を確立するのは利己心（自己愛）である。ヒュームによれば，利己心は，孤独な状態に入るよりも社会を保持するほうが多くの財物を所持できることに気づくと，向きを変えて，自らを抑えるようになる。こうして，利己心が正義を確立するのである。このように，ヒュームは利己心を自制的なものと捉えている。

　また，正義の規則が黙約を通じて確立されるという説明は，ホッブズやロックの社会契約説に似ている。しかし，ヒューム自身は，社会契約説の

「自然状態」を虚構として退け，「契約」に代えて「黙約」を唱えている。ヒュームの考えでは，社会（より正確には，正義の規則）は，契約によって成立するのではなく，黙約を通じて自然に形成されるのである。

＊　　　＊　　　＊

　ヒュームは，理性に対する情念の優位を唱えたうえで，道徳的区別が感覚から引き出されること，共感がその源泉であること，徳が性格の有用さや快適さにあること，有徳な動機が行為を有徳にすることを示そうとした。また，正義が人為的な徳であると主張したうえで，正義の規則が黙約を通じて確立され，正義の徳が共感を介して成立すると説明した。ヒュームの議論は感情主義を大きく前進させるものであり，とくに共感に関する議論はアダム・スミス（Adam Smith, 1723-1790）によって批判的に継承されることになる。

（柘植尚則）

【文献】
ヒューム『人間本性論』全 3 巻，木曾好能・石川徹・中釜浩一・伊勢俊彦訳，法政大学出版局，1995～2012 年
泉谷周三郎『ヒューム』研究社，1996 年
中才敏郎編『ヒューム読本』法政大学出版局，2011 年（新装版）

第9章
ルソー

Jean-Jacques Rousseau, 1712-1778

　ルソーはスイスのジュネーヴに生まれ，おもにフランスで活動した思想家である。彼は，啓蒙の哲学者にして，その批判者であり，近代文明をいち早く批判したうえで，ホッブズやロックなどの社会契約説を独自の仕方で継承しつつ，教育について新しい考え方を導入した。

　ルソーの著作は多岐にわたっており，『人間不平等起源論』（1755年）や『社会契約論』（1762年）は政治学の古典でもあり，『エミール』（1762年）は教育学の古典でもある。そのほかにも，オペラ『村の占い師』（1752年初演）や書簡体小説『新エロイーズ』（1761年）は当時のベストセラーであり，自伝三部作と呼ばれる『告白』（第一部 1782年，第二部 1789年）『対話』（1782年）『孤独な散歩者の夢想』（1782年）では，ルソー自身の分析や弁明が試みられている。

第1節　フランス啓蒙思想とルソー

啓蒙とは

　ルソーが生きた18世紀は啓蒙の世紀と呼ばれる。「啓蒙」とは，フランス語では「光」を意味し，理性の光によって無知の闇を照らし，偏見や迷信から脱し，真理を知ろうとすることである。啓蒙という考え方では，伝統や権威に従うのではなく，自分の理性を用いて，自ら思考し行為することが人間の理想とされる。また，啓蒙思想家たちは，人間本性を問い，社会改革に関心を向け，人間がもともとは自由で平等な存在であると捉えて，自由で平等な人間にふさわしい社会を構想した。

　イギリスのロックやヒューム，ドイツのカントらも啓蒙思想家に数えら

れるが，フランスにおいても様々な啓蒙思想家が活躍した。フランス啓蒙思想の一般的な特徴としては，自由を重視する立場からの旧体制への批判と，理性を信頼する立場からの学問の体系化の試みが挙げられる。たとえば前者に関しては，モンテスキュー（Baron de la Brède et de Montesquieu, 1689-1755）は政治的自由を確保するために，権力分立を唱え，ヴォルテール（Voltaire, 1694-1778）は言論の自由を擁護して，偏見や迷信と戦った。後者に関しては，ディドロ（Denis Diderot, 1713-1784）とダランベール（Jean Le Rond d'Alembert, 1717-1783）は『百科全書』（1751-1772年）を編集し，理性によって知識を合理的に探究する思潮を集大成した。

啓蒙思想とルソー

それに対して，ルソーの立ち位置は，啓蒙の哲学者でありながら，啓蒙の批判者でもあるという独特で複雑なものである。

ルソーは，人間本性を問い，他人に隷属しないという意味での自由を重視し，当時の社会の不平等を批判して，自由で平等な人間にふさわしい社会のしくみを探究した。これらの点では，ルソーは啓蒙の哲学者である。

しかし，ルソーの見解には，啓蒙思想と対立するものもある。たとえば，多くの啓蒙思想家は，豊かさや洗練をもたらすものとして，科学の進歩や文明の発達を肯定的に捉えている。それに対してルソーは，学問や芸術が発達すると，人間は柔弱で怠惰になり，徳が失われ習俗が退廃すると主張して，文明社会の腐敗を告発している。また，多くの啓蒙思想家は，平和や秩序につながるものとして，各人が自由に利益を追求する商業社会を積極的に評価している。しかしルソーは，商業社会においては，ある人の損失が他の人にとっては利得になってしまうので，人間は他人の損害を望むようになると主張して，商業社会を非難している。これらの点では，ルソーは啓蒙の批判者である。

また，ルソーの思想は，フランス革命を準備したと言われることがあるが，当初から革命の直接の原動力であったとは言いがたい。とはいえ，革命が進行するなかで，ルソーは革命の指導者と反対者の双方によって，しだいに注目を集めるようになった。その意味において，ルソーはフランス

革命に影響を与えたといえる。

第2節　文明批判

自然状態における人間

　ルソーの思想がはじめて本格的に展開された著作は『人間不平等起源論』である。同書は，人間のあいだの不平等の起源は何か，不平等は自然法によって容認されるか，という懸賞論文のテーマに答えて書かれている。ルソーは，その問いに答えるためには，まず人間とは何かが問われなければならないと主張し，人間本性を明らかにするのにあたって，「自然状態」における人間を検討している。

　ルソーによれば，自然状態における人間は，他人に依存しないという点で自由で，身体や精神の個人差がほとんどないという点で平等であり，それぞれ自足して暮らしており，言語や家族もなく，継続的な人間関係をもっていない。また，自然状態における人間は，自己保存を欲求する「自己愛」（amour de soi）と，他者の苦痛を嫌悪する「憐れみ」（pitié）という二つの情念だけをもっているが，憐れみは自己愛を抑制する働きをする。このような自然状態は，歴史的な事実ではない。自然状態から社会関係が排除されているのは，現状の人間や社会を判断するための基準とするために，社会によって人間に付け加えられるものを削ぎ落とした理論的な仮説として，自然状態が設定されているからである。

自然的善性

　またルソーの考えでは，実際に邪悪な人間は存在するとはいえ，人間は生まれつき邪悪で貪欲で残酷なのではない。自然状態には，人間関係が成立しておらず，それゆえ道徳的な善悪も存在しない。だが，自然状態における人間は，邪悪ではなく，憐れみ深くて無垢である。つまり「人間は生まれつき善良である」。ルソーはのちに，この「自然的善性」「本源的善性」の主張が自らの思想に一貫する根本原理であると説明している。

ルソーは，人間が文明を破壊して，自然状態に回帰するように主張したわけではない。しかし，自分自身に立ち返るといった意味で，自然に従って生きることを唱えることがある。ルソーの思想における「自然」という言葉には，もともとの性質という記述的な意味だけでなく，本来あるべき姿という規範的な意味が込められていることがある。その意味において，ルソー本人の言葉ではないが，ルソーの思想は「自然に帰れ」という標語のもとに捉えられることがある。

不平等の拡大と文明社会における人間

ルソーによれば，自然状態における人間は，言わば動物に近い存在であるが，動物とは異なり，本能に従うかどうかを選択する「自由」や，環境の変化などに対応して自分の能力を向上させる「完成能力」をもっている。ここからルソーは，この自由や完成能力がもとになって，人間が変質し，不平等が広がるという仮説的な歴史を描いている。

人々は，何か偶然による環境の変化に対応するなかで，定住して他人と継続的な関係をもつようになり，さらにその精神や能力が発達するにつれて，自分と他人を比較し，優越感や劣等感を抱くようになる。すると，自分の生存のための欲求である「自己愛」は，他人に対する優越を欲望する「自尊心」(amour propre) に変わり，やがて虚栄心や嫉妬心も生まれる。人々は軽蔑や恥辱に敏感になり，お互いに対立するようになる。ルソーはこれらの事態を不平等と悪徳への第一歩と見なしている。

さらに，私有財産が作り出され，冶金と農業が発明され，土地の所有が認められるようになると，富者と貧者の不平等が拡大し，人々のあいだの競争や利害対立が深まり，支配や服従の関係が生まれ，やがて社会は戦争状態に陥る。失う物のある富者にとって戦争状態は不都合なので，富者は国家や法律を打ち立てるように呼びかける。しかし，そうして成立する国家や法律は，不平等を固定してしまう。さらに，生命や自由や財産を保護するために政府が設立されるが，為政者はやがて専制君主となり，それ以外の人々は奴隷となる。

そのような社会において，人間は，自分の欲望と他者からの評価に隷属

するようになり，他人を見下し，他人から羨ましがられるために，自分をよく見せようとして，自分を偽り，他人を騙すようになる。人間の「存在」と「外見」が，つまり自分の真の姿と見せかけの姿が分離するのである。文明社会では，人間は他人の意見の中でしか生きられない。徳も名誉も友情もうわべだけの欺瞞的なものになり，「徳なき名誉，知恵なき理性，幸福なき快楽」だけが追い求められるようになる。

こうして，人間は自由で平等な者として生まれたにもかかわらず，人々のあいだに隷属と不平等が生まれるのであり，それは，実定法によって認められるとしても，自然法によっては容認されない。これが懸賞課題に対するルソーの結論である。

第3節 社会と教育

あるべき社会とあるべき人間

『人間不平等起源論』によれば，自然状態における人間は自由で平等であるが，文明社会における人間は自由でも平等でもない。しかし，それでは社会に生きる私たちはどうすればよいのであろうか。『社会契約論』と『エミール』には，それぞれ方向の異なる応答が見出される。

一つは，現実の人間をもとにして，正義と利益が一致する，自由で平等な社会を構想するという方向であり，これは『社会契約論』で論じられている。もう一つは，現実の社会をもとにして，そこにおいても自由に生きることができる個人を教育するという方向であり，これは『エミール』で論じられている。言ってみれば，『社会契約論』においては，あるべき社会の原理が，『エミール』においては，あるべき人間の教育が論究されている。

社会契約

まず，『社会契約論』の議論を概観したい。ルソーによれば，統治が正当であるとすれば，それは自由で平等な個人の約束によるものでしかない。

だが，それはどのようにして可能なのだろうか。

ルソーの考えでは，まず，「社会契約」（contrat social）において，各人が自分とその権利のすべてを等しく共同体に譲渡するなら，各人の条件は平等である。つまり，「全面譲渡」によって，成員間の平等が確保されることになる。次に，社会契約によって成立する政治体においては，成員の全員が立法権をもつ「主権者」の一員となる。そこでは，全員が従う法を全員で決めるので，各人は自分たちが決めた法に自ら従うことになる。つまり，「人民主権」によって，各人の自律と自由が確保される。

こうして，権利の全面譲渡と人民主権を核とする社会契約によって，「各人が全員と結びつきながらも，各人が自分自身にしか服従せず，自由である」結びつきが成立するのである。

このような社会契約において，人々は，ほとんど無制約な自然的自由と引き換えに，自分で自分の主人になる道徳的自由を得るのであり，身体や精神の自然的不平等を道徳的・法的な権利の平等に置き換えるのである。

ルソーは，社会契約によって形成される団体の公的な人格を「共和国」（République）と呼び，設立される団体を「国家」，結合を構成する個人の集まりを「主権者」と呼んでいる。また，その成員を，集合的には「人民」，主権に参加する者としては「市民」，法に従う存在としては「臣民」と呼んでいる。このように，様々な呼び方があるのは，社会契約によって成立する政治体においては，人々が統治者であるのと同時に，被統治者でもあるからである。仮に，民主主義を統治者と被統治者が一致する政治と捉えるなら，その意味においては，ルソーの思想は民主主義的である。

一般意志

ルソーによれば，社会契約において，人々は自らを「一般意志」（volonté générale）の指導の下に置くと言う。一般意志とは，社会契約によって形成される国家の意志のことである。一般意志はつねに正しく，人民全員に共通する利益をめざし，公共の福祉という目的に従って国家の力を指導する。

またルソーは，一般意志が，各成員が私的な個人として自分の利益をめ

ざす「特殊意志」とも，その合計である「全体意志」とも異なることに注意を促している。さらにルソーは，特殊意志と一般意志が食い違う場合には，特殊意志は一般意志に従うように強制されると述べ，それを「自由への強制」と呼んでいる。

　このような表現はのちに，ルソーの思想は個人を抑圧する全体主義ではないか，という疑念を呼ぶ一因となった。さしあたり，この議論は，義務を果たさずに権利だけを享受しようとすることを批判する文脈で述べられていることに留意すべきであろう。さらに，他人の恣意に隷属しない個人の自由を重視している点では，ルソーの思想は全体主義ではない。

　そして，一般意志は，私的な利益をめざす生身の人間が，相互的な利益という観点を通して，公共の利益に辿り着く道筋を示そうとするものであり，少なくとも社会が個人に対して一方的に服従を強いるものではない。また，一般意志は，社会契約はその利益が相互的であるからこそ有効であるという観点からも論じられている。

　では，どうすれば人々は一般意志を見出すことができるのであろうか。ルソーは審議の条件を二つ挙げている。一つは，十分に情報があることである。十分な情報がなければ，人々は自分の意見をもつことができないであろう。もう一つは，人々が徒党を組まないことである。たとえば，二つの党派しか存在しないとすると，意見や観点が二つしかないことになる。そこで，もし党派が存在するなら，党派の数を多くすることと，党派間の不平等を防止することが提案されている。

人民主権
　ルソーによれば，「主権」とは一般意志を行使することである。そして，全人民による全人民に関する取り決めが「法」であり，法は一般意志が具体的に表明されたものである。さらに，「立法権」は主権者としての人民にしか属さないのであり，正しい統治はそのことに存する。そして，人民の立てる法によって治められ，公共の利益をめざす国家は，政府の形態に限らず，「共和国」なのである。このように，ルソーにあっては，一般意志と人民主権は密接に結びついている。

またルソーは，主権は意志であるので，誰かに譲り渡すことができるものでも，誰かによって代表されるものでもないと主張し，「人民の集会」の必要性や可能性に言及している。そして，代議制を批判して，イギリス人が自由であるのは選挙のあいだだけのことだと語っている。このようなルソーの議論は，現代の参加型民主主義を考える際の源泉となっている。

さらにルソーは，立法権と執行権の区別に注意を促し，立法権は主権者である人民に属する政治体の意志，執行権は政府に属する政治体の力である，と述べている。ルソーは政府の形態をその人数に応じて，「民主政」「貴族政」「君主政」の三つに分けている。民主政は人民の全員が政府の構成員になるもので，これは現実的でない。君主政の政府は強力であるが，主権者である人民に逆らう危険がある。貴族政の政府は活動が迅速であり，人々に必要とされる徳が少なくて済む。ルソーは，不平等な財産が相続される世襲貴族政を批判する一方で，能力や経験のある者が選ばれる選挙貴族政に好意的であるが，どの政府がよいかについては，状況しだいであると考えている。ただし，ルソーのこの議論はあくまで「政府」の形態に関するものであり，ルソーにとって正しい「国家」は人民主権の国家でしかありえない。

近年，「共和主義」という考え方が注目を集めている。さしあたり，共和主義は，公共の利益や市民の徳を重視する考え方である。私的な利益よりも公共の利益に基づいて政治を考える点や，公共心をもつ市民による自己支配や政治参加を重視する点などにおいては，ルソーの思想には，共和主義的な要素も見出される。

本源的善性と消極的教育

続いて，『エミール』における議論を概観したい。教育哲学の観点からすると，いわゆる「子どもの発見」と呼ばれている論点が『エミール』の大きな貢献である。子どもは小さな大人ではなく，子どもを子どもとして捉えること，さらに子どもをその年齢や発達段階に応じて教育することの重要性を，ルソーは繰り返して説いている。また，ルソーが思春期を「第二の誕生」と呼んでいることもよく知られている。

しかし,『エミール』は何よりも,人間の「自然的善性」「本源的善性」に関する考察の書であり,その課題は,現にある社会から悪い影響を受けずに,人間の本源的善性を保持して子どもを教育することにある。

ルソーによれば,人間は生まれつき善良である。現に存在する人間が邪悪であるとすれば,それは悪い社会や悪い教育のせいで,あとから付け加わったものである。そこで教育は,本源的善性を守り,自然の歩みや自然の秩序に従うものでなければならない。とくに子どもが道徳的な善悪を理解できる以前においては,もともとある本源的に善良な本性が変質し,邪悪な性質や習慣がつくことを防ぐものでなければならない。たとえば,子どもを小さな暴君にしないために,支配と服従の関係から遠ざけることや,虚栄心や高慢心を刺激しないことが必要である。ルソーはこのような教育を「消極的教育」と呼んでいる。

良心と幸福

また,ルソーによれば,理性が十分に発達しておらず,道徳的な善悪を解さない段階の子どもには,善意や悪意が存在しないので,その行為には道徳性はない。そして,子どもが思春期に入ってはじめて,道徳が本格的に教えられる。『エミール』でそれが集中的に論じられている箇所は「サヴォワ助任司祭の信仰告白」と題されている。名前の通り,その中心は宗教哲学にあり,感覚論に基づく認識論やある種の自然宗教論が含まれているが,その議論の一つの目標は,本性に従って善良で有徳で賢明な人間,義務を果たして幸福に生きる人間になることにある。

ルソーは次のように論じている。自己愛は人間の自然な傾向であるが,同時に,人間には,正義を求める心や不正に憤る心,善悪を判断して善を愛させ悪を憎ませる「良心」(conscience)が生まれながらに備わっている(これらが人間の本源的善性の内実である)。人間は,自分の幸福を願っているが,他人の幸福もまた願っているのであり,他人の不幸には憐れみを感じずにはいられない。そして,人間は自分が損をしてでも,他人に協力したり他人に尽くしたりすることがある。それゆえ,人間の行為は自己利益だけで説明されるものではない。

さらに，善行は快いものであり，自分が善良な者であるという確信は自分に対する満足感と喜びをもたらす。そして，傲慢と卑屈の双方が戒められ，自暴自棄にならずに生きるためには，自己尊重が重要であり，弱い存在である人間どうしが慈しみ合うためには，憐れみが重要である。
　このように『エミール』に描かれている人間は，自分と他人をともに尊重し，善行に喜びを見出し，他人の幸福を願い，他人の不幸を憐れみ，善や正義を愛し，悪や不正を憎み，善良で有徳で幸福に生きる。そのような生き方は，あるべき人間の生き方の一つであろう。

$$* \quad * \quad *$$

　ルソーは，『人間不平等起源論』では文明社会を批判し，『社会契約論』ではあるべき社会について，また『エミール』ではあるべき人間について徹底的に考察した。『人間不平等起源論』は，仮説的な自然状態を設定し，自由で平等で善良で幸福な自然人を描くことで，文明社会における人間の不自由や不平等や邪悪さや不幸を浮き彫りにしている。『社会契約論』は，社会契約説に人民主権や一般意志という考えを取り入れて，自由や平等を再建する社会のしくみを構想している。『エミール』は，社会のなかで本源的善性を失わず，善良で有徳で自由で幸福に生きる人間のあり方を描いている。ルソーの思想は，近代社会の原理となったのと同時に，形成されつつあった近代社会の問題を半ば先取りして批判するものでもあった。

（吉田修馬）

【文献】
ルソー『人間不平等起原論』本田喜代治・平岡昇訳，岩波文庫，1972 年（改訳）
ルソー『社会契約論』桑原武夫・前川貞次郎訳，岩波文庫，1954 年
ルソー『エミール』今野一雄訳，岩波文庫，2007 年（改版）
桑瀬章二郎編『ルソーを学ぶ人のために』世界思想社，2010 年
ロバート・ウォクラー『ルソー』山本周次訳，晃洋書房，2000 年

第 10 章

スミス

Adam Smith, 1723-1790

　アダム・スミスは，主著の一つである『国富論』（1776 年）によって，経済学者として知られているが，もともとは，道徳哲学者であった。スミスの「道徳哲学」は，神学，倫理学，法学，政治経済学からなっており，もう一つの主著である『道徳感情論』（1759 年）は，とくに倫理学に関するものである。スミスは，『道徳感情論』では，感情主義の立場から道徳感情の本性や起源について論じている。そして，『国富論』では，自由主義の立場から商業社会の形成や構造について論じている。

第 1 節　道徳感情

共感

　スミスの言う「道徳感情」（moral sentiment）とは，人間の性格や行為に対する道徳的な是認や否認，称賛や非難といった感情のことである。道徳感情という言葉そのものが，スミスが（道徳判断を感情とする）感情主義に立つことを示している。スミスは，ヒュームと同じく，道徳感情を「共感」から説明している。

　では，共感とは何か。スミスによれば，共感とは「同胞感情」，あるいは，同胞感情をもつことである。それは「想像上の立場の交換」から生じる。人は，他人の感情（情念）をじかに知ることができない。そこで，想像によって，他人の立場に身を置き，他人がどう感じているかを考えることで，他人と同じような感情をもつ。共感は，他人の感情を眺めることよりもむしろ，それを生み出した立場を眺めることから生じる。つまり，想像上の立場の交換に基づくものであり，たんに感情が人から人に移ること

ではない。

　さらに、スミスによれば、共感とは、同胞感情をもつことだけでなく、同胞感情が元の感情と一致することでもある。人は、想像によって他人の立場に身を置き、同胞感情をもつ。そこからさらに、同胞感情を他人の感情と比較する。そして、両者が一致するときには、他人の感情を適正なものとして是認する。この是認の感情が「道徳感情」にほかならない。このように、道徳感情は共感から生じる。言い換えれば、共感は道徳感情の起源なのである。

　スミスは、道徳感情を「適宜性の感覚」と「功績と罪過の感覚」に分けている。そして、それらを共感から説明している。

　適宜性の感覚は、行為者の感情に対する、観察者の直接的な共感から生じる。観察者は、行為者の動機に共感するときには、行為を適正なものとして是認し、行為者の動機に共感しないときには、行為を不適正なものとして否認する。また、功績と罪過の感覚は、行為者の感情に対する直接的な共感、および、関係者の感情に対する間接的な共感から生じる。観察者は、行為者の動機に共感し、受益者の感謝に共感するときには、行為を報償に値するものとして是認し、行為者の動機に共感せず、被害者の憤慨に共感するときには、行為を処罰に値するものとして否認する。

　そして、スミスは、共感や道徳感情に関して、ヒュームの考えを批判している。ヒュームは道徳感情を効用への共感から説明している。しかし、たとえば、徳を是認する感情は、工夫された建物を是認するのと同じ感情ではありえない。また、有用な性格が徳として是認されるのは、それが有用だからではなく、適正だからである。道徳感情は、効用を知覚することから生じるのではない。

公平な観察者

　スミスの考えでは、共感は想像上の立場の交換に基づく。では、観察者はどこまで立場の交換を行うのか。この問題に関して、スミスは、観察者は行為者と状況だけでなく身体や性格も交換すると述べている。しかし、その一方で、観察者の能力は行為者の能力を判断する尺度であるとして、

交換が状況に限られるかのように論じている。

　また，スミスの考えでは，道徳感情は共感から生じる。だが，共感は変わりやすい。だとすれば，道徳感情も変わるのではないか。この問題は，道徳判断を共感から説明する立場に共通するものである。それに対して，ヒュームが「一般的な観点」という考えを唱えたように，スミスは「公平な観察者」（impartial spectator）という考えを示している。

　では，公平な観察者とはどのような存在か。スミスによれば，それは「利害に関わらない観察者」すなわち「第三者」である。人は，対立する利害を適切に比較できるように，自分の位置を変えなければならない。自分の場所からでも，他人の場所からでもなく，また，自分の目でも，他人の目でもなく，第三者の場所から，第三者の目で，利害を眺めなければならない。そして，第三者とは，どちらとも特定の関係をもたず，公平に判断する者である。スミスは，このような公平な観察者の典型として，「見知らぬ人」を考えている。

良心

　次に問題になるのは，自己に関する道徳判断である。感情主義によれば，道徳判断は観察者の感情である。では，人はいかにして自分について道徳判断を行うのか。この問題について，スミスは次のように論じている。

　人が自分の行為を是認したり否認したりするやり方は，他人の行為の場合と同じである。人は，他人の立場に身を置き，他人の目で，他人の立場から，自分の行為を眺める。そして，その行為を生み出した感情や動機に共感できる，あるいは，できないと感じるのに応じて，それを是認したり否認したりするのである。

　スミスの考えでは，人は，他人の立場から自分を眺めることで，自分について判断する。さらに，自分のうちに公平な観察者を想定し，この観察者の判断によって自分を判断する。この「想定された公平な観察者」を，スミスは「良心」と呼んでいる。

　スミスによれば，良心の影響力と権威は強大である。人は，良心に相談することによってのみ，自分に関わる事柄を正しく見ることができ，自分

と他人の利害を正しく比べることができる。さらに，良心は，自己に関して判断を行うだけでなく，自己に対して統制も行う。自己愛に対抗できるのは，人間愛や仁愛ではなく，良心である。スミスはこのように，良心の影響力と権威を強調し，良心を統制的なものと捉えている。

　また，スミスは，良心の限界やその克服についても論じている。良心は，自己愛のために，自己に関して偏った判断を行うことがある。この「自己欺瞞」は人間の大きな弱点である。しかし，その場合でも，人々は「一般的規則」に従って判断することができる。一般的規則は，個々の行為に関する道徳判断に基づいて形成される。そして，この規則が広く認められると，人々は，それを自己に関する判断の基準とし，自己愛の偏った考えを正すのである。

　スミスは，一般的規則への顧慮を「義務感」と呼んでいる。そして，義務感が人間にとって最も重要なものであり，多くの人が自分の行為を導くことのできる唯一のものであると主張している。

有徳な人
　スミスは，『道徳感情論』において，道徳感情の本性や起源について論じるなかで，人間が有徳になる過程についても論じている。

　では，人はいかにして有徳になるのか。その端緒としてスミスが考えているのは，他人から共感（是認・称賛）されたいという欲求である。

　スミスによれば，人は他人から共感されることに快楽を感じる。そして，他人から共感されたいという欲求をもつ。だが，共感を得ることは容易ではない。なぜなら，他人は自分が自然に抱く程度の感情（情念）をけっして抱かないからである。そのことに気づくと，人は自分の感情を他人がついていけるものにまで抑えようとする。また，他人から共感されたいという欲求から，人は他人が自分をどう見ているかを知りたいと考える。そこで，他人の立場から自分を見ようとし，さらに，自分のうちに公平な観察者を想定し，その判断によって自分を判断しようとする。そして，それに基づいて，自分の行為を律しようとする。

　このように，人は，他人から共感されたいという欲求から，自分の感情

や行為を規制する。だが，それは人間が有徳になる端緒にすぎない。スミスによれば，人は，他人から称賛（是認）されることを欲するだけでなく，自分が称賛に値することも，つまり，誰からも称賛されないとしても，称賛の自然で正当な対象であることも欲する。第一の欲求は，有徳に見えることを人に求めさせるにすぎない。それに対して，第二の欲求は，真に有徳になることを人に求めさせるのである。スミスはこのように論じて，称賛に値することへの欲求から，人は有徳になる，と主張している。

では，「有徳な人」とはどのような人か。スミスは，様々な徳のうち，「自己規制」をとくに重んじ，それをすべての徳の基礎に置いている。そして，良心によって自己を規制する人間を有徳な人と呼んでいる。自分の立場から自然に生じる，規律のない情念の導きに身を任せるのではなく，良心が命令し是認する，抑制され修正された感情に従って，自分の行為のすべてを支配する人物だけが，真に有徳な人である。スミスはこう述べて，感情主義の立場から，自律的な人間観を唱えている。

第2節　商業社会

交換と分業
次に，スミスは『国富論』で「商業社会」の形成と構造について論じている。

まず，商業社会はどのようにして形成されるのか。スミスはそれを「交換」と「分業」から説明している。

スミスによれば，人間には，物を取引し，交易し，交換するという性質がある。この性質は，人間にとって根源的なものであるか，考えたり話したりする能力から生じるものであり，人間に特有のものである。そして，交換するという性質から，分業が生まれる。人々は労働を分割し，その一部に自分の労働を集中させる。この分業によって，生産力が向上し，富が拡大する。

さらに，分業が完全に確立されると，人々が自分の労働の生産物で満た

すことができるのは，自分の欲求のわずかな部分にすぎない。人々は，自分の労働の生産物のうちで自分の消費を超える部分を，他人の労働の生産物のうちで自分が必要とする部分と交換することによって，自分の欲求のほとんどの部分を満たす。こうして，「あらゆる人は，交換することによって生活する，つまり，いくらか商人になるのであり，社会そのものが，まさに商業社会と言うべきものになる」。

このように，スミスは，交換するという人間の性質が分業を生み出し，分業が人間を商人にし，社会を商業社会にする，と説明している。

自己愛

では，商業社会とはどのような社会か。スミスはそれを次のように説明している。

人は，多くの人の協力や援助を必要とするにもかかわらず，わずかな人の友情を得ることも難しい。仲間の助力を必要としているが，それを彼らの「仁愛」だけに期待することもできない。それよりも，彼らの「自己愛（利己心）」に働きかけて，自分が彼らに求めることを自分のためにすることが，彼ら自身の利益である，ということを示すほうが，うまくいくだろう。他人に取引を申し出る者は誰でも，そうしようとするのであり，私の欲しいそれをください，そうすれば，あなたの欲しいこれをあげます，というのが，そのような申し出の意味である。

そして，他人と取引することによって，人々は，自分が必要とするもののほとんどを手に入れる。「われわれが食事を当てにするのは，肉屋や酒屋やパン屋の仁愛からではなく，彼ら自身の利益への顧慮からである。われわれは，彼らの人間愛ではなく，彼らの自己愛に話しかけるのであり，われわれ自身の必要ではなく，彼らの利益について語るのである」。こうして，人々は，交渉したり，交易したり，購買したりすることで，自分が必要とする援助を互いに手に入れる。

このように，スミスは，商業社会が自己愛に基づく取引によって成り立つ社会である，と説明している。

見えざる手

　商業社会は，交換と分業を通じて形成される社会であり，自己愛に基づく取引によって成り立つ社会である。そして，スミスによれば，商業社会では，個人の利益と社会の利益，すなわち，私益と公益は一致する。
　では，私益と公益はいかにして一致するのか。スミスは次のように論じている。
　個人は，自分の資本にとって最も有利な使い道を見つけようとする。その目的は自分の利益であって，社会の利益ではない。だが，個人は，自分の利益を追求することで，自然に，むしろ必然的に，社会にとって最も有利な使い道を選ぶように導かれる。たしかに，個人は，社会の利益を促進しようとは意図していないし，それをどれだけ促進しているかも知らない。国外よりも国内の産業を支持することで，自分の安全だけを意図しているのであり，また，生産物が最大の価値をもつように，その産業を方向づけることで，自分の利益だけを意図しているのである。それでも，個人は，「見えざる手」(invisible hand) に導かれて，自分が意図しなかった目的を促進するのである。
　つまり，商業社会では，個人の目的は自分の利益であって，社会の利益ではないが，個人は，自分の利益を追求することで，意図しない結果として，社会の利益を促進する。スミスはこのように論じて，商業社会における私益と公益の一致を主張している。

自然的自由

　商業社会では，私益と公益は一致する。だが，そのためには，個人が自分の利益を自由に追求することが必要である。言い換えれば，自由な競争を実現することが必要である。スミスはそのように考えて，経済的な「自由主義」を唱えている。
　スミスによれば，（政府が保護や規制を行う）「優先」や「抑制」の体制が廃止されるならば，「自然的自由」の体制がおのずと確立される。その体制では，あらゆる人は，正義の法を犯さないかぎり，まったく自由に，自分のやり方で自分の利益を追求することができる。そして，自分の勤労

と資本を，ほかのどの人やどの階級の人々の勤労と資本とでも，競争させることができる。

ここで言う「正義の法」とは，まず，生命や身体を守る法であり，次に，所有権や所有物を守る法であり，さらに，他人との約束によって与えられるものを守る法である。人々は，これらの法に違反すれば，処罰を受けることになる。それゆえ，個人が自分の利益を自由に追求するといっても，それが無条件に認められているのではない。スミスの自由主義は，いわゆる「自由放任（レッセ・フェール）」ではない。

また，スミスは，自然的自由の体制における，政府の役割についても論じている。スミスによれば，国家の主権者（政府）には，三つの義務がある。第一に，他国からの暴力や侵略に対して自国を防衛する義務，第二に，国家の各成員を他の成員による不正や抑圧から守る義務，つまり，厳正な司法制度を確立する義務，第三に，特定の公共事業と公共機関を設立し維持する義務，である。スミスはこのように，政府の役割を国防・司法・公共事業の三つに定めている。

スミスの考えでは，政府がなすべき義務はこれら三つだけであり，たとえば，個人の勤労を監督し，社会の利益に最も適した仕方でそれを利用することは，政府の義務ではない。スミスの考える国家は，個人の経済活動に積極的に介入する国家とは対照的である。

第3節　道徳と経済

フェア・プレイ

ところで，『道徳感情論』における，良心によって自己愛を抑える人間と，『国富論』における，自己愛に基づいて取引する人間は，矛盾しているように見える。そのため，両書の人間観をめぐって，「アダム・スミス問題」と呼ばれる論争も起こった。だが，スミスの人間観は矛盾していない。そのことを示しているのは，『道徳感情論』における，「富と名誉と地位をめざす競争」に関する議論である。

スミスによれば，人は，公平な観察者が自分の行為の動機に入り込むことを何よりも欲する。だが，そのように行為しようとするなら，自分の自己愛をくじき，他の人々がついていけるものにまで引き下げなければならない。人々は，彼が自分の幸福を気づかい，真剣に求めるのを認める。そのかぎりでは，彼の自己愛に寛大であり，彼の立場から考えるときには，彼に容易についていく。富と名誉と地位をめざす競争で，彼は，競争者を追い抜くために，全力で走っていい。しかし，競争者を押したり倒したりすれば，観察者の寛大さは完全に終わる。それは「フェア・プレイ」の侵犯であり，観察者が許せないものである。
　このように，スミスの考えでは，自由な競争においても，人は，公平な観察者から共感されることを欲して，自分の自己愛を抑えようとするのである。また，ここで言う「フェア・プレイ」とは，先に見た，「正義の法」を守ることにほかならない。したがって，『国富論』でも，自己愛が無条件に認められているわけではない。

徳への道と財産への道
　だが，スミスの人間観に矛盾がないとはいえ，現実の世界では，有徳に生きることと利益を求めることは，しばしば対立するように見える。スミスもこの問題を自覚しており，『道徳感情論』において，「徳への道」と「財産への道」について論じている。
　スミスによれば，一般の人々の場合，徳への道と財産への道は，幸いにも，ほとんど同じである。職業上の能力が，賢明で，正しく，堅実で，節度のある行動と結びつけば，成功しそこなうことはめったにない。また，法は，正義の規則を尊重するように人々を威圧する。さらに，人々の成功は周りの好意や評価にかかっており，規則正しい行動がなければ，これらはめったに得られない。それゆえ，一般の人々には，かなりの徳を期待することができる。しかも，そうした人々が人類の大部分をなしている。だが，財産を求める者は，徳への道をしばしば放棄する。なぜなら，二つの道は，不幸なことに，ときには反対の方向にあるからである。
　スミスは，徳への道と財産への道が一致すると積極的に主張しているわ

けではない。むしろ，両者が一致しない理由について詳しく考察しており，全体としては，両者の一致について懐疑的であったように思われる。それでも，両者が本来は一致すべきであるとスミスが考えていたことは明らかである。

＊　　＊　　＊

　スミスは，ヒュームの共感論を批判的に継承し，道徳感情を公平な観察者の共感から説明した。そして，良心論を展開するとともに，自律的な人間観を唱えた。スミスの道徳感情論は，近代の感情主義における一つの頂点であった。また，スミスは，商業社会の形成を交換と分業から説明したうえで，それを自己愛に基づく取引によって成り立つ社会と捉えた。そして，私益と公益の一致を主張し，自然的な自由の体制を唱えた。スミスの商業社会論は，近代の自由主義における新たな出発点となった。

（柘植尚則）

【文献】
スミス『道徳感情論』上・下，水田洋訳，岩波文庫，2003 年
スミス『国富論』全 4 巻，水田洋監訳・杉山忠平訳，岩波文庫，2000～2001 年
水田洋『アダム・スミス：自由主義とは何か』講談社学術文庫，1997 年
堂目卓生『アダム・スミス：『道徳感情論』と『国富論』の世界』中公新書，2008 年

第 11 章
カント
Immanuel Kant, 1724-1804

　イマヌエル・カントは，プロイセンのケーニヒスベルク出身の哲学者であり，18 世紀ドイツ啓蒙思想の代表者と目される。カントの哲学は，しばしば，「批判哲学」と呼ばれる。それは，カントが，すべての人間が等しく有する理性への批判を遂行することによって，数学や自然科学はもちろん，倫理学や美学，法学，宗教学に至るまでのあらゆる学の確固たる基盤を築きあげようとしたからである。カントの哲学は，その後登場する多くの思想に対し，様々な影響を与えることになる。

第 1 節　理性の批判

人間の認識

　経験の教えることは，確実であるとはいえない。たとえば，太陽が東から昇ることを，私たちは経験から知る。だが，経験は，観察するかぎりそうであったことを伝えるだけで，南でも北でもなく東から昇るのでなければならないという「必然性」も，例外なくあらゆる場合にそうであるという「普遍性」も，示すことはできない。経験に依存しない認識，「ア・プリオリな認識」だけが，必然的で普遍的な客観的真理と認められる。古来，哲学（形而上学）は，ア・プリオリな認識を探究する学なのである。
　ところが，カントの診断によれば，従来の哲学において，理性の推論によって真理を得ようとする合理論は独断論に陥り，それに対して，経験のみを真理の源泉と見なす経験論は，ア・プリオリな認識に対する懐疑論に行きつくことになった。カントはこの理由を，人間理性のある特異な運命のなかに見出している。その運命とはすなわち，人間理性がア・プリオリ

な認識を獲得しようとして，経験的対象を認識するための諸原則を，経験の限界を超えて使用するが，それによって必ず矛盾や誤謬に陥る，というものである。

カントは，ア・プリオリな認識を得るためには，まず理性の「批判」（Kritik）がなされなければならない，と考えた。批判とは，人間理性の働きを精査することによって，人間の知が及ぶ領域を確定し，知りえないものを知ろうとする理性の越権を拒もうとする営みのことである。この批判ぬきに，客観的真理の探究，すなわち学は不可能である。ここから批判は，カントにおいては，学そのものというよりも，あらゆる学に先行してなされる「予備学」と特徴づけられている。

批判において重要なのは，「現象」と「物自体」との区別である。人はものを，ありのままにではなく，私たちに現れる仕方に従って認識する。つまり私たちが知りうるのは，現象に限られる。このことをカントは，「認識が対象に従うのではなく，対象が認識に従う」と説明する（いわゆる「コペルニクス的転回」）。

現象は，人間が自らの認識能力に従って認識する対象である。カントによれば，人間には「感性」と「悟性」という二つの認識能力が備わっている。感性は感覚器官を通じて表象を受け取る能力であり，悟性は思考の能力である。感性は空間と時間という形式を，悟性は量・質・関係・様態のカテゴリーという形式をもっている。カントは，経験的対象の認識が，人間にア・プリオリに備わっているこの二つの形式に合わせて多様な表象が総合されることによって成立すると考える。このように考える場合にのみ，経験的対象の認識は，普遍性と必然性をもつ客観的真理として認められるのである。

理論哲学から実践哲学へ

経験的対象の認識に客観性を担保したのち，カントは，従来の哲学が扱っていた，経験を超えた領域の問題を扱うことになる。

人間の理性は経験の制約を離れ，自発的に働くことができる。経験という条件を超えて使用される理性は，「純粋理性」と呼ばれる。カントは，

心や自由，神の存在といった，経験を超えている対象に関して純粋理性は何も証明することはできないはずと考えた。ところが，実際には純粋理性は，心や自由，神といった，ただ思考しうるだけの対象についても，経験的認識が可能な対象と同じように，存在するという結論を導きだしてしまうのである。この時，純粋理性は矛盾と誤謬に陥る。

　ただし，純粋理性は，人間をただ誤謬へと導く存在なのではない。カントは，「信仰に余地を与えるために，知を廃棄する」と述べる。たしかに，人間の理性は，心や自由，神の存在（あるいは非存在）を証明できない。しかし，人間が善く生きるために不可欠の前提として，これらの理念は意味をもつ。純粋理性とその批判は，「何を知りうるか」を問う理論哲学から，「何をすべきか」を問う実践哲学への移行を私たちに促すことになる。

　のちにカントは『実践理性批判』（1788年）において，心（魂）の不死，自由，神を「純粋実践理性の要請」と呼び，理論的な証明はできないとはいえ，これらは実践的な理念として，道徳と幸福とが一致した最高善が実現するために不可欠な条件であることを明らかにしている。

第2節　道徳法則

義務と幸福

　『道徳の形而上学の基礎づけ』（1785年）において，カントは，道徳に関する一般的な常識から純粋理性による認識へと考察を進めながら，道徳法則の解明と基礎づけを試みている。

　カントによれば，無条件的に善いものは，「善意志」(guter Wille) 以外には存在しない。なぜなら，もし使用者の意志が悪であれば，莫大な財もすばらしい才能も，善いとは言われないだろうからである。カントは善意志がどのようなものかを解明するため，「義務」概念の分析を行う。というのも，人間はたいてい，善意志が実現しようとする道徳的善を，すでに実現している状態や「ぜひともやってみたい」という願望の対象としてではなく，「～しなければならない」という義務の形で受け取るからである。

義務概念の分析は，行為の主観的原理である「格率」を通じてなされる。格率は，「嘘をつくな」や「他人を助けよ」など，何らかの行為を導く規則である。ここで挙げた格率は，道徳的に善いと常識的には判断されるであろうが，「自分の利益のために場合によっては嘘をつくべし」といったような道徳的に悪と判定されるような規則もまた，格率である。

　行為を導く格率は，条件つきの命令として表されることも，無条件的な命令としても捉えられることもある。ある商人が，店の経営のためには正直に商売すべきだと考えたとしよう。その場合，「利益のためには正直であれ」が，その人の格率である。それに対し，別の商人が，「利益に関わりなく正直であれ」という格率に従っているとしよう。前者の規則は「利益のために」という条件のもとで成立する命令であり，「仮言命法」と呼ばれる。それに対し，後者の規則は，利益のためになるかどうかという条件に関係なく，いついかなる場合でも妥当する無条件的な命令である。このような規則は「定言命法」(kategorischer Imperativ) と呼ばれる。

　仮言命法は，究極的には自分の利益や幸福のためになされる命令である。「利益のために正直であれ」という格率に従っている商人は，自分の利益にならないなら，正直の義務を果たさないだろう。正直な商人が道徳的に善いと称賛されるとしたら，それは「利益に関わりなく正直であれ」という格率に従っているからである。

　行為の格率という観点から義務をこのように分析することによって，二つのことがわかる。第一に，ある行為の道徳的な善し悪しは，その行為者の採用している「格率」から判断されなければならない。第二に，義務的な行為が，幸福になるかどうかに関わりなくつねに果たされなければならない以上，その行為の格率は定言命法として表されなければならない。

普遍性の法式

　道徳的善悪は最終的に，行為の格率に照らして判定されなければならない。そこでカントは，道徳法則を，次のような形で表す。「君の格率が普遍的法則になることを，当の格率によって同時に欲しうるような格率に従ってのみ行為せよ」。この命令は通常，「普遍性の法式」と呼ばれる。普遍

的法則とは，たいていの場合に当てはまるという「一般性」ではなく，いついかなる場合でも正しいという「普遍性」をもつ法則のことである．つまり，普遍的法則には例外がない．

反対に言えば，ある格率が普遍性をもちえないなら，その格率は道徳的に正当な法則とは認められない．そのことを，「困窮している時であれば，あとで返すと嘘の約束をして他の人から金を借りてもよい」という格率を例に，考えてみよう．返す見込みがないと正直に告げれば金を借りることができない場合，借金のためには嘘をつくしかない．しかし，もしこの格率が普遍化する，つまり皆がこの格率に従って行為するなら，誰もが自分の都合で嘘をつき，返金されない可能性が高まるので，誰も他人に金を貸さなくなるだろう．すると，嘘をついてお金を借りるためには，（1）他の人は嘘の約束はいけないというルールを守るが，（2）自分はそのルールの例外として嘘をつく，という条件が成立してなくてはならない．

このように，嘘をついてもよいという格率の保持者は，自分の格率が普遍的な法則として皆に遵守されてほしいなどとは望むことができない．普遍化可能でないので，困窮時に嘘言が許されるという格率は，道徳的に善いとは認められないのである．

目的の法式

次にカントは，行為の手段と目的という観点から，道徳法則の別の法式を提示している．これを「目的の法式」と言う．この法式は，「自分自身の人格および他のすべての人の人格における人間性を，けっして単に手段としてではなく同時に目的として扱うよう行為せよ」というものである．目的の法式は，人間が単なる手段として扱われてはならないことを告げている．嘘の約束の例で言えば，私が嘘をついて借金する時，貸し手は，困窮から抜け出すという私の目的のための単なる手段として利用されている．しかし，それは道徳的には許されないことである．

この法式に出てくる「人格」は，「物件」との違いで説明されている．物件は，目的実現のための単なる手段として使われうるものである．たとえばペンを使うのは文字を書くためであるが，ペンは，文字を書く必要が

ないなら他の人に譲渡してもいいし，壊れて使えなくなったら捨ててもよい。ペンの価値は，文字を書くという目的に依存しているので，この目的がなくなれば手段としての価値もなくなるのである。あるものを単に手段として扱うということは，それが特定の目的に役立つ限りでは必要だが，その目的との関連以外では何の価値も見出さないという態度を指す。

ところが，人格はそうではない。カントは人格を，存在すること自体が目的であり，他のものと代替不可能なものと考えた。人格は，特定の目的との関係ではなく，それ自体で価値あるものなのである。それ自体価値あるものを，カントは「目的自体」と呼ぶ。

人間が人格としてもっているこのような絶対的価値は，「尊厳」（Würde）と呼ばれる。人格として人間は，個々人がどのような目的をもっていようとも，つねに尊重され，むしろ個々の目的の実現を制約する道徳法則の根拠と見なされなくてはならない。もちろん人間は外見や能力，性格など，様々な点で異なっている。その相違に応じて，特定の社会のなかでは，重用される人とそうでない人とが区別されている。しかし，社会的地位やそれに伴う価値とは関係なく，すべての人間には，無条件的かつ平等に，尊厳という絶対的価値が与えられているのである。

第3節　自律

意志の自律と他律

ところで，カントによれば，道徳法則は，純粋理性のみに起源をもつ。ここで純粋理性は，対象を認識するためではなく，意志を規定する法則を提示するために使用されるのであり，「純粋実践理性」と呼ばれる。

純粋実践理性は，自分以外が生み出す原理といっさい関わりなく，それ自体で，無条件的になされるべき義務を提示することができる。カントはこの事態を，意志の自由あるいは「自律」（Autonomie）という言葉で表現し，道徳法則が成立するためには，「意志の自律」が認められなければならないと述べる。反対に，純粋実践理性が提示する以外の法則（幸福の追

求や神の命令など）に従うなら，「意志の他律」を招くことになる。
　このような自律的な意志をもつ理性的存在者が，道徳法則を介して結合している共同体は，「目的の国」と呼ばれる。目的の国において，その成員は自らが従う法則を自ら立法し，どの成員も他の意志に従うことなく自由である。カントは目的の国を，一つの道徳的理想として見ている。
　ただし，人間はつねに道徳法則の指令に従うわけではなく，道徳的義務を果たすことに失敗することもある。この点で，人間は有限な理性的存在者なのであって，純粋に理性的な存在と見なされる神とは異なる。理性的存在者としての人間のこのような特殊性は，人間を二つの異なる観点において考えるときに，理解される。すなわち，一方で人間は，理性的存在者として自らの立てた道徳法則に従う。このとき，人間は「英知的存在者」と見なされている。同時に，人間は，自らの快や幸福を追求する「感性的存在者」でもある。
　英知的存在者であるかぎり，人間はつねに道徳法則に従っている。そうは言っても，それは人間が道徳法則の命じることをいつもなすということではない。それは，同時に感性的存在者として幸福追求にいそしむ人間にとって，道徳法則が「～すべし」という義務の形で表され，その義務を免れることはけっしてできないということを示している。

道徳の可能性
　ここまで，道徳法則がいかなる形態をとるのかを確認してきた。しかし，カントが言うように，人間は実際に道徳法則に従って行為することができるのか。たとえば，ボランティアと呼ばれる行為は，道徳的に善い行為と一般に考えられている。しかし，それが単なる偽善ではないことが，なぜ分かるのだろうか。言い換えると，道徳法則は，単なる思考の産物ではないのだろうか。人間は本当に自律的な存在なのだろうか。
　『実践理性批判』のなかで，カントは偽証の例を取りあげて，この問いに答えている。私の友人を陥れるために，独裁者が私に偽証を強いるとしよう。もし私が嘘をつけば，友人は無実の罪で死刑になるかもしれない。しかし，もし嘘をつかなければ，私が殺されることになる。その場合，私

はどうするであろうか。嘘をついて人を陥れることは道徳的に悪であって，偽証すべきではないが，この状況下で偽証せずにいることは大変困難であり，実際には自分の身の安全のために偽証してしまうかもしれない。だが，そのような場合ですら，偽証をしないという選択をすることはできた，と私は考えることができるだろう。カントはこの例を通じて，自らが破滅に追い込まれるような究極的な状況においてすら，道徳的に善い行為を遂行することができなかったとはいえない，ということを示している。

　先に見たとおり，自分の幸福が実現するかどうかと無関係に，義務は遂行されなくてはならない。このことは常識ですら知っているとカントは述べる。たとえば，その行為はなされなかったけれどなされるべきであったと反省することがあるだろう。そのとき私は，自分の幸福を追求してしまったが，義務を果たすべきだったと考えている。道徳はこのように実際に，無条件的になされなければならない義務として人間に示されている。

　もし人間が自分の幸福のために行為するだけの他律的な感性的存在者だとしたら，そのような義務も道徳も見せかけのものにすぎない。しかし，カントによれば，人間が単に自分の幸福を追求する感性的存在者であり，人間の行為はすべて自己満足や幸福のためだけになされるということを証明することはできない。そうである以上，道徳的に善い行為を単なる偽善にすぎないと決めつける権限は，誰にもない。人間は，自律的な理性的存在者として，道徳的に善い行為をする可能性を保持するのである。

第4節　平和

戦争抑止のためのルール

　道徳の根拠づけを終えたのちに，カントは法や政治に関するいくつかの著作を執筆している。カントは近代における社会契約説の伝統を引き継いで，自然状態と社会状態との区別や社会契約といった語を用いて，社会のあるべき姿を描出している。ただし，カントはホッブズやロック，ルソーといった人々の思想をただ受容するのではなく，彼自身の批判哲学に基づ

いて，新たに社会契約説を構築し直している。

　カントの法・政治哲学を特徴づける一つの要素として，国家間のルールの必然性を論じたということを挙げることができる。『永遠平和のために』（1795 年）において，カントは，国家間の紛争を解決する手段として戦争が用いられるべきでないと考え，平和な社会が実現するための基本的な条件を，二段階に分けて説明している。

　カントはまず，戦争の発生をなるべく抑制するために実際に諸国家が守らなければならないルールとして，次の六つを挙げる（「永遠平和のための予備条項」）。それは，(1) 将来の戦争を見越した休戦協定を締結することの禁止，(2) 他国との統合の禁止，(3) 常備軍の廃止，(4) 戦費のために国債を発行することの禁止，(5) 内政不干渉，(6) 暗殺やスパイといった非人道的な手段の禁止，である。カントは，国家間の紛争に裁定を下す法廷が存在しない状況，いわば国家間の自然状態においては戦争が許されるが，それでも諸国家はこれらのルールを守らなければならないと考えている。

　同時にカントは，本来はそれ自体が不正であるはずの戦争が許されてしまうという状況こそ，克服されるべき最大の不正だと考えている。人々が国家状態へと移行しなければならなかったように，諸国家もまた，戦争ではなく対話によって紛争が解決される状態へと移行する義務を負うのである。そのような理想状態がどのようなものであるかを表しているのが，次に見る「永遠平和のための確定条項」である。

平和実現のための政治的体制の確立

　「永遠平和のための確定条項」は，それぞれ，(1) 共和制の確立，(2) 国家連盟の設立，(3) 植民地活動の禁止をうたった三つのルールからなる。この三つのルールは，（個々人の関係を規定する）私法に対して（国家のあり方を規定する法である）公法の三つのカテゴリー，国家法・国際法・世界市民法に対応して立てられている。このうち，第一確定条項は，国家が自国の市民に対して，第二，第三確定条項は，国家が他の国家や外国人とどのような関係をもつべきかを示している。

国家はその制度に関し，支配者が自分の都合ですべてを決定する「専制」ではなく，人々に決定権がある「共和制」へと移行しなくてはならない。共和制においては，戦場に赴く人々自身が戦争の開始を決定することになるので，戦争の数は減るはずである（第一確定条項）。また国家は，他国との衝突を，戦争によってではなく，複数の国家によって設立された国家連盟での裁定を通じて解決しなければならない（第二確定条項）。さらに，人は，自国以外の土地を訪れることが（拒否されないかぎり）許されるという「訪問権」を保持するが，その土地を勝手に自分の所有にしてはならないとされる（第三確定条項）。カントはこの第三確定条項を根拠に，ヨーロッパの列強による植民地活動を強く非難する。

　カント自身，これらの政治的体制の実現がきわめて困難であることを認めつつ，それでもなお，理念として希求されねばならないと述べている。

＊　　　＊　　　＊

　カントの倫理思想において特筆すべきは，自律という思想を，道徳の中核にすえたことである。カント以前において，このことを果たしえた思想家は誰もいなかった。人間は，幸福を追求する感性的存在者でありながら，同時に，道徳的な善を実現しようとする自律的な英知的存在者でもある。カントはこのことを，義務概念の分析を通じて明らかにした。人間をこのような二重性のうちに捉える視点への反省が，のちにドイツ観念論を生み出す一つの契機となる。

（石田京子）

【文献】
カント『純粋理性批判』上・中・下，原祐訳，平凡社ライブラリー，2005 年
カント『道徳形而上学の基礎づけ』宇都宮芳明訳，以文社，2004 年
カント『永遠平和のために』宇都宮芳明訳，岩波文庫，2009 年（改版）
石川文康『カント入門』ちくま新書，1995 年
御子柴善之『自分で考える勇気：カント哲学入門』岩波ジュニア新書，2015 年

第12章

ヘーゲル

Georg Wilhelm Friedrich Hegel, 1770-1831

　ヘーゲルは,「ドイツ観念論」と呼ばれる立場を代表する, 19 世紀ドイツの哲学者である。ヘーゲルは, 主観と客観, 精神と世界を二つの相対立するものと捉えるような, それまでの哲学的な見方に異議を唱える。ヘーゲルは, その両者をともに包含する「絶対者」の把握に至るために,「弁証法」と呼ばれる独特の思考方法を提示した。この思考方法は, ヘーゲルが道徳や倫理について考える際にも用いられている。ヘーゲルは, 個人の自由が他の人々との共同体のうちでのみ実現されるとし, 人間の歴史をそのような共同体を実現する過程として描き出している。

第1節　ドイツ観念論

ドイツ観念論の成立
　もの・対象がどのような仕方で存在するのかという問いは, 昔から多くの哲学者たちの心を捉えてきた。一般に「観念論」は, 対象の実在あるいは認識が私たちの心の働きに依存すると考える立場である。この世界には様々なものが存在するが, 観念論によれば, それらは, 私たちの心の働きと無関係に存在するのではない。
　「ドイツ観念論」(Deutscher Idealismus) は, 前章で見たカントの哲学に対する批判を契機として成立し, 18 世紀末から 19 世紀前半にかけてのドイツで興隆を極めた一連の哲学的運動を指す。代表的な人物としては, フィヒテ (Johann Gottlieb Fichte, 1762-1814) とシェリング (Friedrich Wilhelm Joseph von Schelling, 1775-1854), そしてヘーゲルがいる。
　カント哲学の特徴は,「現象」と「物自体」との区別にあった。人間の

認識する対象は，人間の認識能力を通じて構成されている現象であって，認識能力から独立に存在する物自体ではない。この区別を通じ，カントは，経験的認識の普遍性と必然性を確保しようとしたのである。この考えは，誤解を受けながらも，同時代の哲学者たちに徐々に受容されていった。

ところが，カント哲学に好意的な人々のあいだでも，このような区別に不満をもつ者が現れた。その不満の一つとして，カントが物自体という考えを彼の哲学に導入したことが挙げられる。カントの物自体は，定義上，人間の認識を超えたところでそれ自体として存在する。だが，そもそも思考のうちに物自体という観念が現れなければ，物自体をそのように把握することもできない。その意味で物自体もまた，「私たちに対して」存在するものであって，人間の意識から独立した物自体という考えは，矛盾を含む。だが，認識する私とそれ自体存在する物自体という，主観と客観の対立を解消する手立ては，カント哲学にはないのである。

また，カントの道徳哲学に対しても不満が表明された。主だった批判は，カントの道徳法則が形式的であって，実際にどのような行為をすべきかを示してくれないというもの，また，幸福の追求と道徳遵守とを厳格に分離することによって，人間の生を分裂させてしまうというものであった。

ドイツ観念論は，カント哲学のこれらの限界を乗り越え，単一の原理に基づいて一つの哲学体系を構築しようとした。その際，単一の原理としてドイツ観念論者たちがそれぞれ依拠したのは，自我や思考，意識といった精神的なものであった。

ドイツ観念論の完成者としてのヘーゲル

カント哲学の超克という目標を掲げつつ，ドイツ観念論の内部では様々な思想が展開された。ここではフィヒテとシェリングの思想を紹介しよう。彼らの思想はそれぞれヘーゲルによって，「主観的観念論」（フィヒテ），「客観的観念論」（シェリング）と特徴づけられている。

フィヒテは，すべての学の基礎となる「知識学」を確立しようとし，その根本原理として「自我」（Ich）を置く。フィヒテは自我を，一種の活動（「事行」）と見なす。まず，自我はそれだけで自らを定立する。そして自

らに対して自らではないもの（「非我」）を定立する。非我である物自体は，自我から独立しているのではなく，自我の活動が生み出したものである。私たちのあらゆる認識や学もまた，自我の活動によって生じる。

　これに対しシェリングは，私たちの認識する世界（自然）が自我によって構成されたものとは考えなかった。シェリングによれば，主観と客観，精神と自然，思惟と存在，自我と非我といった区別はすべて，「絶対者」と呼ばれる一つの根源のうちにある。「絶対者」は，他者に依存したり限定されたりすることなく存在するものである。精神と自然とは同一のものであって，どちらにも主観的な要素と客観的要素が含まれている。差異が生じるのは，どちらかの要素を多く含むからであって，精神と自然のあいだには質的差異も対立も存在しないのである。自然と精神とのこのような「絶対的無差別」により，シェリングの哲学は「同一哲学」とも呼ばれる。

　フィヒテとシェリングはこのような形でカント哲学の克服をめざすが，両者の哲学のうちにはなお困難が見出される。フィヒテの場合，自我が自らではない非我を産出するのだが，ここには自我と非我との対立が残る。また，ヘーゲルはシェリングの絶対者を「すべての牛が黒くなる夜」と表現して批判している。というのも，シェリングの絶対者のうちでは，様々な差異が消失し，空虚な認識しか残らないからである。

　ヘーゲルは，カントのみならず，フィヒテやシェリングなど，ドイツ観念論における彼の先行者たちの抱える問題を見定めて，乗り越えようとした。それゆえ，後世の人々は一般に，ヘーゲルに対して「ドイツ観念論の完成者」との評価を与えたのである。

第2節　精神の展開

弁証法の形式

　ヘーゲルもまた，主観と客体の対立を乗り越えるような「絶対者」を想定する。ヘーゲルにとって，哲学とは，人間の意識のあり方を手掛かりに絶対者を描き出すことであり，そのような手掛かりなしには絶対者の把握

は不可能である。だが，通常の人間の意識は，絶対者を把握するのに十分に成熟してはいない。そのため，人間が絶対者を把握するには，様々な段階にある意識の経験を介さなければならない。ヘーゲルの観念論は，理論的抽象や現実の矮小化によって知を確立するのではなく，むしろ現実の経験を抜きに知の確立が不可能であることを示そうとする営みなのである。そのようにして確立された知が「絶対知」と呼ばれる。

　ヘーゲルが自らの哲学を構想するにあたって依拠する思考方法は，「弁証法」（Dialektik）と呼ばれる。ヘーゲルは論理学や認識論，倫理学，法学，宗教論，美学を論じるが，どれも弁証法の形式に従って議論が進められている。ヘーゲルによれば，すべての事象は，「即自」（an sich）と，この即自を否定する「対自」（für sich），両者を総合する「即自かつ対自」（an und für sich）という三つの段階を通じて展開する。

　「私」と「他人」を事例に，弁証法について考えてみよう。私は私であって，他人ではない。これは論理的に正しい。だが弁証法の場合，ここから思考を一歩進める。私は他人ではないが，私が私であるのは，私が他人から区別されるからである。このとき，私ではない他人もまた，私を構成する本質となっていることが気づかれる。私は他人ぬきに私たりえないのである。こうして「私」は考察以前と以後では，異なった段階にある。即自としての「私」は，自らを否定する「他人」（対自）という媒介を経て，「即自かつ対自」的な「私」へと到達する。真理は，このように対立や矛盾を経てはじめて獲得されるのである。

　対立する両者をこのような形で総合する働きのことを，ヘーゲルは「止揚（アウフヘーベン）」（aufheben）と名づける。ドイツ語のアウフヘーベンは，廃棄と保存という意味をあわせもち，到達された真理のうちで，対立が廃棄されつつ保存されているという状態を表現している。

　なお，即自，対自，即自かつ対自という，この弁証法的な関係は，「テーゼ（正）」（These）と「アンチテーゼ（反）」（Antithese），「ジンテーゼ（合）」（Synthese）という，三つの命題の関係としても表現されることがある。この場合も，テーゼとアンチテーゼは相対立する関係にあるが，両者の止揚によりジンテーゼが成立することになる。

意識から自己意識へ

　先に述べたとおり，人間が絶対者を把握するには，様々な段階にある意識の経験を介さなければならない。ヘーゲルは『精神現象学』（1807年）で，意識の経験の過程を段階的に描き出している。

　まず，外界の対象に対する意識（対象意識）は，目の前に今ある対象への意識である「感覚的確信」から出発し，対象を自分の外部に存在する物と見なす「知覚」を経て，（重力のような）力や法則を扱う「悟性」の段階にまで高まる。だが外界の対象は，意識が作り出した現象であり，じつは自己自身なのだとヘーゲルは言う。対象と自己は同一のものなのである。ということは，対象意識は自己に対する意識である。ここで対象意識は，「自己意識」へと移行する。

　対象と自己との同一性から生じる自己意識は，自らの外にあるもの，すなわち他の自己意識との関わりのなかに，自らの存立基盤を探そうとする。自己意識は相互に，他の自己意識からの承認を求める。ここにヘーゲルにおける自己意識の特徴がある。「考える私」を発見したデカルト以来，自己意識とは，他のあらゆる対象の存立基盤として，単独で存立するものと考えられてきた。ところがヘーゲルは，他の自己意識抜きに自己意識が存立することはできないと考えた。ヘーゲルにおける自己意識は，「相互承認」という，自己と他者との関係を媒介にしてはじめて成立する。自己意識は，個人でありつつ，同時に社会的な存在である。これをヘーゲルは，「われわれとしての私，私としてのわれわれ」と表現する。

主と奴の弁証法

　そしてヘーゲルによれば，人々は承認を求めて生命をかけた闘争に赴き，そこで死の恐怖を体験する。死を避けるため，人々は「主」と「奴」となって，支配と隷属に基づく共同体を作り出す。主は奴を支配し，奴は主のために「労働」を行う。主は自立した存在として奴に承認される一方，奴は主人に非自立的な存在（＝物）として扱われる。

　だがこの承認は，本来のあり方からはほど遠い。というのも，主は他者からの承認を求めているのに，主は奴を物と見なすことで，承認の担い手

である他者を消し去ってしまうからである。奴隷からの承認とその労働成果に依存する主は、奴の主人であるとはいえない。一方、自立した存在であることを主に否定された奴は、「労働」を通じて物に関わる、つまり物を加工する。物のそのままのあり方を否定し、新たな形態を与えるのが自分であることを通じて、奴は自らの自立性を自覚する。自立的な奴はもはや奴ではない。主と奴の立場は完全に逆転する。これが「主と奴の弁証法」である。奴は、労働を媒介に自立性を獲得することで、奴であることをやめ、自由な存在になる。

精神

自己意識にまで高められた意識は、次に「理性」へと移行する。理性は、何が正しくて善いかを単独で知っていると考え、普遍的で無条件的な命法を立てようとする。それが「真実を語れ」、「汝の敵を愛せ」といった道徳的命法である。ところが、普遍性を獲得するためには、これらの命法から個別的要素をできる限り排除しなければならず、結局カントの道徳法則にみられるような形式的な普遍性しか残らなくなってしまう。その場合、矛盾さえなければ、どのような行為も認められてしまう恐れがある。

ヘーゲルによれば、正しさや善さは、個々人の理性に基づくものではない。それは共同体の習俗のなかにすでに存在しており、人々はその習俗に従って生きるのである。このことに気づいたとき、意識は「精神」の段階へと移行する。精神は個々人の意識ではなく、たとえば民族の精神と言う時に用いられるような意味での、共同的なものと捉えられている。精神は、共同体の習俗であり、同時に、個々人が行動する際の根拠・目的とされる。この段階では、主観と客観、個と全体が対立することはない。

『エンチクロペディー』（1817年）では、精神は、「主観的精神」、「客観的精神」、「絶対精神」と段階的に展開する、と説明されている。主観的精神は個別的な感覚や意識、意志として現れる。自由な意志としての精神が自らを外部に展開したものが客観的精神である。客観的精神は、法と道徳、人倫という形態をとる。（客観的精神については後述する）。主観的精神と客観的精神の段階を経て展開される絶対精神は、芸術、宗教、哲学という

形態をとる。芸術と宗教，哲学は絶対精神たる神を，それぞれ感性，イメージ，概念において把握するところから区別される。精神は弁証法的な自己展開を繰り返して，絶対者を知るに至るのである。

第3節　歴史

理性的なものは現実的であり，現実的なものは理性的である

　ヘーゲルは，意識の経験を描出することによって，精神の段階に到達した。この段階では，個々人が共同体の習俗に従っており，それに従う場合にのみ，個々人はその本質を獲得することができるとされる。だが実際には，そのような一致がただちに起こるわけではない。意識が様々な段階を経て精神に到達したように，精神もまた段階的な発展を遂げなければならなかった。こうしてヘーゲルは，民族や国家を主体として精神の発展の「歴史」を叙述することになる。

　ただしこの叙述は，かつて起こった出来事を羅列するものではない。ヘーゲルは，「理性的なものは現実的であり，現実的なものは理性的である」と述べる。つまり，現実の歴史は，理性（これは精神でもある）が自己を展開する過程なのである。言い換えると，世界は，精神が自らを自己の外に対象として措定する「自己外化」のうちで成立する。ヘーゲルにおいて，世界は，外化された精神として現実性を獲得するのである。

　この観点において，世界史は，「自由」の意識が徐々に獲得される過程として考察される。理性は人々を，自由の実現という自らの目的のために利用する。人々がこれを，自分の欲望や関心の対象にすることはない。しかし，この目的は，個々人の個別的な目的に入り込み，その目的を通して実現される。そして，たとえ人々が争い傷つくとしても，理性はまったく気にも留めない。どのような英雄にも，用済みになれば没落するという悲劇が待ち受けているのである。これをヘーゲルは「理性の狡知」と呼ぶ。

自由の発展

　それでは自由の意識は，歴史の経過の中でどのように展開されるのだろうか。死後に発行されたヘーゲルの講義録（『歴史哲学講義』，1837 年）には，東洋人は一人が自由と知るだけで，ギリシア人とローマ人は特定の人々が自由であると知り，ゲルマン人はすべての人間がそれ自体として自由であることを知っている，という趣旨の言葉が残されている。

　東洋人は，精神または人間そのものが自由だと知らず，皇帝だけが自由だと考える。だが，皇帝は主体性や意志をもった個人ではなく，彼の自由はただのわがままであって本来自由とは呼べないとされる。歴史が展開を始めるのは，ギリシアの時代である。人々の意識が強力に共同体（ポリス）に結びついているので，人々は進んでポリスの命じることに従う。しかし，ソクラテスのような哲学者が反省の契機をもたらし，社会的習慣ではなく自らの理性によって判断するよう人々に迫る。こうして人間に主体としての自由が芽生える。

　すべての人間が自由であること，自由が人間の本質であることに人が気づくのは，ゲルマン社会によるキリスト教の受容においてである。近代の宗教改革は，すべての人間が思考能力と善悪の判断能力を備える自由な主体であることを明らかにした。人々は教会の権威を介することなく，真理を所有しうるとされる。人間の自由という，宗教内部で打ち立てられたこの原理は，世俗的な国家のあり方に変革を促し，人間の思考や概念に自然の真理を見出す啓蒙思想の出現につながる。このようにヘーゲルは，精神が国家のなかで主体としての自由の意識を徐々に獲得する過程として，歴史を描出している。

第 4 節　人倫

法，道徳，人倫

　道徳や倫理を社会のルールと考えるなら，ヘーゲルが『法哲学』（1821 年）で論じた「客観的精神」は，まさにそれに当たるだろう。客観的精神

は，客観的な「法」(Recht)，主観的な「道徳」(Moralität)，両者を止揚する「人倫」(Sittlichkeit) という三つの段階において展開する。

　まず法は，「抽象的な権利」と見なされる。すなわち法は，自由な意志が物件に関わることによって「所有」として現れ，これを媒介に「契約」や「刑罰」という形態をとるようになる。次に，意志が外にある物件ではなく自分を対象として意識するとき，道徳が成立する。道徳の段階では，個々の主体の洞察や意図，目的が重要なものとなる。人々は自ら決定して目的を実現する。この段階では善は，主体が自分自身のうちで知るものであり，それのみが善であるとされる。善とは，自分自身から汲みだされるという，意志の活動の形式として捉えられる。これは，カントが考える道徳の立場でもある。

　だが，正しいと自ら確信していることが，現実に誰にとっても正しいかは別の問題であろう。道徳は内容をもたなければ客観的なものとはならない。客観的善を知るためには，道徳から人倫への展開が不可欠である。人倫は，法や道徳とは異なり，共同体の制度や掟として現実にある。人倫は，様々な原則や義務が個々人の単なる意見を超えて存在するという客観的契機と，それらが主体によって担われるという主観的契機をあわせもっている，とヘーゲルは説明している。

人倫の体系
　ヘーゲルは人倫を，「家族」，「市民社会」，「国家」という三段階の共同体に従って説明している。

　まず家族は，夫婦と親子という自然的関係であり，愛を原理に成立する共同体である。愛は，自己と他者が一体であるという意識である。自己は自己の自立性を放棄して自己と他者との同一性を意識する。子どもは親から愛をうけながら，同時に自立した存在になるよう教育されることによって，家族から離れ，市民社会のなかに入っていく。

　市民社会は，自立した個人が共に生活する場である。人々は欲望をもち，それを充足するために，労働をしてその成果を他の人々と交換する。欲望を媒介とした共同体である市民社会は，本質的に「欲望の体系」である。

ホッブズなどの社会契約説はこの市民社会を国家と見なしてきたが，ヘーゲルによれば，そうではない。というのも，欲望を媒介とした市民社会のなかでは，様々な対立や不平等が生じるからである。ヘーゲルは市民社会が「人倫の喪失態」であると考える。

　ヘーゲルにとって国家とは，競合しあう個々人の利益をまもるためにあるのではなく，家族の原理と市民社会の原理との統一によって成立する。つまり，個々人は国家の一員であれば，家族における場合のように自立性を欠くのではなく，市民社会における場合のように他人との共同を喪失することもない。国家は「人倫の完成態」であり，個人は欲望の追求によってではなく，国家の一員として普遍的な法則や原則に従うときに，自立性を獲得するのである。

＊　　　＊　　　＊

　ヘーゲルは，主観と客観との対立を克服するために，絶対者の自己展開を人間の立場から弁証法的方法に従って把握することを試みた。人間は，共同体のなかで自由な存在となる。近代の哲学が総じて個人主義的な傾向をもつということを考えれば，ヘーゲルのこの思想の独自性は際立っている。ドイツ観念論はヘーゲルの死とともに終焉を迎えるが，ヘーゲルの思想は，「近代の克服」を掲げる現代の哲学者たちに対しても大きな影響を与えている。

（石田京子）

【文献】
ヘーゲル『精神現象学』上・下，樫山欽四郎訳，平凡社ライブラリー，1997年
ヘーゲル『法哲学』I・II，藤野渉・赤沢正敏訳，中公クラシックス，2001年
ピーター・シンガー『ヘーゲル入門』島崎隆訳，青木書店，1995年
加藤尚武編『ヘーゲルを学ぶ人のために』世界思想社，2001年
加藤尚武編『ヘーゲル「精神現象学」入門』講談社学術文庫，2012年

第 13 章
ミル

John Stuart Mill, 1806-1873

　ミルは，19 世紀イギリスの哲学者，政治・経済学者であり，ベンサム（Jeremy Bentham, 1748-1832）が創始した功利主義の考え方を継承，展開した。主要な著作として『功利主義論』（1863 年），『自由論』（1859 年），『論理学体系』（1843 年）などがある。ミルは，ベンサムと同じように，功利の原理と快楽主義の人間観を提唱している。他方，ベンサムとは異なって，(1) 快楽に質の差を認め，(2) 功利の原理の強制力として，外的なものだけでなく内的なものも挙げ，(3) 功利の原理の証明を試みている。また，ミルは，功利の原理と密接に関わるアート・オブ・ライフの考え方を提示し，正義や自由について功利主義の立場から論じている。

第 1 節　ベンサムの功利主義

功利の原理

　ベンサムは主著『道徳と立法の諸原理序説』（1789 年）の第一章冒頭で，次のように述べている。自然は人類を苦痛と快楽という二人の主権者の支配の下に置いてきた。われわれが何をしなければならないか（正・不正の基準）を指示し，われわれが何をするであろうか（因果の連鎖）を決定するのは，苦痛と快楽だけである。

　こうした快楽主義の人間観に基づいて，ベンサムは「功利の原理」（principle of utility）を提唱している。功利の原理とは，その利益が問題になっている人々の幸福を増大させるように見えるか減少させるように見えるかの傾向によって，すべての行為を是認し，または否認する原理である。そして，功利とは，その利益が考慮されている人の幸福（すなわち利益，

便宜，快楽，善）をもたらすか，不幸（すなわち損害，苦痛，悪）が生じるのを防ぐ傾向を有する，対象の性質である。

ベンサムは，功利の原理を，「最大幸福ないし最大至福の原理」や「最大多数の最大幸福」（the greatest happiness of the greatest number）と言い換えている。最大多数の最大幸福こそ，行為の正・不正の基準であり，統治の唯一の目的である。また，功利の原理を証明することはできない。なぜなら，他のすべての事を証明するために用いられる原理は，それ自体は証明できないからである。

快楽計算

では，行為の正・不正は，いかにして判定されるのか。ベンサムは，一般に「快楽計算」と呼ばれる以下の手続きに従って判定されると考えている。

まず，快楽と苦痛の価値は，七つの事情によって決まる。すなわち，(1) どれほど強いのか（強度），(2) どれほど長く続くのか（持続性），(3) どれほど確実に生じるのか（確実性），(4) すぐに生じるのか，遠い将来に生じるのか（遠近性），(5) その快楽が他の快楽を伴うのか（多産性），(6) その快楽が苦痛を伴わないか（純粋性），(7) その快楽や苦痛によって影響を受ける人の数（範囲）である。

そして，ある行為によって自分の利益が最も直接的に影響を受ける一人の人について，その行為がもたらす快楽の価値の総和が苦痛の価値の総和を上回れば，その行為は善い傾向をもち，そうでなければ，その行為は悪い傾向をもつ。

次に，すべての関係者について，その行為がもたらす快楽の価値の総和が苦痛の価値の総和を上回れば，その行為は全員にとって善い傾向をもち，そうでなければ，その行為は全員にとって悪い傾向をもつ。たとえば，一郎，二郎，三郎の三人がいて，ある行為が彼らにもたらす快楽の価値が，それぞれ＋3，＋8，＋5であり，その行為が彼らにもたらす苦痛の価値が，それぞれ－7，－1，－2だとしよう。彼らの全員について，その行為がもたらす快楽の価値の総和（3＋8＋5＝16）は，それがもたらす

苦痛の価値の総和（－７－１－２＝－１０）を上回るので，その行為は全員にとって善い傾向をもつといえる。

サンクション

ところで，ベンサムによれば，快楽と苦痛の源泉には，物理的なもの，政治的なもの，道徳的なもの，宗教的なものがある。快楽や苦痛が，自然の通常の過程から，人間の意図や神の介入によって意図的に修正されずに生じるか，または期待されるならば，それらの快楽や苦痛は物理的な源泉から生じると言われる。国家の主権者の意志に従って選任された裁判官などが快楽や苦痛を与えるならば，それらの快楽や苦痛は，政治的な源泉から生じると言われる。一般の人々が，法律などの確立した規則に従ってではなく，各人の自発的な傾向に従って快楽や苦痛を与えるならば，それらの快楽や苦痛は道徳的な源泉から生じると言われる。現世や来世において神が快楽や苦痛を与えるとすれば，それらの快楽や苦痛は，宗教的な源泉から生じると言われる。

これらの源泉から生じる快楽と苦痛が，行為の法則や規則に拘束力を与えることができる限りで，これらの源泉は「サンクション」（sanction）と呼ばれる。サンクションとは，義務づける力や動機の源泉のことである。

第2節　ミルの功利主義

快楽の質

ミルは，ベンサムと同じように，功利の原理と快楽主義の人間観を提唱している。他方，ベンサムとは異なって，(1) 快楽に質の差を認め，(2) 功利の原理の強制力として，外的なものだけでなく内的なものも挙げ，(3) 功利の原理の証明を試みている。

(1) ベンサムによれば，快楽の価値はその量によって決まるとされるのに対して，ミルによれば，快楽の価値はその量と質との両方によって決まるとされる。

二つの快楽をともによく知っている人が，一方の快楽を，他方の快楽の量にかかわらず選び取るとすれば，選び取られたほうの快楽は，量の差を補って余りあるほど，他方の快楽よりも質的に優れている。ところで，知性，感情や想像力，道徳感情などの高度な能力を用いる生き方と，そうでない生き方との両方を同じくらいよく知っている人々が，前者を選び取ることは疑いの無い事実である。そえゆえ，高度な能力がもたらす精神的快楽は，単なる感覚がもたらす肉体的快楽よりも質的に優れている。

　では，高度な能力を用いる生き方と，そうでない生き方との両方を同じくらいよく知っている人々が，前者を選び取るのはなぜか。より具体的にいえば，知性ある人が愚者に，教育ある人が無学者に，思いやりと良心のある人が利己的で卑劣な人になることを了解しないのはなぜか。ミルはその理由を尊厳の感覚に帰している。尊厳の感覚とは，「他人の意見に頼らず，あるいはそれを無視して働くことさえある人格的向上と堕落の感覚」である。この感覚は，あらゆる人が何らかの形でもっているものであり，正確にではないがある程度は高度な能力に比例している。そしてこの感覚が強い人にとって，それは幸福の本質的な部分を成している。

　このような選択が幸福を犠牲にして行われると言う人は，幸福と満足を混同している。肉体的快楽しか享受できない人は，満足を得る見込みが大きい。他方，精神的快楽も享受できる人は，自分が求める幸福が不完全なものであるという不満を抱いている。それでも，肉体的快楽しか享受できない人を羨むことはない。というのは，後者は，そのような幸福をまったく感じることができないからである。それゆえ，「満足した豚であるよりは，不満足な人間であるほうが善く，満足した愚者よりは，不満足なソクラテスであるほうが善い」。

功利の原理の強制力
　(2) ベンサムが挙げている功利の原理の四つの強制力は，どれも他者から来る外的なものである。他方，ミルは外的な強制力だけでなく，自己の内面から生じる内的な強制力も挙げている。

　義務の内的な強制力は，義務に違反することに伴う苦痛という感情であ

る。この感情は，利害に関わらず，義務の観念と結び付く場合には，良心（conscience）の本質を成す。あらゆる道徳は義務を課すものなので，あらゆる道徳の究極の強制力は良心の感情である。それゆえ，功利主義の道徳の基本原理である功利の原理の強制力も，やはり良心の感情である。

良心の感情の基礎となるのは，人類の社会的感情，つまり同胞と一体になりたいという欲求である。それはすでに人間本性の強い原理になっており，教え込まれなくても文明の影響を受けてしだいに強くなる。

ミルは，同胞との一体感が生まれる過程を次のように説明している。そもそも社会という状態は，人間にとって自然なものであるので，人は自分を社会の一員としてしか考えることができない。加えて，いまや社会が成立するためには，誰も他人の利益を無視することはできない。また，人々は，他人と協力するようになると，他人の利益が自分の利益であるという感情を抱く。こうして，社会の絆が強まるだけでなく，社会が健全に発展すると，各人は，他人の幸福にますます強い関心を抱くようになり，各人のうちに，他の人々との一体感が生まれるのである。

功利の原理の証明

（3）功利の原理は証明できないとベンサムが述べているのに対して，ミルは功利の原理の証明を試みている。より正確に言えば，功利の原理の基盤となる，「幸福が目的として望ましいものであるという学説」の証明を試みている。

だが，それは推論による普通の意味での証明ではない。というのは，究極目的に関する学説は，受け入れられるか拒否されるかであり，推論による証明になじまないからである。ミルの言う証明とは，「知性ある人がその学説に対して同意するかしないかを決定できるために十分な材料を示す」という広い意味での証明である。

その証明は，①幸福は望ましい，②社会全体の幸福は望ましい，③幸福だけが望ましいという三つの命題の証明から成る。

①ある物体が見えるということに対して与えうる唯一の証明は，人々がそれを実際に見ているということである。同様に，あるものが望ましいと

いうことを示しうる唯一の証明は，人々が実際にそれを望んでいるということである。そして，各人は，自らの幸福を望んでいる。それゆえ，各人の幸福は各人にとって望ましい。

②なぜ社会全体の幸福が望ましいのか，ということに対して与えうる理由は，各人が，獲得できると信じている限りで，自分の幸福を望んでいる，ということ以外にはない。しかしながら，このことは事実であるから，幸福が善であるということ，すなわち各人の幸福は当人にとって善であり，それゆえ，社会全体の幸福はすべての人の総体にとって善であるということについて，われわれは，事情が許す限りでの証明だけでなく，要求できるすべての証明も手に入れている。

つまり，各人の幸福が各人にとって望ましいとすれば，すべての人の幸福は，そのすべての部分が誰かによって望まれているので，すべての人にとって望ましい。それゆえ，社会全体の幸福は望ましい。

③だが，これだけでは，幸福が唯一の基準であることを証明したことにはならない。そのことを証明するには，人々が幸福を望んでいるということだけでなく，その他のものを望んでいないということも示す必要がある。そこで，ミルは，幸福以外のものがそれ自体として望ましいものかどうかを検討している。たとえば，徳は初めは幸福（快楽）のための手段として望まれていたが，徳がもたらす幸福（快楽）との連想によって，幸福の一部となり，それ自体として望まれるようになる。これと同じことが，音楽，健康，金銭，権力，名声などについても成り立つ。

このように，人々が実際に望んでいるものは，幸福の手段か，幸福の一部であり，それ以外にはない。それゆえ，望ましいものは幸福だけである。だとすれば，幸福が人間の行為の唯一の目的であり，幸福の促進があらゆる人間の行為を判断する試金石であるということになり，したがって，幸福が道徳の基準でなければならないということになる。

正義と功利

ミルは，功利の原理を証明したのに続いて，正義の観念と，それに伴う正義の感情とを説明している。まず，彼は，正義の観念を明らかにするた

めに，道徳と単なる便宜とを区別したうえで，道徳を，正義と，正義以外の寛容や慈善などとに分類する。道徳は義務から成る。義務とは人に強要されるべきもの，それに違反すると法律，世論，良心の呵責など何らかの方法で処罰されるべきものである。他方，単なる便宜をもたらす行為は，説得するのはよいが強要してはならないものである。そして，道徳のうち正義は完全な拘束力をもつ義務に対応し，道徳のその他の部門は不完全な拘束力をもつ義務に対応する。完全な拘束力をもつ義務とは，一人あるいは複数の人がそれに対応する権利をもつような義務であり，不完全な拘束力をもつ義務とは，どのような権利も生み出さない義務である。

次に，正義の感情は，危害を加えた人を処罰したいという欲求と，危害が加えられた特定の人がいるという知識ないし信念とから成る。ある個人に危害を加えた人を処罰したいという欲求は，自己防衛の衝動と共感の感情とから成る。

そして，ミルは，正義と功利の関係を問題にしている。正義の観念の本質は，個人に与えられた権利という観念である。ところで，社会が権利を保護しなければならない理由は，社会全体の功利しかない。それゆえ，正義は功利に基づくものである。

アート・オブ・ライフ

さらに，ミルは，『論理学体系』の中で，単なる便宜をもたらす慎慮や，道徳をその一部門とし，功利の原理と密接に関わる「アート・オブ・ライフ」（art of life）という考え方を提示している。

アート・オブ・ライフとは，個々の技術の目的が望ましいのかどうかを判定する一般的前提と，個々の技術との総体である。技術とは，目的を設定し，科学技術の助けを借りて，その目的を達成するために実践的規則を提示するものである。たとえば，建築術は建物を造ることを目的とする技術であり，医術は病気の治癒を目的とする技術である。

ミルは，技術（の規則）と科学（の学説）との関係について次のように述べている。（1）技術は達成すべき目的を提示し，この目的を定義し，それを科学に手渡す。（2）科学はこの目的を受け取り，その原因と条件とを

探求し，この目的を生じさせうる事情の組合せに関する一般的原則とともに，それを技術に送り返す。(3) 技術は，これらの組合せが人間の力能で生み出せるかどうかに応じて，この目的が達成可能であるかどうかを判定する。

ミルは，技術と科学との上の関係を，次のような実践的三段論法として表現している。すなわち，(1) 技術は，ある目的の達成が望ましいという大前提を提示する。(2) 次に，技術は，ある行為の遂行がこの目的を達成するだろうという小前提を提示する。(3) そして，技術は，この二つの前提から，その行為の遂行を命じる実践的規則を導き出すのである。

アート・オブ・ライフは，道徳，慎慮，審美の三つの部門から成る。道徳の目的は行為の正しさであり，慎慮の目的は行為のもたらす便宜であり，審美の目的は行為の美しさまたは高貴さであるが，それらの究極目的は，人類，あるいは感覚を有するあらゆる生物の幸福を増進することである。つまり，アート・オブ・ライフの三つの部門を統制する究極の原理は，功利の原理なのである。

第 3 節　ミルの自由論

他者危害の原則

ミルは，古典的な功利主義の完成者としてだけでなく，『自由論』で個人の自由を擁護した思想家としても有名である。ミルの時代には，民主制の社会において多数者が少数者を抑圧するという「多数者の専制」(tyranny of the majority) が問題になり始めていた。ミルは，この問題を次のように説明している。「権力を行使する人民は，権力を行使される人民と同じではない。また，いわゆる自治とは，各人が各人によって統治されることではなく，各人が残りのすべての人によって統治されることである。さらに，人民の意志とは，……多数者の意志あるいは自分たちを多数者として認めさせることに成功した人々の意志である。それゆえ，人民が成員の一部を抑圧しようとすることがありうる」。多数者の専制とは，多数者

による少数者の抑圧である。

多数者の専制を防ぎ，社会が個人に対して正当に行使しうる権力の限界を定めるために，ミルは，のちに「他者危害の原則」と呼ばれるようになる一つの原則を提唱している。その原則とは，「人類が，誰かの行為の自由に正当に干渉しうる唯一の目的は，自己防衛である。すなわち，当人の意志に反して，正当に権力を行使できる唯一の目的は，他人に対する危害の防止である。当人自身の善は，十分な正当化とならない」というものである。

あらゆる人の行動のうち，社会に従わなければならない部分は，他者に関わる部分だけである。自分自身に関わる部分において，彼の独立は，当然，絶対的である。自分自身に対して，自分自身の身体と精神に対して，個人は主権者である。

ただし，この学説は，成熟した能力を有する人間に対してのみ適用されるのであって，子どもや未成年の若者などに対しては適用されない。

思想・言論の自由と個性の自由な発展

さて，他者危害の原則によって守られる個人の自由には，思想・言論の自由，個性の自由な発展（個人が自分の個性を自由に発展させること），および団結の自由などがある。

まず，思想・言論の自由が人類の幸福にとって必要である理由は，以下のものである。第一に，沈黙を強いられる意見は正しいかもしれない。これを否認する人は，自分が誤りを犯す可能性が無いということを仮定している。第二に，沈黙させられた意見が，たとえ誤っているとしても，それは真理の一部を含んでいるかもしれない。第三に，一般に受け入れられている意見が真理の全体であるとしても，それについて論争されることが許されないとすれば，その意見は，合理的な根拠についてほとんど理解も実感も無しに，偏見のようなものとして抱かれることになる。第四に，もし自由な討論が無ければ，学説そのものの意味が失われるか弱められ，人格と行為に与えるその重要な効力が失われる。

次に，ミルは，個性の自由な発展を推奨している。個性の自由な発展は，

「進歩する存在」（progressive being）である人間にとって，幸福の主要な本質的要素の一つ，つまり自己の幸福の一部である。それゆえ，本人にとって有益である。

　また，個性を育成し発揮することは，人生を豊かで多様で活気あるものにし，人類という社会をそれに所属する価値があるものにすることによって，すべての個人をその社会に結びつける絆を強める。それゆえ，個性の自由な発展は，社会にとっても有益である。

　さらに，国家の価値は，結局は，それを構成する諸個人の価値であるとミルは述べている。それゆえ，ベンサムと同じように，ミルも個人主義者である。

＊　　＊　　＊

　ベンサム，ミルが展開した功利主義の考え方は，倫理学，政治・経済学のみならず，諸国の法律や政策にも多大な影響を及ぼし続けている。また，ミルが『自由論』で指摘した多数者の専制は今日ますます強まり，思想・言論の自由や個性の自由な発展は危機に瀕している。多数者の専制を防ぎこれらの自由を守るために，社会が個人に対して正当に行使できる権力の限界を定める他者危害の原則は依然として重要である。このように，ベンサム，ミルの考え方は，現代でもなおその意義を失ってはいないのである。

（水野俊誠）

【文献】
ミル『J・S・ミル　功利主義論集』川名雄一郎・山本圭一郎訳，京都大学出版会，2010 年
『世界の名著　ベンサム　J・S・ミル』関嘉彦責任編集，中央公論社，1979 年
小泉仰『ミルの世界』講談社学術文庫，1988 年
菊川忠夫『J・S・ミル』清水書院，2015 年（新装版）

コラム6

実証主義

positivisme

実証主義とその背景

　実証主義とは、広い意味では、事実や経験に基づいて知識や理論を打ち立てることによって、科学的知識を体系化することをめざし、他方で経験によって確かめることができない形而上学を、科学的知識から排除しようとする立場をさす。

　たとえば、18 世紀のフランスにおいて、自然科学における感覚や経験の役割を重視したダランベールや、人間の精神の働きを感覚のみによって説明しようとしたコンディヤック（Étienne Bonnot de Condillac, 1714-1780）の立場は、広い意味において実証主義的である。また、20 世紀前半には、あらゆる知識を厳密な言語や論理によって表現しようとする「論理実証主義」が唱えられた。

　他方で実証主義は、狭い意味では、この言葉を広めた 19 世紀のフランスのコント（Auguste Comte, 1798-1857）の立場をさす。コントが実証主義を唱えた背景には、19 世紀フランスの哲学・倫理学が直面していた、それぞれ関連し合う三つの課題がある。

　一つ目は、「フランス革命」への反応である。18 世紀の啓蒙思想は、古い社会を破壊したが、新しい社会を建設することができなかったと批判され、革命の成果を継承しつつも、革命によって混乱した社会を再建するために、自由で安定した秩序の原理が模索された。コントも、啓蒙主義を破壊の原理として批判し、それに対抗する建設の原理として実証主義を構想している。

　二つ目は、「産業革命」とその進展に伴う諸問題への対処である。封建制は否定され、身分は平等になったが、貧富の不平等は広がり、選挙権も制限されていた。さらに、都市への人口集中や、過酷な労働といった「社会問題」も発生した。そのような背景から、単なる個人の集合とは異なる「社会」が論じられるようになり、サン＝シモン（Claude Henri Saint-Simon, 1760-1825）やフーリエ（François-

Marie-Charles Fourier, 1772-1837) らの初期社会主義やコントの社会学が登場することになった。

　三つ目は，「自然科学」の発達への対応である。一方では，哲学に経験や観察といった自然科学的な方法の導入が試みられた。コントの実証主義は，この流れとの関連において理解することができる。他方では，科学的な決定論に対して，人間の精神の自由や自発性が検討された。ベルクソン（Henri Bergson, 1859-1941）の思想は，こちらの流れとの関連において理解することができる。

コントの実証主義
　コントは，社会の混乱の原因が，社会科学の未発達にあると考えた。そこで，自然現象を実証的に解明する自然科学をモデルにして，社会現象を経験や観察という実証的な方法で解明する「社会学」を打ち立てることで，社会の秩序の再建をめざした。
　そしてコントは，対象となる現象の単純さと複雑さに応じて，様々な科学を分類する「分類の法則」を提示したうえで，最も複雑な現象である社会に関する科学としての「社会学」を創設する必要性を唱えた。コントの社会学は，社会の秩序を論じる「社会静学」と社会の進歩を論じる「社会動学」から成るが，後者を説明するのが，人間の精神や知識のあり方は三つの段階の順に進歩するという「三段階の法則」である。
　第一は自然を擬人化された神の働きとして捉える「神学的段階」，第二は抽象的な原因によって仮説を作る「形而上学的段階」，第三は観察や検証によって法則を見出す「実証的段階」である。この知識の三段階と対応して，社会も軍事的・法律的・産業的という三段階の発展をする。
　三段階の法則は，文明や人間精神は進歩すると捉える，コンドルセ（Marquis de Condorcet, 1743-1794）のいわゆる「進歩史観」の着想を継承しているが，19世紀の産業的社会にふさわしい実証的な哲学として，社会科学の革新を含む実証主義を構想したことに，コントの特徴を見出すことができる。

　　　　　　　　　　　　　　　　　　　　　　　　　　（吉田修馬）

コラム 7

進化論

evolution theory

ダーウィン

　進化論とは，現存する生物が一つの原始的な生物から分化してきたとする説である。ラマルク（Chevalier de Lamarck, 1744-1829）によって提唱され，ダーウィン（Charles Robert Darwin, 1809-1882）によって確立された。

　ダーウィンは『種の起源』（1859 年）で，生物進化の要因を説明する学説として，自然選択説（natural selection theory）を確立した。自然選択説とは，自然は，生物間の競争を通して変異個体の中から生存に適したものを，時間をかけて選び出していき，それにより生物は進化していくという学説である。生存競争と「有利な変異は保存され，不利な変異は排除される過程」である自然選択とが，進化の原動力である。

　ダーウィンの考えでは，進化は発展の程度が低いものから高いものへの進歩ではない。というのは，進化は種が枝分かれする過程であり，すべての生物は分岐した枝の先端に位置するからである。

　また，ダーウィンは，『人間の由来』（1871 年）で，次のように述べている。身体の構造や胎児の形態に関する人間と他の動物との類似性などに鑑みれば，人間も自然選択の結果として他の生物から進化したと考えられる。人間の心的能力も，高等哺乳類が有する心的能力から長い時間をかけて連続的に発達してきたものである。そのため，人間と高等哺乳類とのあいだには，心的能力に関して根本的な違いは無い。それゆえ，人間のみに特有な能力は無い。具体的には，進歩する能力，道具や言語を使用する能力，抽象能力，自己意識，個性，美的感覚，信仰心，道徳感覚や良心などは，高等哺乳類にも萌芽的な形で備わっている。

スペンサー

ダーウィンと同じ頃に，スペンサー（Herbert Spencer, 1820-1903）は進化に関する独自の考え方を提唱した。

ダーウィンとは異なって，スペンサーは，進化を，発展の程度が低いものから高いものへの進歩と同一視する。

彼の考えによれば，進歩の本質は，同質なものから異質なものへの変化，あるいは単純なものから複雑なものへの分化である。進歩は，生物のみならず，宇宙，社会など，あらゆる領域で起こる。たとえば，社会は，権利をもたない個人が社会全体への奉仕を強要される軍事型社会（militant type of society）から，権利の主体である個人が協力し合って全員の幸福をめざす産業型社会（industrial type of society）へと進化する。

このような考えは，しばしば「社会進化論」と呼ばれるが，進歩（進化）は社会だけでなくあらゆる領域で起こるというのがスペンサーの考えであるから，そう呼ぶのは適切ではない。

進化を決定する法則は，「能動的な力（active force）はすべて一つ以上の変化を生じ，原因はすべて一つ以上の結果を生じる」というものである。彼の世界観は，あらゆるものが一つの法則に従って展開するとする点で，一元論的なものであるといえる。

さらに，スペンサーは，のちに「進化論的倫理学」と呼ばれるようになる次のような考え方を提唱している。より善い行為とは，より進化した行為である。より進化した行為とは，次のような三つの目的を達成するものである。その目的とは，(1) 個体の寿命を長くして生命活動の量を増やすこと，(2) その際に，子孫に受け継がれる生命も考慮に入れること，(3) 社会の他の成員の生命との共存と共栄をもたらすことである。つまり，進化した行為とは，自己，子孫，同胞に最大の生をもたらすものである。

（水野俊誠）

第 14 章
マルクス
Karl Marx, 1818-1883

　近代の「市民社会」は経済的な不平等をもたらした。それを受けて，たとえば，ヘーゲルは国家による市民社会の統制を唱え，ベンサムやミルは功利原理に基づく市民社会の改良をめざした。だが，不平等が深刻になると，市民社会の統制や改良に止まらず，市民社会そのものを変革し，新たな社会を設立しようとする思想が生まれた。それが「社会主義」であり，その代表とされるのがマルクスの「共産主義」である。

第1節　市民社会批判

社会主義の形成
　近代の市民社会は，経済的には，財産の私有と自由な競争を原理とする「資本主義」の社会であり，資本家が支配する社会である。それに対して，社会主義が設立しようとする社会とは，財産の共有と生産の協同を原理とする社会であり，労働者が主体となる社会である。社会主義は，具体的には，生産のための手段を（個人ではなく）社会が所有すること，（個人が自由に競争するのではなく）集団で協同して生産すること，経済を（市場に委ねるのではなく）計画的に推進すること，そして，生産物を公平に分配することを主張している。
　このような社会主義の思想は，すでに 19 世紀の前半には，オーウェン（Robert Owen, 1771-1858），サン＝シモン，フーリエ，プルードン（Pierre-Joseph Proudhon, 1809-1865）など，多くの思想家によって唱えられている。オーウェンは，独自の社会観に基づく協同体を建設したり，協同組合や労働組合の運動を推進したりしている。サン＝シモンは，身分制の社会を否

定し，産業者（農民・製造業者・商人）を中心とする体制を構想している。フーリエは，商業の欺瞞，労働と所有の分離を指摘したうえで，独自の人間観に基づく理想の労働と協同体（ファランジュ）を提示している。そして，プルードンは，私的所有の問題を解明するとともに，労働者の協同体の連合による産業の組織化を提唱している。

これらの思想は，一般に「初期社会主義」と呼ばれている。その主張は様々であるが，協同体の設立によって不平等を克服するという基本的な考え方では共通している。

そして，マルクスは，初期社会主義がいずれも学問的でないとして，それらを「空想的社会主義」と呼んでいる。マルクス自身は，市民社会（資本主義）を詳細に分析することで，より体系的な理論を構築しており，自らの理論を「科学的社会主義」と名づけている。

市民社会における人間

マルクスはまず，「ユダヤ人問題によせて」「ヘーゲル法哲学批判序説」（ともに1844年）で，市民社会における人間の状況について，次のように論じている。

ヘーゲルは，近代における市民社会と国家の分裂を把握し，その分裂を国家によって解消しようとした。しかし，近代的な国家は市民社会から生まれるものであって，その国家が分裂を解消することはできない。分裂の原因は，市民社会と国家の関係のうちにではなく，市民社会そのもののうちにある。それゆえ，市民社会における矛盾が克服されなければ，両者の分裂が解消されることはない。そして，その矛盾は，じつは，近代における政治的な解放（市民革命）に由来する。

近代における政治的な解放とは，市民社会が封建的な国家から解放されることである。しかし，それは，人間の「欲望」が解放されることである。市民社会は，人間を国家生活から切り離し，人間の本来の結びつきを失わせる。その代わりに，利己的な欲望によって人間を結びつけ，人間の世界を，孤立した個人が対立する世界に変える。こうして，人間は「公民」と「市民」に分裂する。つまり，抽象的には国家の一員として，実質的には

市民社会の一員として生きなければならない。

　マルクスはこのように論じて，市民社会を批判している。そして，「真の人間的な解放」は，市民社会が乗り越えられ，人間が公民を取り戻し，人間らしく生きることにある，と主張している。

第2節　労働の疎外

疎外された労働
　次に，マルクスは，『経済学・哲学草稿』（1844 年頃執筆）で，とくに労働者の状況について論じている。
　マルクスの考えでは，労働とは，人間が自然に働きかけ，自然の事物に手を加えて，物を作るという営みである。人間は，労働のうちに自分自身を見出す。それゆえ，労働は人間の本質であり，「類的存在」としての人間の生き方である。だが，労働は，もともと労働者に属していたが，やがて，労働者にとって疎遠なものになり，さらに，労働者を支配するようになる。マルクスはそうした状況を労働の「疎外」（Entfremdung）あるいは「疎外された労働」と呼んでいる。
　マルクスによれば，労働者が富を多く産み出せば，それだけ，労働者は貧しくなる。労働者が商品を多く作れば，それだけ，労働者は安い商品になる。労働の生産物は，労働者にとって疎遠な存在として，労働者から独立した力として，労働者と対立する。こうして，労働者は労働の生産物から疎外される。
　また，労働者は，労働しているときに自分を失い，労働していないときに自分を取り戻す。労働者にとって，労働は，自分の本質に属さない外的なもの，自発的でなく強制的なものになる。そして，たんに，生活するための手段，別のところで自分の欲求を満たすための手段になる。こうして，労働者は労働そのものからも疎外される。
　さらに，労働者は，労働の生産物や労働そのものから疎外されているために，類的存在として生きることができない。あるいは，類としての生活

は，私的な生活の，個人的な生存のための手段になる。それゆえ，自分自身と対立することになる。こうして，労働者は類的存在であることからも疎外される。

そして，労働者は，自分自身と対立するとき，他の人間と対立することにもなる。人間は本来，社会のなかで他人と協同して生きる。これも類的存在としての人間の生き方である。だが，労働者は，類的存在として生きることができないために，他人と協同することもできず，孤立し，他人と対立する。こうして，「人間からの人間の疎外」が生じる。

労働者は，労働の生産物から，労働そのものから，類的存在であることから疎外される。そして，そこから，人間からの人間の疎外が生じる。マルクスはこのように論じている。

労働者の解放

労働の疎外について論じたのに続いて，マルクスは，それがもたらす帰結について論じている。

まず，マルクスは次のように自問している。労働が労働者にとって外的なもの，強制的なものになるのであれば，また，労働の生産物が労働者と対立するのであれば，労働やその生産物は誰に属しているのだろうか。

この問いに対して，マルクスはこう答えている。労働やその生産物は，労働者とは別の存在，労働の外部に立つ人間に属している。じつは，労働者は，自分にとって疎遠な労働を通じて，労働しない人間が労働やその生産物を支配する，という状況を生み出してしまうのである。言い換えれば，疎外された労働が「私有財産制」をもたらしたのである。

マルクスはここで，労働の疎外が私有財産制の原因であって，その逆ではないことに注意を促している。ただ，私有財産制が成立したのちには，それが労働の疎外をさらに進行させることも強調している。

そこで，マルクスは，社会が私有財産制から解放されるためには，つまり，市民社会（資本主義）が乗り越えられるためには，何よりも，労働者が解放されなければならない，と主張している。そして，マルクスの考えでは，市民社会において最も隷従しているのが労働者であるから，労働者

が解放されることは，すべての人間が真に解放されることである。

第3節　唯物史観

存在と意識

では，労働者はいかにして解放されるのだろうか。マルクスは，『共産党宣言』（1848年）において，盟友のエンゲルス（Friedrich Engels, 1820-1895）とともに，労働者の解放に至る過程について論じている。それは，『ドイツ・イデオロギー』（1845〜1846年頃執筆）や『経済学批判』（1859年）に見られる，社会の歴史に関する議論を前提にしている。

マルクスは，社会の歴史を説明する原理として，ヘーゲルの弁証法を受け継いでいる。しかし，ヘーゲルが歴史を「精神」の弁証法的な展開と捉えたのに対して，マルクスは社会の歴史を人間の「物質的な生活」の弁証法的な展開と捉えている。それゆえ，マルクスの議論は，一般に「唯物史観」や「史的唯物論」と呼ばれている。

マルクスによれば，人間はまず，物質的な生活を営み，同時に，他の人間と社会的な関係を結ぶ。そして，そのなかで，様々な「意識」をもつようになる。それゆえ，「人間の意識がその存在を規定するのではなく，反対に，人間の社会的な存在がその意識を規定する」。

ここで言う「物質的な生活」とは「経済」のことであり，「意識」とは「法律」「政治」「道徳」「宗教」「哲学」といったものである（マルクスはとくに「純粋な意識」を「イデオロギー」と名づけている）。そして，マルクスの考えでは，人間の経済的なあり方（社会的な存在）が，法律，政治，道徳，宗教，哲学といった，人間のものの考え方（意識）を決める。つまり，経済的なあり方がまずあって，それに応じて，ものの考え方が形づくられるのである。

社会の構造と変革

そして，この考えに基づいて，マルクスは社会の構造や変革について論

じている。
　では，社会はどのような構造になっているのか。マルクスによれば，社会は「下部構造」と「上部構造」からなっている。下部構造は社会の「土台」であり，その上に成立するのが上部構造である。そして，下部構造をなしているのは経済であり，上部構造をなしているのは，法律，政治，道徳，宗教，哲学など，他のすべての領域である。それゆえ，経済が社会の土台であり，他のすべての領域は経済の上に成立する。そして，社会の土台である経済が他のすべての領域を規定する。
　ここで言う「経済」とは，具体的には，物質的な生産活動における「生産様式」のことである。生産様式は「生産力」と「生産関係」からなっている。生産力とは，社会における生産能力のことであり，生産関係とは，生産手段に関する人間関係のことである。マルクスによれば，人々は，生産力に応じて，（土地や工場などの）生産手段の所有に関して（領主と農奴，資本家と労働者といった）生産関係を取り結ぶ。そして，このような生産様式が社会の土台となり，それに応じて，法律や政治などが成立するのである。
　それでは，社会はどのように変革されるのか。マルクスによれば，人々は，一定の生産力に応じた生産関係を取り結び，その生産様式のもので生産活動を行う。だが，生産力はしだいに増大し，ある段階に至ると，それまでの生産関係と矛盾するようになる。生産関係は，生産力を発展させるものから，それを束縛するものへと転化し，維持できなくなる。そこで，人々は，増大した生産力に応じて，新たな生産関係を取り結ぶ。そして，それに伴い，社会が変革されるのである。
　マルクスはこのように，社会は，生産様式を土台として，法律や政治などが成立する，という構造になっており，生産様式が変革されることによって，変革される，と論じている。マルクスの考えでは，経済は社会の土台であり，社会のすべての領域を規定し，社会を変革する。言い換えれば，経済が社会の中心にあり，社会全体を動かす。このような考えは，一般に「経済中心主義」と呼ばれている。

階級闘争

　マルクスは，社会の変革を生産様式の変革から説明している。それを前提として，『共産党宣言』では，社会の歴史を「階級闘争」の歴史と捉えている。

　マルクスによれば，社会の歴史において，支配する階級と支配される階級はつねに対立してきた。これまでの社会はすべて，抑圧する階級と抑圧される階級の対立の上に成り立っている。そして，資本主義の社会（市民社会）では，資本家階級（ブルジョワジー）と労働者階級（プロレタリアート）が対立する。資本家に対する労働者の闘争は，資本主義が成立したときから始まり，資本主義が発展するにつれて，労働者も発展する。工業化が進むと，労働者は数を増し，集団を作り，力を強める。また，恐慌や技術革新が起こると，労働者は同盟し，資本家に対抗する。

　では，労働者はいかにして解放されるのか。マルクスは次のように説明している。

　資本家と労働者という生産関係は，すでに，増大した生産力と矛盾しており，生産力を束縛している。生産力がこの束縛を打破すれば，生産関係は維持できなくなり，社会は混乱する。そのとき，「社会革命」が起こる。すなわち，生産様式という土台が変革され，その土台の上にある法律や政治なども変革される。そして，革命を実行できるのは，財産をもたない労働者だけである。労働者は，資本主義の生産様式を廃止し，社会の生産力を資本家から奪取する。力によって資本家を滅亡させ，政治的な支配を確立する。こうして，労働者は自らを解放するのである。

　このように，マルクスは，労働者は社会革命を自ら実行することで解放されると説明している。そして，資本主義はすでに限界に達しており，資本家が没落し，労働者が勝利するのは歴史の必然であると主張している。

第4節　共産主義

資本主義批判

マルクスは，社会の歴史に関する独自の議論に基づいて，資本主義の崩壊を主張している。それとともに，『資本論』第1巻（1867年）では，資本主義において経済的な不平等が生まれるメカニズムを明らかにし，資本主義を批判している。

一般に，資本主義では，工場や機械などの生産手段を所有しているのは資本家である。資本家は，労働者から労働力を商品として買い，生産手段と労働力によって生産を行う。そして，市場における自由な競争のもとで，生産物を商品として売り，利潤を得る。

では，「利潤」とはどのようなものか。マルクスによれば，労働者は，自分の生活に必要な分を超える労働を行う。労働者の生活に必要な分は，賃金として労働者に支払われるが，それを超えた分はすべて，資本家のものになる。利潤とは，この超えた部分のことである。マルクスはそれを「剰余労働」や「剰余価値」と呼んでいる。

マルクスの考えでは，この剰余労働や剰余価値は，本来，労働者のものである。にもかかわらず，資本家はそれを労働者から「搾取」している。そのために，資本家と労働者のあいだで不平等が生まれるのである。そして，生産力が増大するにつれて，不平等は拡大していく。したがって，資本主義は，その構造からして，不平等を避けることができない。マルクスはこのように考え，資本主義を，不平等を原理的に生み出すものとして批判している。

共産主義とは

そして，マルクスは，労働者が資本家に勝利し，社会の体制が資本主義から「共産主義」（Kommunismus）に移行すると主張している。では，共産主義とはどのような体制か。マルクスは，『共産党宣言』や『ゴータ綱領批判』（1875年）などで，次のように描いている。

共産主義は，人々が生産手段を共有し，協同して生産することを基礎としている。そこでは，私有財産制や賃金労働は廃止され，生産手段は国家の手に集中される。すべての人が国家のもとで等しく労働し，その労働に応じて分配される。ただし，労働に応じた分配という考えは，商品の交換という資本主義の原則に立っている。それゆえ，この共産主義は，資本主義の要素を残しており，初期の段階にすぎない。
　共産主義の発展した段階では，私有財産制が完全に乗り越えられる。すべての人がその能力に応じて労働し，その必要に応じて分配される。労働は，たんに生活の手段であるのでなく，第一の欲求となり，すべての人が人間的な本質を獲得する。さらに，この段階では，あらゆる階級が廃止され，（階級を抑圧してきた）国家も消失する。そして，国家に代わって，対等な人々の自由な協同体（アソシアシオン）が設立される。そこでは，各人が自由に発展することが，万人が自由に発展するための条件とされている。
　マルクスはこのように，共産主義を，生産手段の共有と協同生産を基礎とし，私有財産制を乗り越えた，自由な協同体として描いている。

社会主義の展開
　マルクスの思想は後世に大きな影響を与え，社会主義はさらに展開されていく。それは，マルクスの思想を受け継ぐ「マルクス主義」と，マルクス主義とは別の社会主義に分けられる。
　マルクス主義のうち，たとえば，ベルンシュタイン（Eduard Bernstein, 1850-1932）は，マルクスの思想を修正し，民主主義を通じて社会を改良し，社会主義を実現することを主張している。他方，レーニン（Vladimir Il'ich Lenin, 1870-1924）は，マルクスの思想を発展させ，労働者が独裁する共産主義国家を暴力革命によって設立することを主張している。前者は「修正マルクス主義」や「社会民主主義」と，後者は「正統派マルクス主義」や「マルクス−レーニン主義」と呼ばれている。また，マルクス主義とは別の社会主義のうち，たとえば，イギリスの「フェビアニズム」は，労働者だけでなく国民全体の立場から社会政策を立て，それを通じて社会

主義を確立していくことを唱えている。

　そして，20世紀には，多くの社会主義国家が誕生した。だが，それは社会主義者の予想に反するものであった。社会主義者は，社会の体制が資本主義から社会主義に移行すると考えていたが，社会主義国家の大半は（資本主義国家よりも前の）封建主義国家から移行したものであった。資本主義国家の多くは，社会主義には移行せず，社会主義の様々な政策を取り入れて「福祉国家（修正資本主義）」となったのである。

　さらに，20世紀の終わりには，多くの社会主義国家が崩壊した。そのこともあって，社会主義は過去の思想と見なされている。しかし，資本主義が世界全体に拡大し，不平等がより深刻になっていることからすれば，社会主義は，資本主義を批判する思想として，なお重要である。そして，不平等を是正するためには，社会を変革しなければならないという，社会主義の基本的な考え方は，これからも受け継がれるべきだろう。

＊　　　＊　　　＊

　マルクスはまず，市民社会における人間の分裂という状況や，労働の疎外という状況を明らかにした。そして，唯物史観に立ち，社会の変革を生産様式の変革から説明するとともに，社会の歴史を階級闘争の歴史と捉え，労働者が社会革命によって自らを解放する過程を説明した。さらに，資本主義から共産主義への移行を唱え，共産主義を自由な協同体として描いた。マルクスの思想は後世に大きな影響を与えたが，今日でも，資本主義に対する批判として，不平等の是正をめざす理論として重要である。

（柘植尚則）

【文献】
『マルクス・コレクション』全7巻，筑摩書房，2005〜2008年
小牧治『マルクス』清水書院，2015年（新装版）
ピーター・シンガー『マルクス』雄松堂出版，1989年

第 15 章
ニーチェ

Friedrich Wilhelm Nietzsche, 1844-1900

　ニーチェは 19 世紀後半に生きた「世紀末」の哲学者であるが，その著作は，詩的表現が散りばめられ，アフォリズムと呼ばれる簡潔な文章が多用されるなど，いわゆる哲学書とは一線を画するものが多い。内容も伝統的哲学を批判するものであり，ニーチェは「ニヒリズム」という時代診断のもとで，これまでヨーロッパで伝統的に受容されてきたプラトン主義とキリスト教を批判している。これらは，この世ではなく彼岸に善悪をはじめとする諸々の価値の根拠を置くが，もはやそうした考えを維持することはできない。そこで，ニーチェはこの世界と人生に意味を与える新たな価値を定立し，新たな人間像を打ち立てるために，思索を続けていったのである。

第 1 節　生の肯定と自由精神

アポロン的なものとディオニュソス的なもの
　ニーチェは古典文献学者として出発したが，ギリシア悲劇を題材とした処女作『悲劇の誕生』（1872 年）において，生を肯定するという世界観がすでに表されている。そのなかでもとりわけ大きな役割を担っているのが，「アポロン的なもの」と「ディオニュソス的なもの」という概念である。
　ニーチェによれば，アポロンは理性の象徴で，混然一体となっているものを分割して，明晰で節度あるものにする個体化の原理であり，明確に輪郭づけられた造形芸術である彫刻や絵画として現れる。同時に，アポロンは現実を超えた美しい仮象としての夢を生み出す。それに対して，ディオニュソスは，衝動と情念の象徴で，個の区別のない，生成流転する混沌と

した根源的一者との合一を求める原理であり，非造形芸術である音楽や陶酔として現れる。この区別は，ニーチェがこの時期に影響を受けていたショーペンハウアー（Arthur Schopenhauer, 1788-1860）の『意志と表象としての世界』（1819 年）における，「仮象」と「物自体としての意志」に対応している。

　ニーチェは後者をより根源的な生命原理と見なしつつ，この二つの原理が統合されている古典ギリシア悲劇とその精神を高く評価する。それ自体としては苦に満ちたものである生と世界は，この悲劇において崇高な美に昇華され，意味あるものになったというのがニーチェの見立てである。ニーチェによれば，「美的現象としてのみ生存と世界は永遠に是認されている」のである。

　このギリシアの偉大な精神を破壊したのがソクラテスだとニーチェは言う。ソクラテスは，世界の本質を知性的・論理的に把握することができると信ずる楽観的な合理精神をもっており，ディオニュソス的なものが重要であることを認めない。合理的な知こそが人間の徳を作り上げ，人間に幸福をもたらすとソクラテスは考えているからだ。ニーチェの考えでは，この理性主義および道徳主義から，プラトンのイデア界やキリスト教の神の国のような，生成の彼岸にある不変の存在の世界が構想されることになる。こうした世界は，生成流転する生存の現実を肯定するディオニュソス的な世界観からは認められないものである。

自由精神による道徳批判

　ディオニュソス的な世界観からは認めえない既成の道徳や価値に対する疑念が表立って現れてくるのが，「自由精神のための書」という副題の添えられた『人間的な，あまりに人間的な』（1878 年）に代表される中期の思想である。ニーチェによれば，「自由精神」とは，社会における支配的な見解によって思考や行動をなす束縛された精神とは逆のもので，そこから解放された例外的な精神である。この精神によってこそ，自分自身を含めて何ものに対しても自由に批判を加えることができるのである。

　そして，既成の道徳の批判のための道具立てとして採用されたのが，フ

ランスのモラリストらが得意とした人間の心理分析である。たとえば，同情の裏には自負心や優越感の自己満足があり，正義の背後には利己主義が控えているとニーチェは主張している。理想とされるものの奥に「あまりに人間的な」欲望が潜んでいることをニーチェは暴き立てているのだ。哲学にせよ宗教にせよ，理想とされるものは，結局のところ，日常の些細な心理に動機づけられていたとニーチェは断ずるのである。

　ニーチェによれば，道徳的観念が自明のものとして是認されるのは，その本来の目的が忘却されているからにすぎない。どんな道徳や習俗も，上記のようにその発生のプロセスを明らかにすれば，絶対的な根拠はなく，個人や集団の利益を保証するために打ち立てられたものだということが発覚する。このように，道徳の起源に隠された本来の原因を探るという系譜学的方法を通して，ニーチェは，当の道徳が虚妄をはらむことを示していくのである。

第2節　奴隷道徳とニヒリズム

奴隷道徳と主人道徳

　この系譜学的考察による道徳批判が最もまとまって現れているのが，後期の『善悪の彼岸』（1886年）と『道徳の系譜』（1887年）である。これらの著作のなかで，ニーチェは，キリスト教に由来する道徳を「奴隷道徳」（畜群道徳）として攻撃し，それに対置される「主人道徳」（貴族道徳）を称揚する。

　ニーチェによれば，貴族や主人，そして強者は自らを，力や活力に充ち溢れていて優れているということから「よい」存在であると見なし，その逆に，奴隷や弱者のような力をもたぬ弱々しい人間を，劣っているということから「わるい」ものとする。この価値尺度から帰結することだが，貴族や主人，強者らは，他人による評価に依存せずに，自分自身の存在や行為に自信をもち，力にあふれた高貴なものとして自己を肯定することができる。それゆえ，彼ら主人の道徳は自立的で自発的な道徳であり，自分の

なす行為はそのまま自身の幸福に直結するため，良心の呵責や罪悪感が入り込むようなことはない。

　それに対して奴隷や弱者は，自己の肯定ではなく他人の否定から出発する。力を振るわないこともできるにもかかわらず，そうしない強者は「悪い」。反対に，もともと力を振るうことのできない弱者たる私は「善い」。実際上の力に劣る奴隷や弱者は，主人に対して精神的な優位に立とうとして，自分たち弱者を「善」，強者を「悪」と見なす道徳を立てる。たとえば，主人道徳からすれば是認されることのない臆病や隷属を，謙虚や恭順という徳と捉え直すことによって，彼らは自らの弱さを隠して自身を善きものとする。ここにニーチェは価値の転倒を見る。すなわち，主人道徳においては「わるい」存在であったものが「善」に，「よい」存在であったものが「悪」とされたのである。

　ルサンチマンと疚しい良心
　ニーチェは，この奴隷道徳を生み出すもととなっているのが「ルサンチマン（怨恨）」（ressentiment）だと考える。弱者はあくまで弱者であるために，実際の力をもって強者に対して抗ったり復讐したりすることはできない。ゆえに，彼らは憎悪や怨恨を溜め込んでいくことになる。そこで，想像上ないし観念上での復讐を行うことでそれを埋め合わせようとする。このようなルサンチマンの心理的態度から，強者を貶め，弱者である自身を「善」と是認する道徳的価値の定立が企てられ，同情，平等，博愛を説くような奴隷道徳が生み出されるのだとニーチェは主張している。

　それでは，このルサンチマンを源泉とする価値を定立するのは誰だろうか。ニーチェによれば，弱者の群れを導く僧侶がその主体である。僧侶は，貴族的な価値方程式（よい＝高貴な＝強力な＝美しい＝幸福な＝神に愛される）に代えて，惨めな者，貧しい者，無力な者が善い者で，そうした人々だけが神の浄福にあずかれると言う。しかし，ニーチェからすれば，新約聖書の「悪人に手向かってはならない。誰かがあなたの右の頬を打つなら左の頬を向けなさい」といった福音の教えは，想像上の勝利をめざす精神的な復讐である。現世の生を代償にして彼岸での幸福を求めるキリス

ト教道徳は，こうした価値を創造する僧侶とその教えに飛びつく弱者大衆によって蔓延していったというのがニーチェの見立てだ。

　ニーチェの心理学的洞察は人間の良心にも向けられる。ニーチェにおいては，良心は「内なる神の声」としてではなく，疚しいものとして捉えられる。この「疚しい良心」の起源を，ニーチェは人間の本能の内面化に見て取る。放縦で攻撃的な人間の本能は，社会や道徳などの制約によって外に向かって発散されえなくなったために，自分自身の内側へと向けられ，自己自身を苦しめる方向に進む。このような内面化にその起源をもつ疚しい良心は，「人間は神に無限の負債を負っている」というキリスト教の僧侶の説法と結びつくことによって，自身の存在そのものを罪となす自己呵責の極致をもたらすことになる。ここに，ニーチェは奴隷道徳の勝利，人間精神の奴隷化を見るのである。

ニヒリズム
　ところで，このキリスト教道徳は真実を尊ぶ誠実さを育むものでもあった。しかし，この誠実さこそが，近代科学を発展させることになり，キリスト教やその神が虚偽であることを暴くことになる。ニーチェの生きた19世紀末のヨーロッパでは，神を世界や諸価値の根拠と見なすことに対する不信が広がっていた。このような状況の下，ニーチェは「神は死んだ」と言い放つ。それは，キリスト教のみならず，プラトン主義のような，彼岸に真理や価値を求める，ヨーロッパにおいて支配的であった考え方が崩壊したことを意味する。ここに，至高の価値がその価値を失ったことから，人生，さらに言えば一切は無意味で徒労であるという世界に対する否定的な感情，すなわち「ニヒリズム」（Nihilismus）が到来することになる。
　しかし，ニーチェは伝統的な価値に対する不信のみをニヒリズムの原因とはしない。そうした不信が生ずるためには，そもそもそれらの価値があらかじめ立てられていなければならない。ニーチェによれば，キリスト教やプラトン主義に対する信仰がニヒリズムの原因である。もっと言えば，キリスト教はニヒリズムの宗教である。というのも，キリスト教は，彼岸を措定することなしに，この地上における生をそれだけで価値あるものと

認めることはなく，地上の世界と生を無価値なものに仕立てあげているからである。とりわけ克服されるべきとニーチェが考えていたのは，この世界と生を否定する，このタイプのニヒリズムである。

その克服のためには，ニヒリズムを徹底して推進していく必要があるとニーチェは言う。ここでニーチェの考えているのは，従来の価値がその価値を失った際に，一切は無価値で無意味であると結論することに終始するタイプのニヒリズムでも，その価値を本当に信ずることなく，生命の維持のためにそれをとりあえず利用し，受容し続けるタイプのニヒリズムでもない。ニーチェが賭けているのは，人間の精神の力が増大した結果，従来の価値や信条と適合しなくなることから生ずる「能動的ニヒリズム」である。ニーチェによって真に正常と見なされるこのニヒリズムは，事物の価値は生の目的に資するために立てられるものにすぎないという考えを得ることで従来の価値を乗り越え，新たな価値の定立への展望を開くのである。

第3節　力への意志と超人

力への意志

では，いかにして新たな価値は定立されることになるのか。この問いに直接的に答える前に，ニーチェの後期の思想において，根本的な原理としての役割を与えられている「力への意志」（Wille zur Macht）という概念に触れておこう。

ニーチェによれば，生成と運動を繰り返すこの世界の内に存在するものはすべて，自己の維持と発展のために，今もっているよりも多くの力を必要とし，獲得へと向かう。ニーチェは，より以上のもの，より強いものになろうという，力のさらなる増大へのこのような志向を「力への意志」と呼ぶ。ニーチェの考えでは，われわれ人間も含めてこの世界に生起する一切のものは，そこでせめぎ合い，作用し合う「力」であり，その根本にあるのが力の増大と支配をめざす「力への意志」である。

したがって，ニーチェの思想においては，あらゆるもの，有機物も無機

物も，さらには「芸術」「政治」「宗教」「道徳」までもが力への意志の現れと捉えられ，還元されることになる。ニーチェにとっては，この世界の現象はすべて力への意志が変化した形態であり，その総体が力への意志と呼ばれるからだ。ゆえに，奴隷道徳や主人道徳，さらにはニヒリズムも力への意志の変化形態の一つとして考えられる。ニーチェの思想体系において，あらゆる現象を説明する原理として，この力への意志という概念は機能するのである。

遠近法主義と価値の定立
　この力への意志という考えは「遠近法主義（パースペクティヴ主義）」（Perspektivismus）というニーチェの思想とも密接に結びついている。力への意志説に従えば，いかなるものも自身の力の増大を求め欲している。ここで強調されるべきは，その企てはそのものに固有の観点からなされるということである。各々の生き物は，その生存条件に即した仕方で（たとえば，ダニはダニの仕方で，イヌはイヌの仕方で，人間は人間の仕方で）世界を解釈しているのであり，逆に言えば，解釈のない，客観的な事実というものはありえない。このように，世界はその解釈主体の観点から構成され，その観点からの遠近に応じて物事の価値が決められる，というのがニーチェの遠近法主義である。
　したがって，各々は，自身の生の維持・発展のためという必要に迫られて力を求め，世界を解釈し価値づけていくことになる。さらに言えば，自身の世界解釈を他のものに押しつけることで力を増大しようとしてせめぎ合う。その点では，強者と弱者に変わりはなく，それぞれが自身の力の拡大に努める。それゆえ，奴隷道徳やそれに基づく価値の定立は，弱者の観点から出発してなされた，強者を自身の観点へと取り込もうとする力の拡大の歩みともいうことができる。
　だが，ここで忘れてはならないのは，ニーチェが「人間の生をより上昇させるか，それとも下降させるか」という基準に基づいて，力への意志の質に優劣をつけていることだ。たしかに，奴隷道徳やキリスト教のはらむニヒリズムも，弱者が強者を道徳によって支配することで自身の力の拡大

をめざしていることから，力への意志の発露と捉えることができる。しかし，それらは彼岸に価値を求めてこの現世での生を下降させるものであるから，力への意志が逸脱した形態として捉えられる。ニーチェの考えでは，生をより上昇させる本来の力への意志こそが，新たな価値の原理となるのである。

超人
　それでは，生を上昇させる新たな価値を創造するのは誰か。ニーチェによれば，「神の死」によって到来したニヒリズムの只中で，従来の価値を超える新たな価値を創造するのは「超人」（Übermensch）である。『ツァラトゥストラかく語りき』（1883～85 年）で明確に規定されていないこともあって，超人思想は英雄崇拝と誤解されたり，果てはナチスに利用されることもあった。ニーチェ自身の記述にもその一因があることは確かだが，その意図はまったく別のところにある。
　ニーチェの言う超人あるいは創造する者は，人間の目標であり，また人間に目標を与える者である。ニーチェは，人間は克服されるべきもので，動物と超人のあいだに位置するものだと言う。この意味で，超人は，人間が自己を超克し，新たな自己を創造する行先にある目標と捉えることができる。それと同時に，超人はニヒリズムを克服して自ら新たな価値を創造し，この地上世界と人生に意味や目標を与えるものとされる。つまり，人間は自己創造と価値創造を絶えず繰り返していかなければならないとニーチェは訴えているのである。したがって，超人は何か固定的な終末目標としての理想の像ではなく，創造者としての人間の絶えざる自己超克の運動を語るものと理解することができる。

第 4 節　永劫回帰の肯定

永劫回帰
　さらに，ニーチェは，天地創造という始まりと神の国の到来という終わ

りを設定し，その終点を目的とするキリスト教の時間論も否定する。ニーチェによれば，この世界には始まりも終わりもなく時間は無限であり，一切のものが意味も目的もなく等しく繰り返される。この「永劫回帰」の思想は，世界のなかで生起するあらゆる物事の価値の否定につながるため，その限りでニヒリズムの極限の形である。一切が等しいことの反復であるならば，空しさのみが感ぜられることになるだろうからだ。醜悪なものも含めてあらゆる物事が永遠に繰り返されるということ，これは生にとって耐え難きものに思える。

しかし，ニーチェは，この永劫回帰の思想を引き受けて，各瞬間の出来事が永遠に回帰してくることを喜んで肯定して生きよ，と説く。ここにこそニヒリズムの克服の契機がある。自己を含む一切のもの，一切の出来事が再び繰り返されることを肯定し，欲すること，それは醜悪なものも含めて必然的なこの世界の生全体を肯定することである。しかも，もしそのような肯定をなすならば，その肯定もまた無数に繰り返されることになる。このように，永劫回帰はニヒリズムの極限を克服した肯定の最高の定式でもある。

運命愛

「これが生であったのか，よし，それならばもう一度」と言うこと，つまりは，何度にもわたって永遠に同じ生を生きることになるという永劫回帰の事実を欲し意志することは，覚悟を要するだろう。ニーチェは，何ごとも別様であってほしいとは思わずに必然を耐え忍び，さらには愛することを「運命愛」と呼び，そのように生きることに人間の偉大さがあると言う。この生成してやまない世界全体をそのまま「よし」と肯定することを，ニーチェは，ディオニュソス的な世界の肯定，「力への意志」の純粋な体現，永劫回帰の肯定と言い換えている。このことから，この運命愛という概念は，ニーチェ哲学を取りまとめ，締めくくるものといえる。

ニーチェは，精神の三段階をラクダ，ライオン，子どもという比喩で表していた。ラクダは既成の価値，理想，道徳に服従し，その重さに耐えることに喜びを感じる精神であり，ライオンはその反対に既成の諸価値に対

して「否」を言って反抗する精神である。これらに対し，子どもは何ものにも囚われない無垢で自在に戯れる精神であり，一切を肯定する。この精神の三段階はニーチェ自身の思索の歩みと見なすこともできるが，運命愛と結びつくのは子どもの精神である。ニーチェは必然性と戯れる「遊戯」をも人間の偉大さの印と見ていた。つまりは，運命愛と子どもの遊戯こそが，ニーチェの思想の終着点であったのである。

＊　　　＊　　　＊

　ニーチェは，生の肯定を一貫して主張し，彼岸世界を立てる道徳を系譜学的考察によって批判した。そして，この生成する世界を「力への意志」と捉え，新たな価値を創造し，絶えず自己を超克する超人を唱え，さらには，永劫回帰と運命愛の思想を通して人間の生き方を説いた。ニーチェの思想は，様々に解釈を施されて受容され，とりわけフーコー（Michel Foucault, 1926-1984）やドゥルーズ（Gilles Deleuze, 1925-1995）といった現代フランスの哲学者に大きな影響を与えた。

（西川耕平）

【文献】
ニーチェ『悲劇の誕生』秋山英夫訳，岩波文庫，2010 年（改版）
ニーチェ『善悪の彼岸　道徳の系譜』信太正三訳，ちくま学芸文庫，1993 年
ニーチェ『ツァラトゥストラかく語りき』佐々木中訳，河出文庫，2015 年
ニーチェ『この人を見よ』西尾幹二訳，新潮文庫，1990 年
永井均『これがニーチェだ』講談社現代新書，1998 年
アーサー・C・ダント『哲学者としてのニーチェ』眞田収一郎訳，風濤社，2014 年

第 16 章
ベルクソン

Henri Bergson, 1859-1941

　ベルクソンは 19 世紀末から 20 世紀前半のフランスを代表する哲学者である。多くの著作や論文で，彼は「知性」に関する批判的検討を繰り返す。そして，そのことによって知性に依拠する哲学から距離をとる。しかし，ベルクソンはしばしば誤解されるように知性を否定したのではない。その過大評価を避け，適切な役割を与えようとしたのである。そのうえで，彼は知性と本性的に異なる「直観」という認識のあり方を模索する。直観は対象を内側から直接理解する方法である。ベルクソンが生命や道徳，宗教を論じ，人類の未来を展望するとき，この方法が大きな役割を果たす。

第 1 節　直観

持続する実在
　のちに『思考と動き』（1934 年）に収められるいくつかの論文で，ベルクソンは「実在」に関する考え方を明確にし，彼独自の哲学的方法を示す。ベルクソンの実在観は以下のようなものだ。動いているものから静止状態を取り出すことはいくらでもできるが，静止しているものをどれほど多くつなぎ合わせてもせいぜい疑似的に動いているように見せられるだけで，動きそのものをつくりだすことはできない。したがって，何か不変なものが先に実在し，運動や変化はあとからそれに加わるのではない。むしろ，運動や変化のほうがすぐれて実在するといえる。
　ベルクソンによれば，運動や変化を最も容易に感じ取れるのは，自分自身の「意識」に立ち戻るときである。人は意識がつねに変化することを知っている。他方，それは一瞬ごとに古いものがすべて新しいものと入れ替

わるような変化ではないことも理解している。その人の現在のあり方は過去に経験したあらゆる事柄によって成り立っているのであり，過去は保たれているはずだ。したがって，意識は過去の全体を伴いながら未来へ向かう連続的な進展，言い換えれば「持続」（durée）である。

ところで，人間の知性はいつも既成の概念によって対象を捉えようとする。ベルクソンによれば，これは自然が人間に与えた傾向にほかならない。そうすることは生存の上で有利に働くだけでなく，不可欠ですらあるからだ。しかし，概念はその本性上，変わらないものしか対象にできないので，持続する運動を瞬間の連鎖に，連続的な変化を一連の不変な状態に置き換えてしまう。

そうだとすれば，知性は意識をはじめとした持続する実在を正確に捉えていないことになるだろう。結局，知性がしているのは実在するものを外から眺め，それに概念を適用することでしかない。そして，どのような概念を用いるかによって捉え方は変わってくるので，得られる認識は相対的なものにしかならない。運動し変化する実在をそのものとして理解し，絶対的な認識に至るためには，知性とは異なる認識方法が必要である。

実在と直観

持続する実在を把握するには，それを外から眺めるのでなく，その内側に入り込まなければならない。対象を静止しているものに置き換えるのではなく，その動きそのものに達することが欠かせない。こうした認識の仕方を，ベルクソンは「直観」（intuition）と呼ぶ。この直観こそ，ベルクソンが練り上げた哲学の方法である。

運動や変化は本来連続的なものであり，分割されるとその本質である動きを失ってしまう。したがって，直観は対象を未分離のものとして捉えなければならない。この未分離という性質を，ベルクソンは「単純さ」と呼ぶ。知性が対象を無限に多くの，複雑に絡み合った諸要素，諸概念へと分析するのに対して，直観は単純な動きを単純なまま把握する。動きそのものに達するとは，この単純さに達することである。

しかし，直観的な認識を実現するのは容易でない。概念によって対象を

捉えようとする自然な傾向に抗うことになるからである。また，直観されるものは当の対象に限られるので，一挙に世界全体を理解することはできない。したがって，二つのことが求められる。第一に，習慣化した思考を逆転する努力であり，第二に，成果を積み重ねて漸進的に認識を拡大することである。

第2節　生命と進化

物質と生命

『創造的進化』（1907年）において，ベルクソンは「物質」や「生命」を意識との対比や類比で説明する。

まず，意識が持続するということは，絶えず新たに自己を創造し続けるということにほかならない。意識は決して一度辿った状態に戻ることはないし，未来を先取りすることもないからだ。これに対して，物質は全く持続しないわけではないものの，意識とは概ね相反する性質をもつ。物質は基本的には過去を保存せず，また物理法則に定められたとおりの仕方でしか動かないため，その未来のあり方は現在のうちに含まれてしまい，少なくとも原理的には予測可能である。つまり，物質は同じことを繰り返すばかりで新しいものをつくることができない。意識が絶えざる創造だとしたら，物質は惰性的なものである。

他方，ベルクソンは生命を意識と類比的な仕方で捉える。取り上げられるのは「生物の進化」というテーマである。進化はすでに出来上がった諸要素を組み合わせることによって起こるのでもなければ，あらかじめ定められた目的に沿って進行するのでもない。こうした見方では，進化は外からの作用を受容することに帰着してしまうだろう。それに対してベルクソンは創造のエネルギーそのものである生命の衝動を想定し，衝動が内側から進化を推進すると考える。この衝動のことを彼は「エラン・ヴィタル（生命の躍動）」（élan vitale）と呼ぶ。

エラン・ヴィタルは物質に働きかける。その目的は創造を続けることで

あり，また制約から脱して自由であり続けることである。それに対して惰性的なものである物質はこの創造のエネルギーにとって障害となる。エラン・ヴィタルは物質の形を変える一方で，その抵抗に遭って止まってしまう。生物の器官はこのようにして出来上がる。それは一見複雑に入り組んだ仕組みであるように見えるが，じつはエラン・ヴィタルの単純な働きが物質とせめぎあったあとに残った結果である。

知性と本能

　進化は一つの方向に進むのではない。もともとエラン・ヴィタルは自らのうちに無数の傾向を含んでおり，それぞれが先鋭化して共存できなくなると，複数の傾向は分かれていく。ベルクソンが思い描く進化のイメージは直線ではなく，砲弾が炸裂するような仕方でなされる多方向への分散である。その主な方向は「麻痺」「本能」「知性」であり，それぞれ「植物」「節足動物」「脊椎動物（とりわけ人間）」によって代表される。

　まず，植物と動物の根本的な違いは運動能力の有無である。自らエネルギーをつくりだすことのできる植物には運動の必要がなく，逆に動物は食物を探す必要があるので，自由に動き回れるのでなければならない。そして，運動能力と意識のあり方とのあいだには明白な関係がある。行動の自由度が増すほど，選択するための意識もはっきりしたものになるからだ。動くことのない植物の意識は麻痺する，つまり無意識に陥る。

　次に，本能に導かれた行動とは，典型的には以下のようなものだ。ある種のハチは他の虫を刺し，その体内に卵を産み落とす。生まれた幼虫はその虫をえさにして成長する。ハチは相手の身体を熟知しているかのように正確に刺し，この虫を殺さずに動きを止める。それが可能なのは身体器官そのものにそうした働きが備わっているからである。身体の形成と本能の働きとのあいだに明確な区別はない。本能は生命に内在し，そして生命に合わせて形作られる。身体そのものが道具である以上，本能はその道具を即座に，間違いなく使用できる。その反面，適用範囲は限られており，応用が利かない。本能に導かれた行動には選択肢がなく，したがって，本能はほとんどの場合無意識的である。

続いて，知性もまた行動を導くものである。それは生命をもたないもの，つまり物質を加工して道具を製作する能力である。道具をつくるため，知性は対象を不動のもの，任意に分割可能なものとして捉える。また個々の対象に束縛されず，対象どうしのあいだに新たに関係を確立することができる。知性は本能のように確実ではないし，自動的に働くわけでもない。そのかわり，適用範囲を限定されず，行き詰ることがない。また，本来の実践的な意味から逸脱することさえできる。知性に導かれた人間には，格段に広い選択の幅があり，まさにそのことによって，意識は目覚めている。したがって，植物や動物と違い，人間だけがさらなる自由を求めることができる。進化とは物質の制約から逃れて自由を求めることだとすれば，人間こそが進化の存在理由だということになる。

生命と直観
　本能と知性に関するベルクソンの議論には，いくつか注意すべき点がある。まず第一に，知性と本能とのあいだに優劣はないとされる。両者は物質に働きかける二つの方法であり，ともに成功を収めている。第二に，知性も本能も元のエラン・ヴィタルから分かれた傾向にすぎず，それぞれの動物において異なった割合で一方が優勢を占めるだけである。完全な分岐はありえず，ともに他方を潜在的な形で含む。
　知性は何よりも物質と相性がいい。知性が優位を占める方向へ進んだため，人間は物質を征服することができた。しかしその反面，知性は創造の動きそのものである生命を捉えることができない。そしてそのことによって，人間は自らの起源からも運命からも遠ざけられてしまっている。他方，動物において優位を占める本能は生命と一体になって働きはするものの，その適用は個体の利益が及ぶ範囲に限定され，また多くの場合意識を伴わない。
　それゆえ，知性も本能も生命そのものを内在的かつ意識的に理解することはできない。そこで，そのための手段として，ベルクソンは直観を挙げる。人間の認識は直観的なものでありえたと彼は考える。しかし，進化の過程で直観は知性の犠牲となり，ほぼ全面的に切り捨てられてしまった。

とはいえ，分岐は完全でなく，あいまいで非連続的な形においてではあるが，直観はわずかに残されている。ベルクソンによれば，哲学はこのかすかな直観を拾い集め，互いに関連づけて認識の仕方として確立しなければならない。人間が知性の優越という与えられた条件に甘んじるか，あらゆる生物の先頭に立って本来あり得た形へ進化を再開するかは，直観の成否にかかっている。

第3節　道徳と宗教

閉じた社会と開いた社会

　人間に与えられた条件とその乗り越えという図式は，『道徳と宗教の二つの源泉』（1932年）でも変わらない。人はしばしばあることを「しなくてはならない」と感じる。「責務」の感情である。知性は責務を説明できても，生み出すことはできない。合理的な説得ではなく，有無を言わせぬ圧力こそが責務だからだ。この圧力は何に由来するのだろうか。「しなくてはならない」という言葉は，典型的には親や教師が発するものだ。その一つ一つは大きな拘束力をもたない。しかし，彼らは社会の代弁者である。個々の責務は相互に結びつき，社会全体から発せられた要求として現われる。責務が抗いがたいのは，このように全体として迫ってくるからだ。
　とはいえ，社会の要求に応じるためには，家族や職場など帰属する集団の中でしかるべきふるまいをすれば済む。そうしたふるまいは「習慣」としてなされるので，人は責務の遂行を意識しない。自分自身であることと社会の一員であることが区別されないほど，社会は内面化しているのである。むしろ逸脱した時にこそ，習慣は元に戻そうとする圧力として意識される。そして，こうした習慣が「道徳」を形成し，社会の維持に寄与する。ベルクソンは，これらの道徳や社会を有限な数のメンバーによって支えられる「閉じた」ものだと言う。人間は閉じた社会を選択するのではない。ハチやアリと同様，人間も本能によってこうした社会の形成に向かうのである。時代や場所がどれほど異なっても，このことは変わらない。閉じた

社会は自然が人間に用意した条件である。

しかし、そうした条件を乗り越える特権的な個人が存在する。彼らは傑出した人格であり、既存の道徳を革新する道徳的英雄である。ベルクソンはソクラテスやキリストの名を挙げているが、彼が強調するのは、これらの人々が何を主張したかということよりもむしろ、彼らが人々と触れ合い、魅了していったという事実のほうだ。道徳的英雄のあふれる情動に触れた人々はその人格に憧れ、付き従っていく。人々を行動へ導くのは責務の圧力ではなく、道徳的英雄の人格によって呼び覚まされた熱望である。

道徳は、閉じた社会が自己保存するためのものではなく、そうした自然の制約を打ち破って人間が前進するためのものである。ベルクソンは、このような道徳のあり方を「開いた」ものだと言う。この「開いた」道徳を通じて、道徳的英雄と彼らに従う人々は、全人類を含む「開いた」社会の実現をめざす。とはいえ、完全に開いた社会も完全に閉じた社会も、現実にはありえない。実際の社会はどれもある程度開き、ある程度閉じている。自然によって与えられた、あるいは課せられた強固な条件が存在し、傑出した個人が突破口となってその乗り越えが図られる。この構図は、ベルクソンが宗教を論じるときにも繰り返される。

静的宗教

ところで、ベルクソンによれば、知性は社会に寄与するだけでなく、社会を解体する可能性をももつ。知性によって反省が可能になると、人は社会ではなく自分のことを考えるからだ。たとえば、反省によって人は利己主義に向かうことがある。また、人間には死が避けられないと悟って気力を失う者もいる。いずれも、自然によって保証されていた個人と社会との密着を危うくする。だが、こうした傾きにバランスを取るかのように、利己主義に対しては様々な禁止、死の恐怖に対しては死後の生といった逆向きの表象が現れて、危機は回避される。このような表象をつくりだす能力をベルクソンは「仮構機能」(fonction fabulatrice) と呼ぶ。この機能は、知性がもたらす社会の危機に対して自然がとる防衛手段である。

仮構機能が生み出す表象は虚構ではあるが、人に働きかけ、行動を促す。

たとえば，人はしばしば「運」を，自らに向けられた善意や悪意として理解する。思いがけない幸福に感謝したり，不幸を恨んだりするとき，人は虚構の善意や悪意に反応しているのである。それは，自分以外の者とともに生きることに等しい。このように，意図をもつ何かが自らの周りにいて，それに応じることを迫られているという感じが人を社会につなぎとめるのである。この意図は最初，断片的な人格として現われる。それが多くの人に共有され，組織化されると，人々を見守るより明確な人格の姿を取り，やがては神々になる。こうして「宗教」が形成される。

　仮構機能の働き方は社会によって異なり，宗教の形成まで至らないまま止まってしまうこともある。しかし，自然が知性に対抗してとった手段が原動力となって宗教がつくられうるということは動かない。したがって，道徳だけでなく宗教にも，自然によって準備されるものがある。自然に由来する宗教のことをベルクソンは「静的宗教」と呼ぶ。それは，社会を新しくするというよりは，現にある社会の結束を強めるものである。

動的宗教

　仮構機能は，知性が社会にもたらす危機を防ぐ。そして，静的宗教は，この仮構機能によって形成される。しかし，ベルクソンにとって知性とは，人間において優勢になった一つの傾向にすぎない。したがって，知性との関係によって成り立つ静的宗教も，考えうる唯一の宗教ではない。静的宗教が自然によって準備されるならば，自然を乗り越え，異なった形の宗教を打ち建てることもできるはずだ。もちろん誰にでも，というわけではない。知性を超えて生命の起源にまで立ち戻ることができる特別な直観をもち，そこに神を見る人物，他の人には近づきえないものに触れることができる人間以上の人間を，ベルクソンは「神秘家」（mystique）と呼ぶ。

　神秘家は神を見るだけではない。神からの呼びかけに応じ，絶え間なく創造へ突き動かされながら，自らも人類のすべてに呼びかけ，行動へ導く。ベルクソンはこの行動という局面を重視する。ギリシアの神秘主義は観照にとどまることによって，インドの聖者たちは生からの解脱をめざすことによって，ともに行動を欠くことになった。それに対して，キリスト教の

神秘家たちは，自らの神秘体験を教団の改革や修道院の創設など人々を導く行動に結びつけた。ベルクソンは彼らを「真の」神秘家として評価する。

神秘家たちは，神に触れた経験に関して証言する。それらの証言は単独では十分なものではないが，相互につき合わされ，検討されることで確かなものになっていく。神秘家以外の人々は，もちろん神に直接触れることなどできない。しかし，神秘家の言葉に接したとき，自らの胸に何かしらの反響を聞く。そして，神秘家からの呼びかけに応えて，創造に参加することができる。ベルクソンはこうした仕方で形成される宗教を「動的宗教」と呼ぶ。

宗教は完全に動的なものでも完全に静的なものでもありえない。実際に見出されるのは動的宗教と静的宗教の中間形態である。前者は後者を必要としさえする。人々が新しいものを理解するのは，それが古いものに引き続いている場合だけだからだ。既存の静的宗教の教義，言葉，イメージなどは，動的宗教が伝播するうえで大きな役割を果たすであろう。同時に，それらの意味合いも変わってくる。動的宗教が静的宗教に取って変わるというよりは，停滞していた宗教が活性化されるのである。

人類の未来

さらに，『道徳と宗教の二つの源泉』の最終章で，ベルクソンは機械化と産業化によってもたらされた影響を検討する。機械技術の発展は（少なくともある程度）貧困を軽減し，神秘主義の伝播に寄与した。その一方で人々に安逸と贅沢をもたらし，絶えず新たな欲望を生じさせてもいる。今や，欲望に駆り立てられた人々の姿は狂乱状態と映る。

ベルクソンは二つの法則を用いてこの状況を分析する。ある単一の傾向に対して二つの見方がとられたとき，現実に二つの傾向へ分岐するという「二分法の法則」と，それぞれの法則は極端な結果がもたらされるまで続くという「二重狂乱の法則」である。欲望の追求と禁欲という二つの傾向が分かたれ，以前世を支配していた並外れた禁欲の理想が今では欲望の過剰な追求に取って代わられている，というのが彼の見立てである。

では，この状況にどう対処すればよいのか。単純さに立ち戻ることだ，

とベルクソンは言う。人間の生活は複雑さを増す一方だった。多様な欲望も，その充足によって得られる快楽も，生活の複雑さがなければ生じない。しかし，神秘家が達した生命の単純さ，生命の根源と自己とが不可分になるという境地には，純粋な歓喜しかない。この歓喜に比較すれば，快楽はたちまち色あせたものとなる。そのような方向へ精神を改革するためには，与えられた条件に甘んじてただ生きるのではなく，創造する努力を惜しまない意志が求められる。

＊　　　＊　　　＊

　ベルクソンは，直観を哲学の方法へと練り上げた。直観は運動や変化を分割せず，単純なものとして捉える。道徳や宗教の成り立ちを解き明かすときにも，人類の行く末について論ずるときにも，ベルクソンはこの直観に依拠する。いずれの場合も，生命の起源に立ち戻ることがめざされる。彼は機械化と産業化を一概に否定しないが，その行き過ぎを憂慮する。そして，単純な生活へ戻ることを唱える。ベルクソンにとって，単純さへの回帰は単に物事を認識する手段ではなく，生き方そのものでもある。物事を外から眺めるのでなく，実際に生きることと密着した思考のあり方を提示したことがベルクソン哲学の大きな意義である。

（西山晃生）

【文献】
ベルクソン『創造的進化』合田正人・松井久訳，ちくま学芸文庫，2010 年
ベルクソン『道徳と宗教の二つの源泉』I・II，森口美都男訳，中公クラシックス，2003 年
ベルクソン『思考と動き』原章二訳，平凡社ライブラリー，2013 年
ジャン＝ルイ・ヴィエイヤール＝バロン『ベルクソン』上村博訳，文庫クセジュ，白水社，
　　1993 年
久米博・中田光雄・安孫子信編『ベルクソン読本』法政大学出版局，2013 年（新装版）

コラム 8
プラグマティズム
pragmatism

プラグマティズムとは
　プラグマティズムは，真理を行為との関わりで捉えようとする立場であり，1870 年頃にアメリカで生まれたものである。パース（Charles Sanders Peirce, 1839-1914），ジェームズ（William James, 1842-1910），デューイ（John Dewey, 1859-1952）を中心とする 20 世紀前半までの古典的プラグマティズムに始まり，クワイン（Willard Van Orman Quine, 1908-2000），ローティ（Richard Rorty, 1931-2007）を中心とする 1960 年以降のネオ・プラグマティズムを経て，現代まで継承されている。ここでは，古典的プラグマティズムについて述べる。
　プラグマティズムという言葉は，作られたものや行動を意味するギリシア語の「プラーグマ」（prāgma）に由来する。この言葉を学術用語として使い始めたのはパースである。

パース
　パースは，論文「概念を明晰にする方法」（1878 年）のなかで，概念を明晰にするために，のちに自ら「プラグマティズムの格率」（maxim of pragmatism）と呼ぶことになる，次のような原則を唱えている。すなわち，「われわれの概念の対象が，実際的な関わりがあると思われるどのような結果を及ぼすとわれわれが考えるか，ということを考察せよ。その時，これらの結果に関するわれわれの概念が，対象に関するわれわれの概念の全体である」というものである。たとえば，あるものが「硬い」ということは，それを他の多くのものでひっかいても「傷がつかない」ということにほかならない。
　パースの考えによれば，この格率を根本原理とするプラグマティズムの存在理由は，形而上学の無意味な命題を一掃して，科学的な観察によってのみ探究できる問題が，哲学の対象であると示すこと

である。

ジェームズ

科学的な信念だけを有意味なものとするパースに対して，ジェームズは，日常的な信念も有意味なものとして認める。彼は『プラグマティズム』（1907年）のなかで次のように述べている。諸君は真理について「それは真理であるから有用である」ともいえるし，「それは有用であるから真理である」ともいえる。これらの二つの言い方は正確に同じことを意味している。たとえば，神の観念は，真であるがゆえにある種の人々に慰めを与えるともいえるし，ある種の人々に慰めを与えるがゆえに真であるともいえる。このようなジェームズの考えは「真理の有用説」と呼ばれる。

デューイ

デューイの考えによれば，思考の目標は，動揺し混乱した状態を整理し，合理的な対処法を示すことである。そして，概念，理論，体系は，ある結果をもたらすことを意図した行動の基盤となる仮説であり，そのための道具である。彼はこの考え方を「道具主義」（instrumentalism）あるいは「実験主義」（experimentalism）と呼ぶ。

彼は，思考を詳しく分析して，それが（1）疑念が生まれる問題状況，（2）問題の設定，（3）問題を解決するための仮説の提示，（4）推論による仮説の再構成，（5）実験と観察による仮説の検証という5つの段階から成ると述べている。

こうした立場から，道徳とは，善い行為や悪い行為のカタログでもなければ，薬の処方箋や料理の調理法のような一組の規則でもなく，問題の所在を明らかにし，それを解決するための作業仮説を考案する方法であるとデューイは述べている。さらに，彼は，民主主義とは，単なる政治形態ではなく，人々が一つの関心を共有することで自分たちの活動の意味を認識する共同生活の様式，連帯的な共同経験の様式であると主張している。

（水野俊誠）

第 17 章
ハイデガー

Martin Heidegger, 1889-1976

　ハイデガーは,「存在（ある）とは何か」を生涯問い続けた 20 世紀のドイツの哲学者である。前期の主著『存在と時間』（1927 年）では，人間の存在する仕方について考察する基礎存在論を展開し，そこから存在一般を解明することをめざした。後期の哲学では，人間と存在との関係を問い直して存在の真理を思索するとともに，独自の技術論を展開した。

第 1 節　現存在とその日常的なあり方

存在への問いと現存在
　私たちは，たとえば「本がそこにある」とか「私は学生である」と言われるときの「ある」が何を意味しているのかを，理解しているように思われる。しかし，日頃当たり前に使用されている「ある」ことそれ自体が何を意味しているのか，また，物事のあり方の違いを改めて問われると，それを言葉で説明することは案外難しいのではないだろうか。
　『存在と時間』は，人間の存在の仕方から出発して，「存在（ある）」（Sein）の意味を明らかにしようとしている。それは，「存在者（存在するもの）」のなかで，人間だけが，存在を漠然としてではあれ理解しており，しかも存在を問うことができるからである。そのため人間は，存在への問いにとって最も重要な存在者であり，「現存在」（Dasein）と呼ばれて，事物（事物的存在者）や道具（道具的存在者）と明確に区別される。そして，現存在は〈自分が将来どのように存在する可能性があるかをつねに気にかけずにはいられない〉存在者であり，道具や動物にはない現存在に特有なこうした存在する仕方が「実存」（Existenz）と呼ばれる。

世界内存在と気遣い

ハイデガーは、従来の存在論のように、私と世界を別々のものと考えるのではなく、現存在は最初からすでに世界のもとに存在しているとして、そうしたあり方を「世界内存在」（In-der-Welt-sein）と規定した。世界の内に存在しているとは、世界の内に親しんで住み込んでいるという仕方で、現存在と世界とが一つの事態として存在していることを意味する。これは、たとえばコップの中に水が入っているというような、二つの異なる存在者間の関係を意味するのではない。

現存在が日常的に世界の内で出会う存在者は、単独で成立しうる事物的存在者ではなく、つねに他の存在者との関係の内で意味をもつ道具的存在者である。たとえば、現存在が「パソコン」という道具を使用する際には、「パソコン」は書類を作成するためのものとして使用されることもあれば、新しいレストランを調べるためのものとして使用されることもある。このように、存在者は「〜のために」という仕方で他の存在者と関係づけられ、そのつどの状況や文脈に依存して存在する。現存在が存在者と出会う前提として、両者の背景にある現存在が生きている意味的な場所（状況・文脈）が「周囲（環境）世界」（Umwelt）である。そして、こうした意味の連関（つながり）にほかならない世界の構造は「有意義性」と呼ばれる。

それでは、世界の内に存在する現存在の具体的なあり方はどうなっているのか。現存在は、つねに何らかの「気分」で存在者と出会う。たとえば、同じ存在者に出会うとしても、楽しい気分で出会うこともあれば、悲しい気分で出会うこともある。こうした気分の内で、ときとして、〈現存在が自分で意図したわけでもないのに、すでに何らかの世界の内に投げ込まれて存在していること〉、という「被投性」が露わになることがある。ただ、現存在は日常的には、こうした被投性を気にかけずに生活している。

このように、世界の内に投げ込まれて存在する現存在は、同時に、自分自身や世界の内にある存在者を気遣いながら（関心をもちながら）生きている。そして、存在者を気遣う際には、自分自身が何者でありうるか、世界（状況・文脈）がどのようなものでありうるか、という将来の可能性を見据えて気遣っている（たとえば、自分は学生で、ここは勉強をするため

の教室であるというように，自分と世界が取りうる可能性を理解したうえで，「机」という存在者を気遣っている）。このように現存在は，存在者と関わる自分自身の存在の仕方を，自分と世界の将来の可能性に向けて投げかけて理解しながら存在している。このことが「企投」と呼ばれる。

そして，〈世界の内にすでに存在してしまっていながら（被投性），自分自身の存在の仕方を，自分と世界の将来の可能性に向けて投げかけて理解しつつ（企投），世界の内にある存在者と関わっていること〉が，現存在の存在として「気遣い」（Sorge）と呼ばれる。

また，存在者に対する気遣いは，道具的存在者に対するものと他者に対するもので異なる。現存在は日常的には，道具をただ眺めるのではなく，それが何のためのものなのかを見て取りながら，その道具にふさわしい適所を得させて実際に使用している。こうした道具的存在者への気遣いが「配慮的気遣い」と呼ばれる。

他者との共存在

世界には，（道具的存在者とも事物的存在者とも異なる）他者が現存在と共に存在している。現存在は，直接的に他者を知覚する場合はもちろん，他者が目の前にいない場合であっても，道具の使用の場面において，その道具の使用者，製作者などとして，他者と間接的に出会っている。現存在はこの世界に一人で存在しているわけではなく，この世界は他者と分かち合われた「共世界」であり，現存在は他者たちと共にある「共存在」（Mitsein）であって，他者は私の現存在と同じく「共現存在」という存在の仕方でこの世界の内に存在している。

他者に対する気遣いは「顧慮的気遣い」と呼ばれる。顧慮的気遣いには，差しあたって無関心なすれ違いというあり方がある。他方で，顧慮的気遣いには二つの積極的なあり方もある。一つ目は，たとえば，過保護な親が子どものためと，子どもの代わりに何でもやってしまうことである。つまり，事柄を他者に代わって引き受け，他者をその場面から追い出してしまうことであり，それによって，他者は依存的で支配される人になりうる。この気遣いは，「代行して支配する顧慮的気遣い」と呼ばれる。二つ目は，

たとえば，他者の前に立って模範的に仕事をすることである。つまり，他者に手本を示すことによって，他者が自ら自由に行為することを促すことである。この気遣いは，「手本を示し解放する顧慮的気遣い」と呼ばれる。

現存在の非本来性

私たちはふだん，一般的な「ひと」がそうしているように楽しんだり怒ったり，何かを判断したりしている。日常的な現存在は，特定の誰でもない「ひと」というあり方をしているのである。日常的な現存在が引き受けているこのような匿名の一般的な主体のことを，ハイデガーは「ひと（世人）」（das Man）と呼ぶ。「ひと」の特徴としては，他者との隔たり（相違）を気にする「疎隔性」，みなと同じものを選び取る「平均性」，例外をなくしていく「平板化」がある。この三つの特徴が，現存在が日常的に自分自身と世界をどのように解釈するかを方向づける「公共性」を構成している。また，皆がやっているのだからと責任を取らずに済ませてしまう「責任免除」，そのつどの現存在に合わせて「ひと」の支配を強化する「迎合」も「ひと」の特徴である。

日常的には現存在は，こうした「ひと」の公共性のうちで存在者を表面的に扱うことに没頭している。こうしたあり方は「頽落」（Verfallen）と呼ばれる。具体的には，頽落は「空談」・「好奇心」・「曖昧さ」という三つの仕方で明らかになる。空談とは，何となく理解しているつもりになっていてその実相に迫ることがないままに語り広めることである。好奇心とは，次から次へと新しいものを求めてせわしないあり方である。そして曖昧さとは，空談や好奇心というあり方をしている際に，何が本当に理解されたうえで言われているのかがはっきりしないことである。日常的に生きている現存在が頽落しているのは，たまたま現存在の意志が弱く「ひと」に流されやすいからではない。現存在の構造の内には，はじめから頽落する傾向が含まれていて，現存在が頽落することは不可避なのである。

ハイデガーによると，「ひと」のうちへと没入し，頽落している現存在の自己は「ひと－自己」であり，平均的な日常における現存在は「本来的自己」を喪失した非本来的なあり方をしている。それでは，現存在の本来

性とはどのようなものなのだろうか。

第 2 節　現存在の本来性

不安という気分
　『存在と時間』において，現存在の本来的な可能性に直面させるのは「不安」（Angst）という特別な気分である。ハイデガーは，「恐れ」を世界の内にある存在者を対象とする気分であるとするのに対して，「不安」を世界の内に特定の対象（不安にさせるもの）をもたない気分であるとする。何が不安なのかを世界の内に見つけられないこうした不安においては，日頃親しんでそこで生活していた世界の有意義性が崩壊してしまう。
　しかし現存在は，世界の内にある存在者が意味をもったものとして見られなくなることで，世界の内に投げ込まれている事実がかえってはっきり見て取れるようになる。そして，日常的には滞りなく，次から次へとせわしなく世界の内にある存在者と関わっていたが，不安においては他の存在者に頼ることができずに単独化されるのである。
　現存在は，日常的に「ひと」として生きているときには，自分が何者で，どのように生きる可能性があるかを，「世界」や「ひと」が与えてくれる様々な可能性から選び取って理解している。たとえば，現存在は「学生」として生きる可能性を「世界」や「ひと」から受け取り，自分を学生として理解している。しかし，現存在は不安において単独化されると，これまでの自らの生き方が，自分固有の可能性を見出すことから逃避しているものであったことに気づく。そして，「ひと」として頽落していた「世界」のほうから自らの可能性を受けとることは，非本来的なあり方であったと自覚する。こうした不安において，現存在は非本来的に生きるか本来的に生きるかの二つの可能性の前に立たされるのである。

死へと関わる存在
　ハイデガーによれば，不安における現存在の本来的なあり方は，事物的

存在者や道具的存在者の終わりと区別された，現存在にふさわしい終わりとしての「死」を考察することによって明らかになる。

　先述のように，実存というあり方をしている現存在は，まだ現実になってはいない（現実化されていない）自分の将来の可能性に向けて存在している。現存在の死も，まだ現実になってはいない将来の可能性である。ただ，現実になってはいないといっても，死が現実化したら（自分が実際に死んでしまったら），死を経験し理解する自分自身を失うため，死の分析は不可能なものとなってしまうだろう。

　それでは，私自身の死ではなく，他者の死で代理すればいいのではないだろうか。しかし，私は他者の死に際して，その場に居合わせていることはできても，他者の死を経験することはできない。日常では多くのことが他者によって代理可能であるのだが，死だけは代理可能ではない。死は，現実化も，他者の代理も拒むものである。それゆえ死は，それぞれの現存在が自分自身で引き受けなければならない最も固有な可能性であり，現存在はこうした可能性としての死に関わりつつ生きなければならない。現存在は，「死へと関わる存在」（Sein zum Tode）なのである。

　現存在は日常にあっては，死を，ニュースや新聞で毎日のように見聞きする「現実に起こる出来事（事件）」として理解し，自分に固有な死から逃避してしまっている。自分に固有な死から逃避することなく，死と本来的に関わるためには，死を現実に起こる出来事としてではなく，あくまで現存在がつねに関わっている可能性として理解しなければならない。そのため，可能性が現実化されることを待つような「期待」ではなく，可能性を可能性のまま理解することが重要である。ハイデガーは，可能性を現実化せず可能性のままで関わろうとする態度のことを「先駆」（Vorlaufen）と呼び，死という可能性に対する態度としてふさわしいのはこの先駆という態度であるとする。死への先駆こそ，本来的実存の可能性である。

良心と決意

　しかし，以上の分析は，現存在がつねに可能な終わり（死）に関わっていることを現存在の構造として示しただけである。現存在各自が，本来的

な実存の可能性を実際に自分自身のこととして理解するよう促してくれるものは，この世界の内にあるのだろうか。ハイデガーは，日常的にもなじみのある「良心」（Gewissen）の根本にあるものを分析することで，現存在の本来的な実存の可能性を明らかにしようとする。

現存在は日常的には「ひと」の言うことに傾聴し，自らが何者なのかの理解（たとえば，「自分は学生である」という理解）を「ひと」から受け取っている。しかし，「ひと」から可能性を受け取ることによっては，自分固有の可能性は見えてこない。良心の呼び声は，現存在以外の存在者ではなく，不安において被投性に直面した現存在から，非本来的に生きる「ひと－自己」としての現存在自身への呼びかけである。そして呼び声は，「ひと－自己」に最も固有な存在可能性を理解するよう呼びかけてくる。

また，良心の呼び声は，現存在が「責めある存在」であるということを理解するようほのめかす。現存在が責めある存在であることは，現存在の内に何らかの「非」があること，すなわち，現存在のうちの「非力さ」に基づいている。現存在は，自分自身の意志で自分を世界に投げ込んだわけではない。また，ある可能性を選択することで，他の可能性を断念しなければならない。そして，現存在は差しあたりは，非本来的なあり方をせざるをえない。こうしたことが現存在の非力さである。

「ひと」のなかへの喪失から自分自身を連れ戻し，責めある存在であることを理解するよう，現存在にほのめかす良心の呼び声を理解することは，「良心をもとうとすること」にほかならない。この「良心をもとうとすること」とは，〈空談をせずに沈黙しつつ，不安を（恐れと混同せずに）不安のままに感じられるようにして，最も固有な責めある存在として自分を理解しようとすること〉である。ハイデガーはこの本来的なあり方を「決意」（Entschlossenheit）と呼ぶ。

先駆的決意と時間性

現存在が，自らが責めある存在であることを本来あるべき仕方で理解する，すなわち決意するためには，現存在は「ときどき」責めある存在であるというのではなく，「不断に」責めある存在であることが理解されねば

ならない。「不断に」というのは「その終わりに至るまで」ということであり，現存在の「終わりに至るまで」というのは，死へと関わる存在のあり方，すなわち死への先駆を意味する。こうして，死への先駆と責めある存在であることの決意が一つのものとして結び付けられ，現存在の本来性は「先駆的決意」であるとされる。

　ハイデガーはこの先駆的決意から，現存在の存在の仕方を説明してくれるもの（現存在の存在の意味）として，「時間性」を導き出す。可能性としての死へと関わることは，「将来」（未来）の可能性に関わっていることを意味する。非力さの内にある被投性は，現存在にとってすでに在ったあり方であり，「既在」（過去）を意味する。現存在は，こうしたあり方をしながら，そのつどの状況である「現在」のうちで行為している。こうした，〈現存在が可能性としての死へと関わりながら（将来），被投性を引き受けつつ（既在），世界の内にある存在者や他者と出会う（現在）〉という，「将来」「既在」「現在」の三つの統一的な現象が，現存在の存在の意味である「時間性」である。

　『存在と時間』は，現存在の存在の意味としての「時間性」から，現存在以外の存在者も含む存在一般の意味である「時性」を解明しようとした。しかし，「時性」の解明がなされるはずの『存在と時間』の後半はその後出版されることなく，現存在の分析を行う前半だけが出版された。現存在（人間）の分析を行う前半だけが出版されたことは，ハイデガーの意に反して，『存在と時間』が個々の人間の具体的現実存在を問題とする実存哲学の書として流布することになる要因ともなった。

第3節　存在忘却の時代における倫理学

存在の牧人と存在忘却

　前期ハイデガーの思索が，現存在の存在理解から出発して，存在に迫ろうとするのに対し，後期ハイデガーの思索は，存在が与えられていることから出発し，現存在を可能にする存在の真理に迫ろうとする。こうした後

期のハイデガーの思索が凝縮されて語られている小品が『「ヒューマニズム」について』(1947年) である。

ヒューマニズムは一般的に言えば，人間が自らの人間性に向かって自由となり，そうした点に自らの尊厳を見ようとする努力と捉えられる。しかし，人間は自分だけで自立して存在しているわけではない。人間は自分の本質を自分自身だけで得ることはできず，存在との関わりのうちでのみ，自らの本質を確保することができるのである。人間は世界の中心に据えられるものではなく，人間は存在をただ見守るだけの「存在の牧人」である。

ハイデガーは，人間が存在の真理を問うことをせずに，ただ存在者だけを考察していることを「存在忘却」と呼ぶ。従来の哲学は存在を忘却して存在者だけを対象にした形而上学であり，こうした形而上学を乗り越えて，存在の真理を思索すべきであると彼は言う。しかし，こうした事態は人間の能力不足や過ちによって引き起こされたものではない。なぜなら，存在自身の内に，存在者を見捨てると同時に存在自身は自らを隠す構造があるからである。本来，人間は存在に近いところに住み込んでいたはずであるのに，存在が自らを隠すことにより，存在の近さとしての「故郷」を失い (「故郷喪失」)，そのしるしとして，存在忘却が生じているのである。

そしてハイデガーによれば，存在の真理を問うことは，〈存在へと身を開き−そこへと出で立つもの〉(Ex-sistenz) としての人間の原初的境域を思索することである。倫理・道徳概念の始元であるギリシア語のエートスは，もともと「居場所，住む場所 (境域)」を意味していた。それゆえ，存在の真理を問うことは，それ自身，根源的な倫理学にほかならない。

総駆り立て体制としての技術

第二次世界大戦を経た後期のハイデガーは，現代技術の本質について考察し，現代技術に対して取るべきわれわれの態度と，そうした態度から見えてくる世界のありようを描いた。

現代においては，あらゆる存在者が駆り立てられ，徴用物資として用立てられる。人間も自然も例外ではない。すべての存在者が徴用物資としてしか存在しないことになる現代技術の本質は「総駆り立て体制」(Gestell）である．しかし，ハイデガーは現代技術を敵視し排除することを狙っているわけではない．そもそもこうした総駆り立て体制は存在の歴史のうちで運命づけられていることなのである．ハイデガーが提唱するのは，こうした技術を拒絶することでも賛美することでもなく，距離をとってその本質を引き受ける「放下した平静さ」（Gelassenheit）という態度である．

　放下した平静さにおいては，物が物として立ち現れ，世界が露わになる．たとえば，瓶という物においては，大地の養分と天空の太陽によって育てられたワインが，死すべき者たちである人間の喉を潤したり，御神酒として神に捧げられたりする．後期ハイデガーは，「大地」・「天空」・「死すべき者たち」・「神的な者たち」という四者からなる「四方界」（Geviert）を，世界概念として提示している．

＊　　　＊　　　＊

　前期ハイデガーは，人間を現存在と呼び，その存在の仕方を，世界内存在や気遣いとして解明した．また，現存在の日常的なあり方を「ひと」として捉え，本来的な自己を喪失している非本来的なあり方として提示した．現存在の本来的なあり方とは，「死への先駆」と（良心をもとうとすることとしての）「決意」とからなる先駆的決意であり，この先駆的決意から，時間性が取り出された．後期ハイデガーは，存在の真理と人間存在の関係を再考するとともに，現代技術の本質を総駆り立て体制として規定した．そして，放下した平静さという態度において，物が物として立ち現れることの内に四方界としての世界を見出そうとした．

（金成祐人）

【文献】
ハイデガー『存在と時間』全 3 巻，原佑・渡邊二郎訳，中公クラシックス，2003 年
渡邊二郎編『ハイデガー「存在と時間」入門』講談社学術文庫，2011 年
秋富克哉・安部浩・古荘真敬・森一郎編『ハイデガー読本』法政大学出版局，2014 年

コラム 9

現象学

Phänomenologie

　20 世紀にフッサール（Edmund Husserl, 1859-1938）から始まった現象学は，「事象そのものへ」を標語とする哲学史上の一つの潮流を指す。フッサール以後の現象学は，シェーラー（Max Scheler, 1874-1928），ハイデガー，サルトル（Jean-Paul Sartre, 1905-1980），メルロ＝ポンティ（Maurice Merleau-Ponty, 1908-1961），レヴィナス（Emmanuel Levinas, 1906-1995）などに批判的に継承され，現代に至るまで様々な学問分野に多大な影響を与え続けている。

フッサール

　フッサールは，『純粋現象学と現象学的哲学のための諸構想』（通称『イデーン』，1913 年）において，自然的態度においてふつう人が抱いている，事物や世界が実在しているという素朴な確信に「エポケー（判断中止）」を加える「現象学的還元」を現象学の方法とした。そして，この現象学的還元によって，「純粋意識（超越論的主観性）」の領野を取り出し，〈意識はつねに何かについての意識である〉という「志向性」を意識の根本特性として，純粋意識において世界がどのように構成されるのかを分析した。

　また，『デカルト的省察』（1931 年）では，私の身体と類似し，対をなす物体が他者の身体という意味を受けとる「対化」に基づく「移入」によって，他者の経験が間接的に呈示され，身体をもつ他者が構成される，という他者論を唱えた。フッサールによれば，この他者によって「間主観性」と「客観性」が成立する。

　『イデーン』の時期のフッサールは，理論理性の優位のもとに倫理学を構築しようとした。しかしその後，たとえば親が子を愛するように，理論的に定まる客観的な価値ではなく，自分にとっての価値が絶対性を帯び，生全体に統一を与えることに着目し，実践理性の自己形成に独自の合理性があることを認めた。フッサールによる

と，実践理性に基づく生（倫理的生）は，理想へと向けられ，批判的洞察によって正当化されるときに合理性を獲得する。

シェーラー

シェーラーは，『倫理学における形式主義と実質的価値倫理学』（1913・16年）において，カント倫理学の形式主義を批判し，実質的価値倫理学を提唱した。彼は，「快価値」「生命的価値」「精神的価値」「聖価値」という四つの位階序列を設けた。

またシェーラーは，『共感の本質と諸形式』（1923年）において「共感」に着目し，この共感が理性の領域に還元されない独自の論理をもった感情領域であることを示した。共感は「感情伝播」「一体感」「追感得」「共同感情」という四つに分類される。共感への着目は，他者の心的状態は身体によって表現されており，端的に知覚されるという「直接知覚説」につながる。これは，直接的に知りうるのは自分自身の意識のみであり，他者の心的状態については間接的に類推するしかない，という他者理解についての「類推説」を批判的に検討する契機となった。

また彼は，対象のなかにより高次の価値を見出す運動として，「愛」について論じた。そして，この愛が共同感情と結びつくことで，他の人格のなかにより高次の人格を見出すことが可能になる，とした。

メルロ＝ポンティ

メルロ＝ポンティは，『知覚の現象学』（1945年）において，身体的な生を無視した抽象的な思考を批判し，この世界に住み込んでいる身体によって生きられる世界について思索した。『シーニュ』（1960年）所収の「哲学者とその影」においては，私と他者が同時に属する，人称的区別に先立った「間身体性」について論じた。メルロ＝ポンティによれば，自他の共存は，私の〈われ思う〉と他者の〈われ思う〉を合わせた間主観性によって初めて成立するのではなく，それ以前に成立している身体的間主観性に基づくとされる。

（金成祐人）

第 18 章
サルトル

Jean-Paul Sartre, 1905-1980

　サルトルは，第二次世界大戦後から 1960 年代はじめにかけて，出生地であるフランス，あるいはヨーロッパのみならず，世界中に大きな影響を与えた思想家である。小説『嘔吐』（1938 年）など作家としても名声を博した彼は，大学教員ではなく在野の知識人という立場から批評や政治的発言を数多く行い，学生を中心に広範な支持を得た。その思想はヘーゲルやフッサール，そしてハイデガーといったドイツ哲学や現象学から影響を受けつつ，彼独自の無神論的実存主義として昇華させたものである。この章ではサルトルの思想について，主著『存在と無』（1943 年）及び講演「実存主義はヒューマニズムである」（1945 年）から彼の実存主義の基本的発想を説明し，共同体と歴史についての考察に触れたのち，彼と関わりの深い思想家と社会運動の関係について見ていくことにする。

第 1 節　意識と実存

無としての意識
　サルトルはフランスにおける実存主義，つまり現在実際に存在しているものとしての「私」を重視する立場を打ち出した代表的な思想家である。主著『存在と無』においてサルトルは「人間の意識がどのようなものであるか」という問いから出発して考察を始めている。
　通常，私たちは「意識」というものを考える際に，それを外部の世界から独立した内部領域として考えてしまいがちである。たとえば，意識の外にある椅子について，私たちはそれに視線を投げ掛けることによって，椅子の感覚的データやイメージを採取し，それが意識の中に浮かんでくる，

といったようにである。しかし，現象学の影響を強く受けたサルトルは意識をそのようなものとしては考えない。

現象学の祖であるフッサールは「意識は何ものかについての意識である」と述べたが，サルトルはそれを「何ものについての意識でもないような意識は存在しない」と解釈する。これは，意識はそれ自体では何ものでもない「無」だということを意味している。つまり，意識とはつねに椅子やグラスといった対象との直接の関係という側面から理解されなければならず「心のなか」といったイメージは捨て去られなければならない，とするのである。

意識についてのサルトルのこのような見方は，自己そして自己意識についての従来の哲学の考え方にも一石を投じる。サルトルは意識を対象との関係として捉える一方で，意識は「意識それ自体についての意識である」とも述べている。意識が何らかの対象——たとえばグラス——と関係しているとき，そこには「グラスを意識していることについての意識」が伴っているはずだ，というわけである。

しかし，ここでの自己意識は，グラスについての意識とは異なり，対象として把握されているわけではない。もし私たちが紙束の枚数を数えているときに他人から「何をしているのか」と問われて「紙束を数えることを意識している」と答えるのは奇妙であろう。意識はあくまでも紙束（の枚数）に向かっているのだが，それと同時に対象化されていない仕方であるにせよ確かに自己についての意識も存在しているのである。

即自存在と対自存在

サルトルは，上に述べたような意味での意識についての分析をもとに，世界における存在のあり方には即自と対自の二種類がある，とした。

即自としてのあり方，とは簡単に言えば「モノ」のあり方である。グラスや鉛筆といったモノは確かに世界のなかの特定の位置を占めている存在であるが，それはたんにそこにあるだけであり，意識によって見出されるのを待っている一対象にすぎない。サルトルはこのような即自としての存在（即自存在 être-en-soi）を「それであるところのものであり，そうでな

いところのものでない」と表現している。

　しかし，意識として捉えられる限りでの人間はそうしたモノとは異なるあり方をしている。先に述べたように，意識は世界のなかの対象としてのモノと関わりながら，意識それ自体についての意識，つまり自己意識をもっている。一つの意識として人間を捉えた場合，そのような人間のあり方は即時的なものではなく，自分自身に対して向かう存在という意味で「対自存在」(être-pour-soi) と呼ばれる。

　ところで，対自存在としての人間は決して対象として捉えることはできない。たしかに，意識は自分自身を対象として観察したり，反省したりすることはできる。しかし，自己意識そのものと自己意識によって捉えられている「私」のあいだにはつねに隔たりがある。自己意識は自分自身を対象にするとき，自らを突き放した観点からしか見ることができず，自分自身と一致することはない。この意味で，意識は「自分は実際にこのような存在である」と「自分は本質的にはこのような存在ではない」という二つの自己意識を同時に抱え込んでいる。意識としての対自存在は「グラスはグラスである」という仕方でしか記述されない即自存在とは明らかに異なる。

　サルトルは，固定された自分自身についてのイメージから逃れてしまう意識のこのようなあり方から出発し，人間という存在の不安定性を直視するべきだと主張した。この意味でサルトルの哲学は実存主義なのである。

第2節　自由とアンガジュマン

実存は本質に先立つ
　サルトルは有名な講演「実存主義とはヒューマニズムである」のなかで自らの実存主義の要点を「実存は本質に先立つ」という仕方で表現した。これは世界のなかで人間というものがモノとは異なるあり方をしている，という点を強調したものである。
　ここでモノの典型例として考えられているのがペーパーナイフである。

ペーパーナイフは，その機能や用途に沿って設計され，創造される存在である。つまり，ペーパーナイフは「紙を切るもの」という仕方でその本質が決定されている。重要なのは，「ここにペーパーナイフが存在している」ということが言えるためには，ペーパーナイフというものの本質があらかじめ理解されていなければならない，ということである。この意味でペーパーナイフの本質はペーパーナイフの実存に先立っている。

これに対して，人間はペーパーナイフのようにあらかじめ用途が決まっている存在ではない。人間はまず端的に「存在する」という仕方で世界のなかに現れたあとで，様々な状況のなかで行為することで未来に向かって自分自身を作り上げていく。「人間は自ら作るところのもの以外の何ものでもない」のだ。サルトルはこのような自己形成の仕方を「投企」（projet）と呼んでいるが，この意味で「実存は本質に先立つ」と言われるのである。キリスト教的世界観にあっては，神が人間を含めた万物を創造し，その本質も神が決定する，と考えられていた。しかし，サルトルは無神論の立場からそのような考えを拒絶し，自らの立場を無神論的実存主義としている。

人間は自由の刑に処せられている

人間は自らの行動によって自分自身が何であるかを作り上げることができる，というサルトルの考え方は一見，人間が「自由」であることを強調し，それを肯定する主張であるかのように見える。しかし，サルトルにとってそのような自由は必ずしも喜ばしいものではなかった。

そのことをサルトルは次のように論じている。私たちが自らを「自由である」と述べるとき，それは現在行っていることとは違う仕方で行為することもできる，という意味である。物理的な制約はあるにせよ，人間はもし「それをやろう」と思えば原理的にはどのように不道徳なことも，不合理なこともすることができる。たとえば，私が崖の上を慎重な足取りで歩いているときであっても，ふと気が変われば崖から身を投げることもできるだろう。サルトルによれば，人間は自分自身のこのような自由について，内心では不安を感じ，また自由に行為した結果としてその責任を負うこと

を恐れている。

　私たちは日常，こうした不安や責任から目を背けるために，あたかも人間の本質や道徳があらかじめ決められたものであるかのように生活している（サルトルはこれを「自己欺瞞」と呼ぶ）。しかし，じつのところそのような本質や道徳は存在しない。このことを直視すると，私たちは自分が「自由の刑」に処されているということが明らかになる，とする。

実存は世界全体に責任を負う
　ところで，私たちが自由に行為する際であっても，そこには必ず何かの具体的な状況というものが存在し，その状況から一定の条件を課せられたうえで私たちは行為することになる。このとき，私の行為と状況のあいだには相互関係がある。状況は私の行為に一定の条件を課し，私の行為は状況を変化させる，というわけである。

　このとき，私が目の前にある状況とどのような仕方で関わるかを主体的に選択することを，サルトルは「アンガジュマン」（engagement）と呼んでいる。アンガジュマンとはフランス語のもとの意味では「拘束」あるいは「契約」という意味だが，サルトルはその意味を拡張し，実存する個人がある具体的な状況に関わるときは，世界全体に対して自らの決断を表明し，それに責任を負うこと，としている。

　たとえば，ある男性がある女性と結婚することを決意したとしよう。この決断は全く個人的なことに見えるかもしれないが，じつのところ現在の一夫一妻制という社会制度を肯定したということを意味し，それに対してその男性は責任を負わなければならないことになる，というのである。このように，人間は何かを決定する際にはつねに世界全体の状況と関わり，責任を負っていると考えるのがアンガジュマンの思想である。

実存主義はヒューマニズムである
　モノとは異なる人間の特異なあり方を強調する自らの実存哲学をサルトルは自ら「ヒューマニズム」と呼び，同時代の人々にもそのように受け止められてきた。しかし，「自由の刑」といった表現からも分かるように，

サルトルのヒューマニズムは単純な人間讃歌とはだいぶ趣が異なっている。
　サルトルはユダヤ人差別や植民地主義について積極的な批判を行っているが，それは一般的な人道的観点からというよりも，他者という存在がいかに脅威であるかを見て見ぬ振りをしようとする風潮に対する批判の意味合いが強い。たとえば，フランス本国の白人は植民地の黒人をまるでモノであるかのように対象化する眼差しを向け「自分は彼らとは違う」という仕方で一方的な優越感を感じていた。しかし，反植民地主義が隆盛すると，黒人もまた白人を見つめ返してくる存在であるということが露わになってくる。このことが含意するのは，他者との関係とは，お互いがお互いを対象化しようとする「相克」のもとにあるのが基本だ，ということである。
　サルトルのヒューマニズムは「同じ人間どうし，仲良くするべき」といった観点とは異なり，人間は自らのあらゆる行為について責任を負いつつ，不可避に他者と相克する「対他」存在としてのあり方を十分に自覚することを厳しく要求するものであった。

第3節　疎外から連帯へ

物質のもとで私たちは皆奴隷である
　それでは，サルトルにとって人間とはつねに孤独であり，他者と相克し続けるよりほかない存在なのだろうか。『弁証法的理性批判』（1960年）において，サルトルは人間同士が真の意味で連帯するための条件について考察している。
　『弁証法的理性批判』はサルトルによるマルクス主義論として読むことができる。サルトルはマルクスの疎外というアイディアを高く評価する一方，マルクス主義の唯物史観のアイディアと個人の主体性を重視する実存主義のあいだには乗り越え難い壁があると考えていた。では『弁証法的理性批判』において，自由やアンガジュマンという実存主義的概念とマルクスの疎外論，そして唯物史観はどのような関係にあるのだろうか。
　まずサルトルは，社会において人間が十分な意味での相互関係を結ぶこ

とができず，互いに疎外しあっている原因を「物質」に求める。ここでの物質とは金銭や食糧，資源のように皆がそれを欲望し，希少だと思われている事物のことである。社会においては，私たちはそのような物質を媒介にして他者と交渉している。しかし，そのような意味での他者との接触は希少な資源を奪いあうために互いを疎外しあうような関係とならざるをえない。なぜなら，そこにおいて人間は自発的に行為しているのではなく，物質によって「動かされている」存在でしかなくなっているからだ。この意味で，社会においては私たちは物質（の稀少性）の奴隷となってしまう，というのがサルトルの分析である。

このように，一見同じ場所に集って交渉したり働いたりしているように見えても，互いの主体性が発揮されないまま惰性で続いているような状態を「集列」（série）と名づけている。

集列から集団へ

では，いかにして私たちは集列の状態から脱して，相互関係を結ぶことができるのか。

次にサルトルは，人間が互いに互いを人格として認めあいながら相互行為を果たしている例として，フランス革命初期の市民たちを挙げている。彼らは自らの生存や自由を守る，という一つの目的のために集団を形成してバスチーユ監獄へと向かった。そのとき彼らは，物質ではなく目的を達成しようという意志のもとに団結した「溶融集団」（groupe en fusion）として現れたのである。この意味での集団は集列とは異なり，個人の主体性が維持されたまま，自由を求める共同体という意味での「われわれ」という性質をもっている。

しかし，人間どうしが集列ではなく集団になるのは歴史のなかの稀な一瞬であり，けっして長続きするものではない，とサルトルは続ける。どんな集団も集団の維持そのものが自己目的化するようになると，惰性としての関係になり，やがては集列へと戻っていくのである。

以上のような筋道をみると，結局のところサルトルは人間どうしの相互関係に悲観的な見解をもっていたように思えるかもしれない。しかし，サ

ルトルが強調しているのは，ここでもまた実存する個人の重要性である。マルクス主義の唯物史観は歴史の運行を物質の状態（下部構造）から説明しきることができるとしたが，サルトルにとって歴史を動かしているのは何よりもまず人間の主体性あるいはアンガジュマンであり，それを無視した歴史論は成立しえないことを示そうとしたのである。

第 4 節　知識人の義務

サルトルと同時代の思想家たち

　戦後すぐからおよそ 1960 年代はじめ頃まで，実存主義は一種の思想的流行であった。その中心人物はもちろんサルトルであるが，ほかにも無視できない思想家は数多くいた。ここではサルトルの盟友（のちに離別）であったカミュ（Albert Camus, 1913-1960）と私生活においてもサルトルのパートナーであったボーヴォワール（Simone de Beauvoir, 1908-1986）の思想を見てみよう。

　カミュは「不条理」（absurd）というテーマを正面から扱った作家・思想家であり，小説『異邦人』（1942 年）や評論『シーシュポスの神話』（1942 年）などで知られている。不条理とは理性では割り切ることのできない，理由や必然性なく個人の前に現れる出来事のことである。

　人間の生が不条理であることを，カミュはシーシュポスというギリシア神話の登場人物に即して語っている。シーシュポスはもともと優れた人間であったが，神々の怒りを買い，大きな岩を山頂まで押し上げるという罰を受けている。シーシュポスは苦労して岩を山頂まで運ぶのだが，運び終えたかと思った瞬間にその岩は山の麓まで転がり落ちてしまう。そしてそれは無限に続くのである。しかし，カミュは「幸福なシーシュポスを想像しなければならない」と語る。なぜなら，カミュによれば，シーシュポスには自分の運命に対して「すべてよし」と断言すること，つまり自分の人生を嘲笑と共に受け入れることによって，運命それ自体を乗り越えることができる道が残されているからである。

カミュは人間の生や世界には絶対的な意味や目的などはない，ということを進んで認める。そしてそのうえで，人間のあらゆる活動は死という現実の前では無意味であるにもかかわらず，なぜ人間は自殺をすることなしに生き続けるのかを問うのが哲学の第一の問題である，とした。

ボーヴォワールもまた，戦後を代表する実存主義者であると同時に，戦後のフェミニズムに大きな影響を与えた思想家でもある。

彼女は主著『第二の性』（1949年）のなかで，男性優位社会においては，男性は人間としての主体的な活動を行う地位が与えられているのに対し，女性はいまだ「子どもを産む存在」として動物的な肉体としての側面に焦点があてられがちである，と分析している。つまり，人間の「実存は本質に先立つ」という考え方は，いまだ女性に対しては十分には当てはまらないのだ，というわけである。

ボーヴォワールは「ひとは女に生まれるのではない，女になるのだ」と書いているが，これは社会が考えている「女性らしさ／女性特有のもの」というのは本質としては存在せず，男性の視線や社会的な慣習によってそうしたものを身につけるようになるのだ，ということを表している。彼女は，そのような欺瞞から脱して，女性も一つの実存として自らのあり方を自分で作り上げていくべきであると主張するのである。

知識人とは何か

サルトルを始め，カミュやボーヴォワールも大学に籍を置かず，知識人として社会運動や批評，文学といった狭義の哲学の枠組みにとらわれない多方面で活動した思想家である。そのなかでもとりわけサルトルは1960年代以降，「知識人」というものがどのようなものであるべきか，という点にこだわった。

サルトルにとって，知識人とは教員や官僚，医師や作家といった職業や知識の多寡によって単純に定義されるような存在ではない。社会の中に決まった居場所をもたない「半追放者」としての孤独な立場を貫くのが知識人なのである。知識人は孤独であるからこそ，既成の道徳や普遍性を繰り返すのではなく，真に批判的な仕方で自己自身と社会に関わり，自らの手

で道徳や普遍性を作り上げることができる，としている。サルトルのこのような知識人観は初期の講演「実存主義はヒューマニズムである」におけるアンガジュマンの思想と通底している。サルトル自身も植民地問題や反核運動など，様々な社会問題に対して積極的に参加し続けた。

＊　　　＊　　　＊

　サルトルは，あらかじめ本質が規定されていない，自由な存在であるはずの人間が，自由そのものに対する不安から自己欺瞞や惰性に陥ってしまう日常的なあり方を批判し，あらゆる状況において自らの選択に責任を負い続ける主体のあり方を徹底して肯定しようとした。それは，人間は自らの決断と行為によって世界に関与するだけでなく，自分自身を変化させることもできるとするヒューマニズムの思想である。彼はまた同時代の思想であるマルクス主義と自身の実存主義を突き合わせ，疎外の状況から人間性を回復させる道を模索している。構造主義の隆盛に併せて実存主義は退潮したと言われるが，反本質主義や道徳批判など，サルトルが現代に残した影響は決して小さいものではない。

（長門裕介）

【文献】
サルトル『存在と無』全 3 巻，松浪信三郎訳，ちくま学芸文庫，2007〜2008 年
サルトル『実存主義とは何か』伊吹武彦訳，人文書院，1996 年
市倉宏祐『ハイデガーとサルトルと詩人たち』NHK ブックス，1997 年
永野潤『図解雑学　サルトル』ナツメ社，2003 年
澤田直編『サルトル読本』法政大学出版局，2015 年

コラム 10

実存主義

existentialism

実存主義の特徴

　実存主義の特徴として，何よりもまず「この私」を思索の出発点にする，ということが挙げられるだろう。「この私」とは具体的な時間のなかを生き，他の誰とも交換不可能な自分自身の固有なあり方である。

　実存主義はなぜその主張として具体的な「私」を強調するのだろうか。それは，従来の哲学の問題設定に対する不満がある。西洋哲学の思考の基本は存在の「本質」を追い求めることにあった。たとえば「人間は理性をもつ存在である」とは人間の本質に関わる主張であるが，こうした本質に関わる主張こそ，絶対的で普遍的な真理を探究する哲学の目的であるという考え方が主流だったのである。

　これに対して，実存主義の思想家たちは「現在，実際に存在しているもの」である「現実存在」（＝実存 existence）のあり方をたんに偶然的なものとして無視するわけにはいかないと考える。

　19 世紀の代表的な実存主義者であるキルケゴール（Søren Kierkegaard, 1813-1855）は，ある批評（1846 年に書かれ，死後の 1914 年に『現代の批判』としてドイツ語に訳されて出版されたもの）のなかで，過度に合理性を重視する人々ばかりになった 19 世紀当時の世相を皮肉と共に鋭く批判している。個人の悩みから社会問題まであらゆる出来事について理性の力によってのみ解決できるように現代人は考えているが，そこには個人が個人としてもつ情熱や真剣さが無視されている，というわけである。

　このような現代社会への批判は，彼のヘーゲル哲学への批判とも通底している。キルケゴールは，理性の力によってのみ獲得され，そうであるがゆえに誰のものでもない真理（絶対的真理）ではなく，情熱と真剣さをもって悩み抜かれた末に獲得された真理（主体的真理）の追求こそが，生の虚しさや絶望，不安といった実存の問題を

解決するにふさわしい態度であると考えていた。そして，この主体的真理はたんに自らの快楽に従ったり，他人や社会に迎合することによってはけっして得ることができない。熱心なキリスト教の信仰者でもあった彼は，ひとりひとりが自らの実存を自覚したうえで独りで神の前に立つ「単独者」という生き方を提唱している。

実存主義の展開

キルケゴール以後，19世紀後半から20世紀前半にかけて実存主義にとって重要な役割を果たす思想家が数多く登場してきた。

ドイツのヤスパース（Karl Jaspers, 1883-1969）によれば，人間は一方では無限の可能性を秘めた自由な存在でありつつ，他方では死・苦悩・争い・責めといった状況（限界状況 Grenzsituation）に絶えず制約されている存在でもある。こうした状況のなかで「この私」としての実存は，他者の実存と出会う。自分の実存を確証しつつ，他人の実存を認めることは容易なことではなく，挫折を経験するのだが，この「実存的交わり」とその挫折という段階を通じて自己理解が深められ，さらには自分を超えた存在である超越者の存在を感受できるとした。

フランスのマルセル（Gabriel Marcel, 1889-1973）もまた，自由から人間の実存を考察した思想家である。私たちはふだん，自分自身の財産や，ときには自分自身の身体を他人と交換したり，処分したりできる所有物として考えている。しかし，自分自身の存在そのものを私たちはそのような意味で所有しているわけではないだろう。マルセルは自分がまさにいま・ここにいるという事実から出発することによって，自分が自分を所有しているのではなく，自分自身のなかに自分の処分不可能な固有性を見出すことの重要性を説いた。

実存主義は科学的方法や理性主義が万能と見なされがちな時代，そして経済競争や戦争によって容易に人間性が剥奪されてしまう時代において，なおも自分自身の問いから目を背けてはならないように訴えかけるリマインダーとしての役割を果たしているのである。

（長門裕介）

コラム 11
構造主義
structuralisme

構造主義とその周辺

　1950年代から1960年代にかけてのフランスでは，「構造主義」と呼ばれる思想が，人文社会科学の領域で隆盛をみた。「構造」というのは，人間に意識されることなく存在する，要素および要素間の関係からなる体系のことである。そして，構造は人間の思考や行動を規定するものである。したがって，人間は，近代以降言われてきたような，自立した主体ではない。これが，構造主義の思想家たちにおおむね共通する考えである。

　この思想運動の源泉はスイスの言語学者ソシュール（Ferdinand de Saussure, 1857-1913）に帰されるのが一般的である。ソシュールによれば，ある名辞はその他の名辞との差異を示し，日本語なら日本語という言語体系のなかで世界を分節化する。たとえば，「蝶」は「蛾」と異なるものとして切り分けられる。しかし，この分節化は普遍的ではなく，フランス語では蝶も蛾も「パピヨン」と呼ぶように，言語によって世界の切り取り方は変わりうる。このように，世界の認識は言語によって左右され，ひいては人間の思考も使用する言語体系によって規定されているという考察が出てくる。

　ただし，構造主義の源泉をソシュールのみに帰するのはやや拙速である。構造主義の旗手と目されるレヴィ＝ストロース（Claude Lévi-Strauss, 1908-2009）は，ソシュールの言語学以外にも影響を受けている。レヴィ＝ストロースが，音素を示差的な要素によって分析して音素相互の体系的な関係の解明をもくろむプラハ学派の音韻論などに，ソシュールの言語学よりも強い影響を受けていたのはよく指摘されることである。

　ところで，構造主義が広まる以前のフランスでは，サルトルの実存主義が思想の主流を占めていた。だが，決断する個人の主体性に重きを置き，その決断の正当性を「歴史」に求めるサルトルの実存

主義は，人間の思考や行動が構造に規定されているという構造主義の観点からすれば疑問の付されるものであった。かくして，60年代には実存主義と構造主義のあいだで論争が起こることとなる。

レヴィ＝ストロース

　構造主義を人類学の分野で確立し，実存主義との論争の中心に立ったのがレヴィ＝ストロースである。

　レヴィ＝ストロースは，「母音か子音か」「鼻音か非鼻音か」といった二項対立の組み合わせを分析することで世界中の言語の音素体系を考察するヤコブソン（Roman Jakobson, 1896-1982）の音韻論の発想を，人間社会の制度に応用しようとする。そのなかでも目覚ましい成果を上げたのが親族制度の分析である。

　レヴィ＝ストロースは，親族の基本単位として，「兄弟，姉妹，父，子」の四つの項と「夫‐妻，兄弟‐姉妹，父‐子，母方のおじ‐その姉妹の息子」の四つの関係を挙げる。そして様々な社会集団における家族の「親密さ／疎遠さ」の二項対立の関係を観察したところ，上記の単位と関係に基づいたいくつかの決まったパターンが見られると論じる。通常，家族間の感情は自然であり，そこから親族制度が出来上がると考えがちだが，レヴィ＝ストロースはそうした人間中心主義を排し，人間が社会の構造を作り出すのではなく，社会の構造こそが人間を条件づけていると考えるのである。

　さて，レヴィ＝ストロースは，社会の構造の変動が生じにくい，いわゆる未開社会における未開人の思考を「野生の思考」と呼び，その豊かさを描き出している。レヴィ＝ストロースによれば，西洋文明の科学的思考からすればいかにも論理性を欠き，野蛮に見えるようなトーテミズムも，いわゆる文明人の科学的思考に変わらず知性的で，その伝統社会における実践的かつ理論的な論理を有する。それどころか，その分類の思想は現代の情報理論と同一平面上にあるとまで述べて，野生の思考の優位性をも示す。

　このように，レヴィ＝ストロースの思想には，人間中心主義および西洋文明中心主義への批判が通底している。

ラカン

親族の基本構造の解明を試みたのがレヴィ＝ストロースだとすれば，無意識の基本構造を解明しようとしたのが精神分析家のラカン（Jacques Lacan, 1901-1981）である。ラカンはソシュールの「シニフィアン - シニフィエ」という対概念を道具立てにしつつ，独自の思想を練り上げている。まず，この対概念だが，これは「意味するもの - 意味されるもの」と訳されることもある。たとえば，「イヌ」という音がシニフィアンで，そのイメージあるいは意味がシニフィエである。

ラカンが重要視するのは「シニフィアン」すなわち「音」のほうである。ラカンによれば，ある一つのシニフィアンは別のシニフィアンとの関係においてのみ意味をもつ。そして，その別のシニフィアンはまたそれとは別のシニフィアンとつながって意味をもつ。このように，次々とシニフィアンが連鎖しながら，閉じた秩序が構成されている。ラカンによれば，この「シニフィアンの連鎖」を捉えることが構造主義的な精神分析であり，じつはフロイトが夢の分析で行っていたことなのである。

このシニフィアンの織りなす複雑なシステムのことを，ラカンは「象徴界」と呼んでいる。ラカンによれば，象徴ないしシニフィアンのもたらす作用は人間の生活全般に浸透している。その作用が意識されることは少なく無意識の部分が多いが，主体にとって「象徴界」は決定的な秩序となっている。ラカンのテーゼ「無意識は一つの言語活動として構造化されている」というのはこうした事柄を指している。

ラカンは，「人間はシニフィアンに住まわれている」とも言うように，言語機能の重要性を強調するが，これは人間が自然の生物学的な主体である以上に，言語を語る者としての主体であることを指している。そして，この二つの主体はすんなりと一致するものではない。ラカンはデカルトをもじって次のように言う。「私は考える，または私は存在する」。存在する主体と考える主体とにはずれがあることを指摘するラカンの考えは，近代的主体に異を唱える構造主義のバージョンの一つである。

アルチュセール

　構造主義が流行する中で，マルクス主義を構造主義的に捉え直したのがアルチュセール（Louis Althusser, 1918-1990）である。それまで，西欧マルクス主義は，初期マルクスに見られる「ヒューマニズム」に強く共感していた。本来のあり方から疎外されている現状を克服し，人間本来の状態を取り戻そうとするのが，マルクスの社会主義だと考えられていたのである。サルトルの実存主義もこの流れに与するものといえよう。

　アルチュセールはこうしたマルクス理解に異を唱える。アルチュセールによれば，マルクスがヒューマニズムを理論の根幹に据えていたのは初期から青年期にかけてであり，成熟したマルクスの思想ではない。マルクスは，疎外論を放棄し，生産力，生産様式，生産関係，所有関係といった概念を用いた科学的な認識のもと，新たな歴史・政治理論を作ったのだとアルチュセールは言う。

　このようなアルチュセールの読解を可能にしたのが，「問題構成」という概念である。いかなる理論にも，一般に，問題となる対象とその解決のための方法や考え方とで一つの総体が見られる。そうした「理論的な図式」ともいえる統一体のことをアルチュセールは「問題構成」と呼び，それを認識することが理論を検討する際には不可欠なのだとアルチュセールは考えたのである。当然，青年期までのマルクスとそれ以降のマルクスとでは問題構成が変わっているというのがアルチュセールの主張だ。

　また，アルチュセールは，経済的構造によって社会現象を一元的に説明するマルクスの下部構造決定論も否定する。アルチュセールによれば，法や政治などの上部構造のある程度の自律性は認めなくてはならず，社会は異質な諸構造とその要素のあいだで機能する様々な作用・反作用によって形成されている。社会は複数の構造の「重層的決定」によって規定されているのであり，歴史はこれらの構造の作用と関係によってつくられる。それゆえ，ヘーゲル的な歴史観に反して，歴史の主体や目的は存在しないのである。

（西川耕平）

第 19 章

フーコー

Michel Foucault, 1926-1984

　フーコーは 20 世紀後半のフランスを代表する思想家である。その仕事は多様で，哲学のみならず，心理学，歴史学，社会学，さらには文芸批評にまで及んでいる。『狂気の歴史』（1961 年）では，17 世紀以降の西欧における狂気の排除と近代的理性の確立，そして心理学の誕生が描かれる。『言葉と物』（1966 年）では，近代の知の枠組みが分析され，その枠組みにおいて理解される「人間」の姿が論じられる。『監獄の誕生』（1975 年）と『性の歴史 I　知への意志』（1976 年）では，近代社会の権力構造が分析され，その権力論はいまでも多大な影響を与えている。そして，『性の歴史 II　快楽の活用』（1984 年）と『性の歴史 III　自己への配慮』（1984 年）では，自己を形成する「倫理」が主体との関連で語られる。

第 1 節　狂気と理性

狂気と理性の分割

　フーコーによれば，中世末期からルネサンス期にかけてのヨーロッパにおいては，狂気は無秩序のしるしではあるが，社会のなかで肯定的な位置を占めるものでもあった。狂気は精神病という病ではなく，人智を超えた自然の真理を告げるものとされることもあれば，神の御業を示すものとして聖なるものとされることもあった。モンテーニュのように，狂気を理性の一部として捉える思想家すら存在した。
　それが理性への信頼の高まる 17 世紀になると一変し，狂気は排除の対象となる。思想史上ではデカルトの「懐疑」の議論が象徴的である。デカルトは狂気を思考の成立を不可能にするものだと見なし，その「懐疑」の

議論から排除したのだとフーコーは言う。また社会制度上では，17世紀後半以降，監禁施設がフランスの各都市に作られ，怠け者，放蕩者，困窮老人，風紀を乱す者，無宗教者とともに狂人が収容されることとなった。狂人は様々な社会不適合者とともに，隔離・監禁されることになったのである。ここに，狂気はルネサンス期にもっていたような聖性を失い，理性の裏面，すなわち非理性でしかないものとなる。

監禁施設に閉じ込められたのは，理性的ではないと見なされた人々であった。フーコーは，ここに理性による非理性の排除を見出し，さらには，理性と非理性のこの分割には道徳的な観点が含まれていると指摘する。社会の規範に則って行動する「正常な人間」，ないし法体系のなかで理性的に行動できる「法的主体」が理性の側に立つのに対して，そこから逸脱する者が，放蕩者も無宗教者も狂人も一緒くたに「非理性」という枠組みのなかに押し込められたのである。17，18世紀の古典主義時代において，理性は，非理性を自らのうちから排除し，囲い込むことによって，その支配を確立したのである。

狂人の解放と心理学の誕生

しかし，監禁の時代はそう長く続かず，19世紀の近代が近づくと，狂気は他の非理性とは異なるものとして区別されはじめる。狂気はその人が社会や自然との相互関係のなかでうまく機能できなくなった状態として捉えられるようになり，治癒されるべきものとして理解される。狂気は理性から排除されているものではなく，ある種の連続性をもつものとして考えられるようになったのである。このような認識のもと，狂人は監禁状態から解放されていく。宗教的慈悲や医学的判断からそれまでの監禁状態が問題視され，狂人は田園に作られた擬似的な家族環境や開放的な狂人保護院に置かれるようになった。狂人は自由の身になると理性的にふるまうようになると考えられ，独房の鎖から解放されたのである。

この博愛主義的で人道的な施策を，フーコーは別の形での狂人の閉じ込めであると捉える。というのも，狂人はそこで他者のまなざしに貫かれ，自らの心を縛るようになるからである。狂人たちは，医師や職員の視線の

もとで，道徳的で社会的な型に自らをはめ込まれ，道徳的意識をもたされるようになる。自身が狂人であることに罪悪感を覚えさせられ，自分自身をたがにはめることを強いられたのである。

フーコーは，このような治療を行う精神医学や心理学が出現する条件はいかなるものかと問う。それは，狂気が，理性から外れた非理性としてではなく，人間の能力の破綻，言語や行動の混乱を語るものとして提示されるようになることである。フーコーによれば，デュルケム（Émile Durkheim, 1858-1917）が自殺の検討に基づいて社会学を打ち立てたように，人間を対象とし，その真理を探る科学はその成立に際してネガティブな経験に支えられる。したがって，狂気こそが人間の心に関する科学を成立させたのだといえる。このように狂気の歴史を追うことによって，フーコーは精神医学や心理学の誕生の条件を明らかにしたのである。

第2節　知の考古学と人間

知の考古学

『狂気の歴史』が心理学という個別の科学の成立過程を描いたのに対し，フーコーの名を決定的に世に知らしめた『言葉と物』は，西洋の諸科学全般にわたる知の枠組みが歴史的にどのように変化し，近代の諸科学と近代的人間がいかにして成立するのかを探っている。研究の領域は異なるものの，60年代に書かれたこれらの著作においてとられた方法は基本的には同じであり，フーコーはその方法を独自の意味を込めて「考古学（アルケオロジー）」（archéologie）と呼んでいる。

フーコーの「考古学」の分析の最小の単位は「言表（エノンセ）」（énoncé）と呼ばれ，これは端的に「言われたこと」を意味している。この複数の言表がある規則のもとで集められたまとまりを「言説（ディスクール）」（discours）と呼び，このまとまりがどのような規則のもとで作り上げられるかを分析するのがフーコーの「考古学」である。したがって，フーコーの「考古学」は，歴史的資料を，連続的な歴史の進展やその史料

に関わる者の意志といった観点から解釈するのではない。そこに記された言葉や文章がどのような規則に従って書かれたのかを問い，ある時代，ある社会に存する諸々の「言説」のシステムを明らかにしようとするものである。

　この「考古学」の方法に基づいて，フーコーは，『言葉と物』において，西欧文化をルネサンス期，17，18世紀の古典主義時代，19世紀以降の近代に区分したうえで，それぞれの時代の知や認識を成立させている基盤，すなわち「エピステーメー（知の枠組み）」（épistémè）がどのようなものであったかを探る。その探求を通して，フーコーはそれぞれのエピステーメーのあいだには非連続的な断層があることを示す。そして，19世紀以降の近代のエピステーメーにおいてはじめて，「生物学」「言語学」「経済学」で対象化される，生命をもち，言語を話し，労働する個人としての「人間」という概念が現れることになることを明らかにするのである。

人間の誕生と終焉

　古典主義時代にも「生物学」「言語学」「経済学」の前身とおぼしき「博物学」「一般文法」「富の理論」といった学問があった。しかし，古典主義時代のエピステーメーにおいては，普遍的な合理性による計算・分類によって世界は秩序づけられ，言語が世界を余すことなく表象すると捉えられており，そこに人間という対象は存在していなかった。この古典主義時代のエピステーメーと近代のエピステーメーを分け隔てるのが時間性の有無である。生物学は生体が死すべき存在であることを，言語学は比較分析によって言語が固有の歴史性をもつことを，経済学は人間が死の脅威のもと労働することを明らかにする。これらの科学は，時間の中で生きる有限な存在である人間を対象とするのである。

　さらに言えば，人間の認識能力も限界をもつ有限なものである。この認識の有限性は，生命，言語，労働についての知を条件づけている。この意味で，人間は「生き，話し，働く」経験的な人間に先立って，そのような認識を可能にする超越論的な主体である。また他方で，「生き，話し，働く」人間はそれぞれ「生物学」「言語学」「経済学」の客体（対象）である。

フーコーは，カントを念頭に置きながらこうした人間を「経験的＝超越論的二重体」と呼んでいる。そして，フーコーによれば，知にとって客体であるとともに認識する主体でもあるという，その両義的な立場において「人間」という近代の概念は現れるのである。

しかし，この人間という概念は 19 世紀以降の近代のエピステーメーのもとで誕生したにすぎず，新たなエピステーメーが打ち立てられれば，人間という概念は消滅するとフーコーは言う。この意味で人間を終焉に導くとフーコーが考えていたのは，当時フランスで隆盛を極めつつあった精神分析学，文化人類学，構造論的言語学である。構造主義に与するこれらの学問は人間にとって普遍的な理念やモラルなどを取り上げることはせず，言語を分析の鍵としつつ，もっぱら人間の意識の外にあるものに取り組む。フーコーは，人間の無意識を規定する言語によって人間の能動性が奪いさられるのではないかと推測したのである。

人間の終焉の宣言は大きな反響を巻き起こし，多くの批判をフーコーは被ることになった。とりわけ，ヒューマニズム（人間中心主義）の立場に立つ人々にとっては，フーコーの議論は近代的主体たる「人間」の価値を貶めているように思えるものだった。たとえば，サルトルに言わせれば，フーコーの『言葉と物』は歴史の過程や人間の実践をないがしろにしており，マルクス主義に対抗する反動勢力を利するものであった。近代の「人間」はいかにして可能になったかというフーコーの問題意識は，当初あまり理解されなかったのである。

第 3 節　権力論

規律を課す権力

70 年代に入ると，フーコーは知の編成から権力の分析へと研究の主題を移していく。ただし，古典主義時代と 19 世紀以降の近代という時代区分がそのまま採用されることに変わりはない。『監獄の誕生』では，処罰の変化を辿りながら，「権力」のあり方が二つの時代で完全に変わること

が示される。フーコーによれば，古典主義時代では，法に背くことは主権者たる王の権利を侵害することと見なされ，見せしめとして残虐な身体刑が課されていた。ところが，近代になるとこうした身体刑は消失し，犯罪者の矯正を目的として身体を管理する監獄が誕生することになる。

そして，フーコーによれば，身体の管理は何も監獄だけではなく，学校・工場・兵舎・病院といった閉鎖的で人々の監視が容易な空間でも行われている。これらの空間では，個人を社会の期待する規格にかなった主体として作り上げていくことが，おもに身体の管理を通じてめざされているのである。たとえば，学校や工場では時間の厳守が課され，身体は時間割や労働時間に合わせて動くようになる。さらには，細々とした規則やその違反にともなう罰則，整列行進の訓練，標準とされる知識を習得しているかを測る試験などを通して，規格化された主体を作っていく技術をフーコーは「ディシプリン（規律）」（discipline）と呼び，近代の権力を特徴づけるものと見なしている。

パノプティコンと主体化＝従属化

フーコーは，ベンサムの考案した「パノプティコン（一望監視施設）」を，近代社会における権力のあり方を示す典型として取り上げる。パノプティコンは，独房がドーナツ型に並んだ中央に監視塔が置かれた監獄で，監視塔からは独房の囚人を容易に監視できるのに対し，囚人からは監視人を見ることができない仕組みになっている。

ここに収容された囚人は，監視人がいるかいないかもわからないまま，つねに監視されているという意識をもつようになる。それゆえ，囚人は，視線を内面化し，自発的に服従するようになる。つまり，自己を従順に規律化させる，自律する個人としての主体になっていくのである。フーコーは，sujet というフランス語がもつ「主体」と「臣民」という二つの意味を込めて，このプロセスを「主体化＝従属化（アスュジェティスマン）」（assujettissement）と呼んでいる。この語をもって，近代の能動的な主体は，自己を規律化する権力に従属するものでもあることを，フーコーは示しているのである。

パノプティコンのシステムでは，監視人の姿が見えなくなっているということにも注目すべきだろう。古典主義時代においては，国王に代表されるように，権力が誰かに所有されており，それがはっきりと目に見えていた。だが，近代においては，権力は個人がになうものとしては現れず，その意味で不可視のものになっている。しかし，そこでは，誰に見られているかはわからないが監視されている，という意識を個人に抱かせ，自発的な服従が促される。このような事態をフーコーは「権力の自動化」と呼ぶ。そして，フーコーによれば，近代の社会はそのような権力がいたるところにはりめぐらされた監視社会・規律社会である。

生権力
　近代以降における規格化された主体を生み出す権力の分析を，家庭や性にそのフィールドを移しつつさらに展開したのが『性の歴史 I 知への意志』である。フーコーは，この著作のなかで，身体を規律化する権力と重なりつつも，新たな視点をはらんだ「生権力」(bio-pouvoir) という概念を提出している。抑圧的な法やそうした法を命ずる王の権力が「死なせる」こと，「殺す」ことを最大の武器にしていたのに対して，生権力は人々を「生きさせる」権力である。この権力は，人々を可能な限り生存させ，労働させ，生殖させ続けることを目標とするものである。
　フーコーによれば，「性」は，一方で性的逸脱を規制する規律と関わり，他方で人口増大に関わる，生権力の中心的な標的である。そして，近代の生権力は，この性の二つの側面に対応するように，二つの仕方で発展してきたとフーコーは言う。そのうちの一つが規律権力であり，もう一つは人口の調整管理を行う「生政治」(bio-politique) である。フーコーが考えるに，この二つの側面をもつ生権力は，人々の健康や福祉に気を配る福祉社会を成立させるための基盤にもなれば，全体主義的な国家の登場を準備するものにもなる。また，生政治は優生学や人種主義に結びつくと指摘してもいる。フーコーは近代以降の社会を生権力という概念で説明しようと試みているのである。

統治性と司牧権力

さて，フーコーは 78 年に行った講義で「統治性」（gouvernementalité）というテーマについて語りはじめる。この研究は，生権力の議論を歴史的に考察するものである。フーコーによれば，16 世紀以降，ヨーロッパでは統治に関する関心が高まり，統治の技術に関わる学問が生みだされるようになる。たとえば，著しく人口の増加した 18 世紀のヨーロッパでは，国家にとって人口の保護・維持・拡大が領土以上に重要になり，そのため，健康や出生率，公衆衛生といった人々の生命・生活全般に関心をもつポリスの学が生まれる。そして，18〜19 世紀にはそのようなポリスの統治を過剰と見なす自由主義的政治経済学が登場する。

フーコーはこのように歴史を振り返ったうえで，この「統治性」の概念を，ある形態の権力が行使可能となるための制度・手続・計算・戦術などからなる総体を意味するものと規定する。そして，この権力は政治経済学と結びついて人口とリスクを統治するのだとフーコーは言う。

こうした統治性の議論を近代以前へと射程を広げたときに，研究の対象となるのが「司牧権力」である。キリスト教の司祭に見られるように群衆を導くことにその本質があるこの権力は，領土ではなく，動き続ける人々の群れに対して行使されるという点で生政治や統治性の議論に関わりをもつ。そして，この権力は群れ全体だけでなく，各人に目を光らせるということから個人をも統治するものである。告白の技術と結びつくこのような司牧権力による統治は，規律権力の源泉とも理解されうる。フーコーは，司牧権力を近代社会の権力のプロトタイプと考えていたのである。

第4節　主体と倫理

自己の統治

80 年代に入るとフーコーは，他者を支配する技術としての「統治性」から，自己が自己を統治する技法としての「統治性」へと重点を移していく。『性の歴史 II　快楽の活用』『性の歴史 III　自己への配慮』における

古代ギリシア・ローマの性と道徳の問題の検討は，自己の自己への関わりを重視するそうした意図のもとで行われたのである。

フーコーによれば，古代ギリシアでは，快楽の主体たる自己が節度をもって行動できるかが問われていた。自由市民たるギリシア市民は，自己の欲望に打ち克ち，自己自身を統御できるものでなければならなかった。このギリシアの自己統御は，他者を支配する資格を証明するものでもあった。

それに対して，ローマの道徳においては他人の支配は問題にならず，より自己へと向かっていく。たとえば，結婚は自己の修養の重要な手段と見なされていたが，そこで姦通が問題になるのは，それが裏切りであることよりも，自分の生き方を吟味した際に自己の行いを恥じる要因となるからである。貞節を守るのは，自己を誇りに思うことができるようにするためなのだ。このように，他者との関係のうちで，自己を陶冶していくのが古代ローマの道徳であった。

これらの研究を通してフーコーがめざしていたのは，権力の作用によって規格化された主体であることを拒否し，自らを道徳的主体として自己を作り上げることである。そして，フーコーにとってはこうした自己自身への働きかけこそが「倫理」なのである。

パレーシア

最後に，最晩年の84年にフーコーが唱えた「パレーシア」というテーマにふれておこう。「パレーシア」とはギリシア語で「真理を語ること」であり，古代ギリシアでは，ソクラテスがそうしたように自分の信じることを語ることであった。しかし，ここでフーコーが念頭においているのは絶対的で普遍的な真理ではない。むしろフーコーは，真理は複数あると考えている。では，なぜ真理を語ることが要請されるような事態が生じるのか。複数あるうちの語られるべき真理とは何なのか。フーコーは，それまで自明視されていたことが，社会状況などの様々な要因によってもはや自明視し続けることが不可能になり，それが切迫した問題をなすときに，その解決のために真理は語られると考えている。

また，このパレーシアは率直に語ることでもあり，レトリックやおべっ

かを排すものでもある。パレーシアが語りであるかぎり，そこでは他者とのやり取りが必ず含まれるだろう。それでも，率直な語りであるパレーシアは，支配や服従の関係とは手を切っているのである。他者の前で真理を率直に語ることは一つの鍛錬でもあり，主体を自律した存在へと変容させるものでもあった。

＊　　　＊　　　＊

　フーコーの探求は，彼自身が振り返っているように「知」「権力」「倫理」の三つを軸にしていたといえる。「知」と「権力」の領域では，おもに近代が俎上に載せられているのに対し，「倫理」の領域ではおもに古代を題材にとっているが，「いかにして主体は形成されるのか」という問いに答えようとしているところは共通している。フーコーの思想のうちでも，とくに生政治と統治性の議論はフーコー自身が展開しきれていなかったこともあり，アガンベン（Giorgio Agamben, 1942-）やネグリ（Antonio Negri, 1933-）などが拡張的に継承しようと試みている。

（西川耕平）

【文献】
フーコー『狂気の歴史』田村俶訳，新潮社，1975 年
フーコー『言葉と物』渡辺一民・佐々木明訳，新潮社，1974 年
フーコー『監獄の誕生』田村俶訳，新潮社，1977 年
フーコー『性の歴史』I～III，渡辺守章・田村俶訳，新潮社，1986～1987 年
今村仁司・栗原仁『フーコー』清水書院，1999 年
檜垣立哉『フーコー講義』河出ブックス，2010 年
フレデリック・グロ『ミシェル・フーコー』露崎俊和訳，文庫クセジュ，白水社，1998 年

コラム 12
ポストモダニスム
postmodernisme

ポストモダンとは

　近代（モダン）のあと（ポスト）を意味する「ポストモダン」は，1970年代に，とりわけアメリカの建築，デザイン批評の分野で用いられ始めた。合理性，機能性を重視するモダニズム（近代主義）に対して，ポストモダニスム建築は装飾性や多様性を主張した。

　しだいに哲学や思想の分野でもこの語が使用されるようになる。ただし，資本主義社会において隠すことのできなくなった近代の矛盾や限界が露わになった時代を指すのか，それともそうした近代にとって代わる時代のことを指すのか，はっきりとした用法は決まっていない。それのみならず，自らをポストモダンの哲学者と位置づけるのはリオタール（Jean-François Lyotard, 1924-1998）ただ一人であり，ほかにポストモダン的な哲学者としてフーコー，ドゥルーズ，デリダ（Jacques Derrida, 1930-2004）の名を挙げることはできるものの，思想区分としては緩やかなものにとどまっている。

　しかしながら，ポストモダニスムに分類される思想家は，たいてい，理性による啓蒙あるいは確固たる主体を基盤とする近代の価値や理念に疑念を突き付け，全体的あるいは固定的な考えから脱却しようという方向性を共通のものとして有している。ここでは，彼らの思想の一端を紹介しよう。

リオタール

　ポストモダンとは何かという問いに明確に答えているのは，リオタールをおいてほかにない。リオタールによれば，近代の政治・経済・文化システムは自らを正当化するものとして，言説を正当化する「メタ言説」を必要とする。そして，近代システムが未来においても正当化されるために，正当化の言説はヘーゲルやマルクスの進歩史観をとることになる。そうした目的論的な歴史観からなる一見

普遍的な「大きな物語」に準拠する知をリオタールは「モダン」と呼ぶ。

このような「大きな物語」あるいは「メタ物語」に対する不信感こそが「ポストモダン」だとリオタールは言う。リオタールによれば，近代の大きな物語が，欧米中心のシステムの普遍化，帝国主義のイデオロギーにすぎなかったことを二つの世界大戦が露呈したのである。

こうした大きな物語の失効は，知の進歩の帰結でもある。リオタールはゲーデル（Kurt Gödel, 1906-1978）の不完全性定理やウィトゲンシュタイン（Ludwig Wittgenstein, 1889-1951）の言語ゲーム論といった理論が，伝統的な真理概念を揺るがす点を強調する。このように，個々の知的領域がみずからの局所性を自覚し，自己の真理の普遍化や正当化を行わないことは，普遍とされてきた近代システムに対する疑念の支えとなっている。

では，リオタールの言うように「大きな物語」に頼るべきでない，あるいはもはや頼れないのだとすれば，どうすればよいだろうか。リオタールは，複数の言語ゲームの差異や異質性を尊重することを「正義」と呼ぶ。一つの法やルールの下に複数の異質なものを回収するのではなく，異なる法やルールどうしの論争を認め，それらの相互検証を促進する。こうした異質なものどうしの収束なき論争により，暴力的な法やシステムを回避できるとリオタールは考えたのである。

ドゥルーズとガタリ

哲学史家として出発したドゥルーズと，精神分析医で運動家のガタリ（Félix Guattari, 1930-1992）とが二人で行った共同作業は，ポストモダニズムに強い影響を与えた。ドゥルーズとガタリが，その思想のキーワードに据えるのは「欲望」である。彼らによれば，身体，自然，言語，記号，商品，貨幣といった諸要素が相互に連結することによって形成された「機械」は，人間の意志や主体を離れて無意識のうちに作動する。その連結を作り出すのが「欲望」にほかならない。つまり，「欲望」とは「機械」なのである。ここで重要なのは，もののあいだの連結には必然性がなく，関係がつねに作り

変えられるということだ。

　欲望は多様な流れであり，規制によってその流れを限定することは欲望の本質に反するとされる。ドゥルーズとガタリによれば，欲望は生産するものであり，肯定的なものである。このような欲望の理解は，欲望を欠如しているものへの求めと見なすプラトン以来支配的だった欲望観を転換するものであった。彼らは，このような欲望の理論に基づいて，社会による抑制の問題に取り組んでいったのである。

　ガタリとの共同作業から離れたドゥルーズが 90 年代の初めに述べた管理社会論にも触れておこう。ドゥルーズの見立てでは，現代社会はフーコーの説いた規律社会ではもはやなく，管理社会になっている。人間は，もはや教育や職業の場面で閉鎖的な環境に置かれることはほとんどなくなったが，その代わり，恒常的に管理されるようになったのだ。ドゥルーズによれば，生産よりも販売や市場の獲得に重きを置く現在の資本主義社会においては，規律の形成はもはや有効性を欠き，管理の確保が問題となる。

　ドゥルーズは管理におけるコンピュータの役割を早くも指摘しつつ，個々人はサンプルあるいはデータといった数値化されるものとして分割されて管理されると言う。こうしたコンピュータを介したマーケティングが社会管理の道具となる新たな支配体制に対して憂慮を示しつつも，ドゥルーズは具体的な対抗策を示すことはできなかった。だが，その社会分析は現在の社会にも妥当するものであり，この問題は現代のわれわれが引き受けなければならないものとして残っている。

デリダ

　デリダは，人間が思考する際には往々にして，内部／外部，真理／虚偽，同一性／差異，本質／見かけ，といった二項対立が前提にされていると指摘する。この二項対立はそれぞれ，前者が後者に優越し，支配するという，一方の項が他方を暴力的に支配するヒエラルキー（階層秩序）をなしている。それゆえ，その解体をデリダはめざす。その際にとられる手法が「脱構築」（déconstruction）である。デリダは，通常は劣位に置かれたものが，じつは優位に置かれ

たものの可能性の条件となっていることを示すことによって，両者の境界がじつは曖昧であることを暴露し，価値の序列を解体するのである。これが脱構築である。

　デリダはこの脱構築の考えを法や正義にも適用する。デリダによれば，法は脱構築することが可能である。たとえ「法の支配」の下で合法的に立法されたとしても，その「法の支配」の起源を探れば，それ自身はどんな法にも従っていない「力の一撃」に至る。つまり，法はその成立において正当化することのできない「原暴力」を含んでいるのだ。そこに，脱構築の入り込む余地があるとデリダは考える。

　あらゆる法を脱構築することが可能だと主張するデリダは，ともすれば，あらゆる価値の破壊者のように見えるかもしれないが，それは誤解である。デリダが法を脱構築することが可能なものと見なすのは，「正義」を脱構築することはできないと考えているからである。他者との関係を排除する原暴力を法がはらむ以上，それは脱構築されてしかるべきである。デリダにとっての「正義」は，その逆に他者とつねに関わるものである。脱構築は他者の呼びかけへの応答として始まる。それゆえ，脱構築は正義なのである。

　では，他者とはどのような存在だろうか。デリダは他者に関して「すべての他者はまったき他者である」と言う。これは，ある他者は他のどの他者とも異なる交換不可能な特異な存在であるということ，さらにはどの他者もそのように唯一絶対の他者であるということである。デリダは，それにもかかわらず，一人の他者の呼びかけに応えるためには，ほかの他者たちを犠牲にするほかないことを指摘する。ここで，人は相矛盾する逆説的な状況に置かれることになるわけだが，それでもなお，特異な他者たちの呼びかけに普遍的に応えるという要求を放棄しないこと，それをデリダは「責任」の条件とするのである。

（西川耕平）

第 20 章
レヴィナス
Emmanuel Levinas, 1906-1995

　レヴィナスは，20 世紀という戦争の世紀を生きたユダヤ人哲学者であり，その思想は，「存在」と「他者」についての独自の見解に基づいて，人間の「倫理」と主体性の回復をめざすものである。ロシア帝国領のリトアニアに生まれたレヴィナスは，ナチスにより故郷に残した親族のほとんどを失ったが，自身は捕虜収容所で生き延びて，戦後フランスで活躍した。レヴィナスは，フッサール・ハイデガーのもとで現象学を学びながらも，実存主義と構造主義の対立や，ポストモダニズムと呼ばれる一群の思想家たちとは一線を画する仕方で，独自の倫理思想を展開している。その主著『全体性と無限』（1961 年）においては，とくに第三部「顔と外部性」で，他者によって主体の「自由」が問いただされることが論じられている。

第 1 節　存在の全体性

主体性を脅かす存在
　レヴィナスは，『全体性と無限』に先立ち，『実存から実存者へ』（1947 年）で，ハイデガーとは別様に，「存在」と「存在者」の関係について論じている。
　まずレヴィナスが主張するのは，「「ある」という普遍的事実」からは何一つとして逃れることはできない，ということである。たとえば，灯り一つない夜の闇に取り囲まれて，自他を区別するために必要な距離感がつかめず，私という存在の輪郭すら定めがたい状況にあっても，そこには何も無いわけではない。形ある一切の存在者が消え去ったかに見える状況でも，そこでは存在がうごめいているからである。この無形で無名の存在は，一

切の存在者からその自立性を奪ってしまうものであり，それゆえ人に恐怖を抱かせるものである。レヴィナスは，不眠の境地において経験されるようなこの存在の圧迫感を，「イリヤ」(il y a)（非人称の代名詞を用いたフランス語表現で「ある」を意味する）と名づけている。

レヴィナスの考えでは，無形で無名の存在の流れから距離を取り，一つの場所を占めることではじめて，いま・ここを起点に自発的に行為する存在者が誕生する。それは，存在から存在者への位相の転換「イポスターズ」によって一箇の存在者が個体化する出来事である。上下左右の区別のない存在から分離し，特定の場所を占めることで，存在者は自らの存在を所有し，存在の主語となる。名づけられない存在の気配のようなものがただ「ある」のではなく，いまや「何ものか」が存在する。レヴィナスによれば，自由とは，このように，存在者が存在から分離し，自らの存在を所有する出来事によって，たえず勝ち取られねばならないものである。

しかしこの瞬間に獲得された自由は，束の間のものにすぎない。なぜなら，一つの場所を占めることで個体化した存在者は，つねに，存在の流れに呑み込まれて自らの自立性を失う危険にさらされているからである。レヴィナスによれば，存在は一切の存在者を呑みこみ，あらゆるものから主体性を奪うものとして生成する。それゆえ一箇の存在者にとって，存在することは「悪」であり「苦痛」である。このように，レヴィナスは，存在を無条件に善いものと考えてきた西欧の伝統的な形而上学とも，本質と実存を対立させる実存主義とも違う仕方で，存在が主体性を脅かすものであることに注意を喚起している。

自由と道徳を無効にする全体性

こうした存在理解に基づき，『全体性と無限』でレヴィナスは，戦争状態において存在の「全体性」(totalité) が顕著に表れると論じている。たとえば戦時下の全体主義的国家を考えてみよう。そこでは，全体を起点に個物の意義や役割が定められ，人間もまた貴重な兵力になる人材として徴用された。このように，戦争においては，個々の存在者がそれ自体として考慮されることなく，全体のために用立てられ，総動員される。いま・こ

こにある自分を起点に何ごとかをなす存在者の自由は奪い去られ，あらゆるものが戦争の秩序のうちに組み込まれてしまうのである。このように，戦争はそれ自体で完結した一つの全体を作り出し，そこからは誰一人として自由ではない。この意味で，レヴィナスは，戦争状態において個別的存在者の自由は敗北する，と述べている。

　また，レヴィナスによれば，「戦争状態によって道徳は宙づりにされてしまう」。というのも，戦争によってつくられる全体性は，何一つ絶対的なものを許容しないからである。戦争状態にあっては，永遠的な秩序も，無条件的な法則も，暫定的に無効にされる。たとえば，一人一人の人間のかけがえのなさといった無条件の価値は棚上げにされて，人間の殺し合いが許容される。戦争がいつでも可能であるということは，無条件的な道徳などそもそもありえないということの証左なのである。それゆえ，レヴィナスは，戦争が恒久的に続くだろうということを見て取ることで，道徳が欺瞞であることが暴かれる，と指摘している。

　レヴィナスの見るところでは，万物の根源にある原理（アルケー）を探究する西欧哲学は，この全体性の観念によって支配されてきた。万物を支配する一つの原理を認識することで，存在者の全体を統一的に把握し，次いで，個々の存在者の意味を確定することができる。こうして，西欧哲学は，「全体を起点に個物の意味を定める」。しかしこうして描き出される全体は，構造上，一つとして絶対的なものを許容しないがゆえに，個別者から自由を奪い，また，道徳を無効にしてしまう。このように，レヴィナスは，西欧哲学の思考の枠組みのうちに潜む全体性という発想を暴き出し，その問題点に目を向けている。

第2節　他者という無限

無限の観念
　次にレヴィナスは，存在の全体性に抗して自由と道徳が可能になる条件を見定めるべく，「私」と「他人」のあいだの関係について論じている。

レヴィナスによれば，私は，自分にとって他なるものを把握することによって，それを自己の内部に取り込み，所有することができる。私によって把握されたものは，もはや他なるものではなく，自己と同じものと化している。このように，私の生は，他なるものを自分に同化させることで，自らを完結しようとする「自己同一化作用」によって支えられている。この枠組みにおいては，私の自由にならないものは何もない。一切のものは，私の自由の支配下にある。他なるものを対象化して把握することで，存在の全体性のうちに囲い込むこの図式のことを，レヴィナスは「存在論」（ontologie）と呼んでいる。

そのうえで，レヴィナスは次のように論じている。他人は，この存在論による把握を拒む唯一の者である。たとえば，何らかの枠組みで他人を囲いこもうとしても，他人はその枠組みを踏み越えてしまう。他人とは，存在するとか存在しないといった区分にさえ収まりきれない「無限」（Infini）であり，存在の外部を告げる「他者」（Autre）だからである。このような他者のもつ，自己の理解を超える独自性を，レヴィナスは「他性」と呼んでいる。そして，デカルトにおける無限の定義を踏まえて，私の理解の範疇から溢れ出し，存在論によってつくられる全体性と断絶する他者との関係のうちに，「無限の観念」があると主張している。

ただしここで無限の観念は，他人が私の把握を逃れ出ることだけを意味するのではない。レヴィナスの考えでは，他人は，私が把握しえないものであるだけでなく，私に命令を下すことで，私と他人のあいだの無限の隔たりを告げる，一つの人格的な存在として現れる。つまり，無限の観念は，認識する主体に対して明らかにされるのではなく，私と他人のあいだの人格的で道徳的な関係のうちに宿るのである。それゆえ，レヴィナスは，全体性の観念が認識に関わるのに対して，無限の観念は道徳に関わると指摘している。

問いただされる自由

では，他人はどのようにして現れるのだろうか。レヴィナスによれば，他人は「顔」として私に迫り来る。「顔」とは，他人を知覚することでは

なく，他人が「絶対的に他なるもの」として現れる仕方のことである。先に見たように，他なるものを自己に同化し，一つの全体性を作り上げるようなあり方をしているかぎり，私は，自分の自由を揺るがすものに出会うことはない。しかし，私の理解を拒み，それゆえ自己に同化されることのない他人は，私の自由を問いただす顔として，私と「対面」する。

　顔と対面するとき，私は，自分の意のままにならないこの他者を抹消したいという誘惑に駆られるが，同時に，その殺害を禁止する命令（「汝殺すなかれ」）を課せられる。この命令は，私に対して一方的に通達されているがゆえに，私はそれに服すほかない。この意味で，レヴィナスは，他人を殺害することは，倫理的に不可能であると主張している。ただし，この命令は強制力をもつものではなく，その対応を私の自由意志に委ね，私を「責任」（responsabilité）のうちに置き入れるものである。責任とは，他人に対しどのように応じるかが問われ，私が試される場面そのものであり，応答する可能性のことにほかならない。この責任によって，私と他人のあいだには「倫理」と呼ばれる一つの道徳的関係が結ばれるのである。

　この倫理という関係において，私の自由が，じつは不当なものであることが明らかになる。他人に対する責任に照らしてみるなら，自己同一性を基盤とする私の自由は，他人を他者として扱うことのない「自我中心主義（エゴイスム）」（égoisme）だからである。他なるものを把握して自己に同化することは，それ自体，一切のものの他性を否定することでもある。それゆえ，私が自由な認識の主体としていま・ここに在ることによって，他人が他者であることは否定されてしまう。これは，他人を不当に扱うことにほかならない。レヴィナスは，こうして生まれてくる自覚を，「自由が自身について感じる羞恥」と呼んでいる。先に見たように，戦争の全体性のうちでは自由は不可能になるが，これに対し，他者という無限の面前では，私の自由は，不当なものとして道徳的に問いただされるのである。

　このように，他人のいない世界で何ものにも制限されない自由を享受していた私は，自分の自由にならない他人の顔と出会い，他人に対して応答する責任を課せられるやいなや，自分が自己同一的な主体としてこの場所を占めていることに対して，疚しさ，羞恥，不正の意識を抱くことになる。

この意味で,「他者を迎え入れることは,それ自体として,私が不正であるという意識である」。レヴィナスは,この不正の意識こそが道徳の起源であると主張している。

第一哲学としての倫理

次にレヴィナスは,この顔との対面において,私は,自らを「弁明」するよう呼び出されると述べている。他人の面前で,私は,いまこの場所を自分が占めていることに疚しさを覚え,他人に応答する責任を課せられる。こうして応答を迫られることで,私は,自分が何者であるのかを他人に対して表現し,ことばを語る一人の人格となる。つまり,「あなた」に対して一人称で「私は」と応じる主体が誕生するのである。レヴィナスは,このように,他人の呼びかけに応えて自らを表現することで,対話という言語活動が始まると考えている。

そしてレヴィナスによれば,対話とはそもそも非対称なものである。対話における私から他人への係わりは,一方向的なものだからである。他人は,一切のものを対象として構成するこの私の認識の限界を教え,私の発話を方位づける宛先として,この対話から超越した者でありつづける。そうである以上,対話は自己完結的なモノローグの延長でも,対等な二者間の相互的な交わりでもない。このように,分離を介した関係のうちで他者へと向けて自己を表現することが,いかなる対話においても前提とされていることから,レヴィナスは,対話の本質は他者に対する責任のうちにある,と述べている。

さらにレヴィナスは,倫理こそが第一哲学であると主張している。他人との関係としての倫理は,存在論に先立つ人間の根源的社会性を示すものだからである。一切のものを対象化し,認識対象と存在を一致させて一つの全体性をつくりだす,存在論的な把握の枠組みは,倫理において根底から問いただされる。倫理は,存在の全体性を溢れ出す無限の観念によって,私が,自らの自由の不当さを自覚して,他人との対話をはじめる契機となるのである。この意味で,レヴィナスによれば,倫理とは,真理を追究する哲学的営みを可能にする,言語活動の端緒である。

第3節　善さと正義

存在の彼方の善さ

　レヴィナスはまた，自由と道徳の問題だけでなく，善と正義がいかにして到来するのかについても論じている。
　著作『存在の彼方へ』（1974年）の第四章「身代わり」では，他人に対する責任が，相互に義務を負う契約関係とは異なり，主体の自由に先立って負わされる，一方的で非対称なものであることが強調的に描き出されている。レヴィナスによれば，責任は，主体が自分で選び取ったものではなく，意識化しえない過去からの触発として，主体性の最奥に外傷（トラウマ）のように刻み込まれたものである。そのため，この責任はどこまでいっても果たされるということがなく，応答すればするほど責任が増していく「無限定の責任」の相貌を示す。
　この無限定の責任に応えることで，全面的に他者のために代りになる一者，他者の「身代わり」が誕生する，とレヴィナスは主張している。レヴィナスによれば，他人の呼びかけに「私は」と応じるとき，私は，自分があらゆる他人に対して捧げられたものであることを証言している。なぜなら責任とは，究極的には，あらゆる他人たちのために代わりに「私はここにいます」（me voici）と宣言し，自らを贈与することを要請するものだからである。一方的に私だけに課されたこの万人に対する責任に応じることで，私は，他の誰にも肩代わりしてもらうことのできない，唯一無二の責任を負う者――すなわち唯一者――となる。
　こうして見返りを求めずただひたすらに他人に自らを捧げるとき，私は，自己に対して自己のためにあることをやめて，「善さ」（bonté）そのものと化している，とレヴィナスは述べている。先に見たように，いま・ここという一つの場所を占めることで，無形で無名の存在の流れから距離を取り，自らの存在を所有する個別的存在者が誕生する。これに対し，他人に対して「私は」と応じることは，自分のための一切の所有を放棄して，他者に自らを明け渡すことである。この意味で，レヴィナスによれば，善さ

とは，他人の他性を否定して自我中心的な全体性をつくりだす存在からの超越，存在とは他なるものへの超越のうちで――「存在の彼方で」――到来するものである。

国家正義の問題

さらにレヴィナスは，『存在の彼方へ』の第五章「主体性と無限」において，正義の体制としての国家の必要性について論じることで，戦争状態から抜け出し，他人と私のあいだに平和が可能になる可能性について論じている。

レヴィナスが論じるように，他人に対する責任が，あらゆる他人に対する無限定の責任へと増幅するものであるとすれば，原理的に言って，私がこの責任を果たしきるときは永久に来ないだろう。なぜなら私は，ある人に応答することで，必ず他の人に応答する責任に背いてしまうことになり，他人たちのあいだに不公平が生じてしまうからである。それゆえ，他人たちに対する私の無限定の責任を公平な仕方で配分し，他者間の争いを調停して，正当な裁きを下す法廷が必要となる。レヴィナスによれば，「正義」とは，このように，他人たちという比較不能な者同士を比較し，彼らの権利を平等に尊重するために，私が何をなすべきかを定める原理である。

そして，それぞれかけがえのない唯一的な存在である他人を比較考量し，私の責任を限定する必要性から，「国家」が誕生する，とレヴィナスは論じている。国家においては，各人は同等に扱われ，他人たちに対する私の一方的な責任は限定されざるをえない。つまり私もまた，他人と同様に，権利と義務を有する者となるのである。この意味で，倫理に照らしてみるならば，国家が存在することそれ自体は不当なことである。なぜなら，国家において他人は，私との共通項によって類比的な存在と見なされ，私との差異を告げる無限，絶対的な他者として尊重されていないからである。

しかし先に見たように，国家は，他人たちに対する私の無限定の責任を出発点とし，他人たちの権利を守るために要請されたものである。レヴィナスの考えでは，国家は，万人の万人に対する闘争から生まれるのではなく，万人に責任を負う唯一者を起点に生まれるものである。それゆえ，国

家の存在意義は，私の自由を制限し，私の責任にも限定を加えることで，他人たちの権利が平等に守られるようにすることにある。この意味で，それ自体では不当なものである国家は，正義を実現するより善い制度をめざす限りにおいて，一定の意義をもつといえる。つまり，その成り立ちからして，国家には，あらゆる他人にとって公平な社会秩序をもたらす義務が課せられているのである。

レヴィナスの人間観・社会観
　以上が，自由と道徳，善と正義に関するレヴィナスの主張である。そこには，レヴィナスの人間観や社会観もまた示されている。
　レヴィナスの考えでは，存在の全体性に抗して自由と道徳を可能にするのは，他人とのあいだの関係——倫理——である。そこで他人は，私と共通の本性をもつ存在者としてではなく，私とは絶対的に他なるもの，存在の全体性を超越する無限として扱われている。レヴィナスは，こうした他者の尊重を基盤とする「他なる人間の人間主義」を提唱し，相互的関係のうちでは見失われている他人の他性に注意を喚起している。その意味で，レヴィナスの人間観は，各人の共通項ではなく，むしろ差異に光を当て，自己と他者が交換不可能であることを強調するものであるといえる。
　また，レヴィナスは，自らの利害に執着する個人を起点に，共通の利害を守るために国家が要請されるとする社会契約説とは異なり，あらゆる他人に対する責任に応じる倫理的主体性に基づいて，正義をめざす国家がつくられる，と主張している。こうした社会は，存在の外部に留まる他者をあらかじめ迎え入れているがゆえに，全体性として完結することがない。それはむしろ，他者によってたえず道徳的に問いただされることで，正義の実現に向けて変容する可能性を秘めた，多元的な社会である。その意味で，レヴィナスの描く社会は，〈他者に開かれた社会〉である。

　　　　　　　　　＊　　　　＊　　　　＊

　レヴィナスは，人間の主体性を脅かす存在の全体性を批判して，全体性

の観念に対する無限の観念の優位を唱え，無限なる他者との関係である倫理によって，自由と道徳が可能になることを示そうとした。また，他人に対する責任に応えることで，一人称でことばを語る主体が誕生し，真理の探究が可能になると主張した。さらに，存在からの超越としての善さが到来し，正義がめざされる道筋を構想した。他者に対する責任というその独自の着眼点は，21世紀に入っても現代思想に影響を与え続けている。

（村上暁子）

【文献】
レヴィナス『全体性と無限』熊野純彦訳，岩波文庫，2005年
レヴィナス『実存から実存者へ』西谷修訳，ちくま学芸文庫，2005年
レヴィナス『存在の彼方へ』合田正人訳，講談社学術文庫，1999年
合田正人『レヴィナス：存在の革命へ向けて』ちくま学芸文庫，2000年
斎藤慶典「レヴィナス」，鷲田清一編『哲学の歴史　第12巻　実存・構造・他者』中央公論新社，2008年，所収

第 21 章
ハーバーマス

Jürgen Habermas, 1929-

　ユルゲン・ハーバーマスは、現代を代表するドイツの社会理論家である。18 世紀の啓蒙思想は、人間を無知や野蛮の状態から解放する「理性」に信頼を寄せていた。ところが、理性が発達させた現代文明は、世界大戦やファシズムなどの新たな野蛮を生み出した。このような状況に直面し、理性や啓蒙に対する懐疑が語られるようになる。ハーバーマスは、この懐疑に抗して、人々を対話に基づく合意へと導く「コミュニケーション的理性」を擁護する。彼は 20 世紀の言語哲学の影響を受けて社会理論に新たな転回をもたらし、「討議倫理学」という新たな学的方法を構築した。

第 1 節　啓蒙的理性と近代

フランクフルト学派
　1923 年、フランクフルトに「社会研究所」が設立された。これに所属していた哲学者や社会学者、社会心理学者などから主に構成されるグループは、「フランクフルト学派」と総称されている。フランクフルト学派は、道徳や宗教、文化、科学などを多様な視点から考察し、自然科学の実証主義的なアプローチのみを有効と見なす当時の思想的傾向に異議を唱えた。
　初期にフランクフルト学派を主導したホルクハイマー（Max Horkheimer, 1895-1973）とアドルノ（Theodor Wiesengrund Adorno, 1903-1969）は、共著『啓蒙の弁証法』（1947 年）において、「なぜ人類は、真に人間的な状態に踏み入っていく代わりに、一種の新しい野蛮状態へ落ち込んでいくのか」と問う。ホルクハイマーたちは、理性の生み出した現代の状況を観察する。そして、野蛮から抜け出して啓蒙されたはずの文明が、非合理で野

蛮な状態——ファシズムや全体主義，世界大戦はもちろんのこと，資本主義経済や官僚制，マス・メディアも含め——へと，そして破滅へと向かうことを見出したのである。

　これらの出来事は，社会のなかで啓蒙の本来の精神が失われてきたことの証と，単純に受け取られてはならない。じつは啓蒙という概念そのもののうちに，啓蒙自身を否定するこのような退行への萌芽が含まれているのである。合理性が非合理性の契機を含むというこのことが，「啓蒙の弁証法」と呼ばれる。

　啓蒙は一般に，理性が神話や迷信から人々を解放する過程と考えられてきた。しかし実際には，理性の目的は，自然の支配なのである。理性は人間を自然の支配者にする。この理性は，目的を実現するために必要なことを計算して計画を作成する道具であり，「道具的理性」と呼ばれる。道具的理性自身はあらゆる目的に中立的であり，どの目的を実現すべきかをもはや教えない。やがて理性は，人間が人間を支配するためにも用いられるようになる。道具的理性の生み出す現代の社会制度のもとで，個々人は抑圧された生を強いられるのである。

市民的公共性

　同じくフランクフルト学派に属するハーバーマスもまた，道具的理性とそれが生み出す社会のありようとを問題視した。ただし，ハーバーマスによれば，ホルクハイマーたちは，理性や啓蒙を全面的に批判し，その結果，歯止めのない理性不信へと陥る。それに対しハーバーマスは，道具的理性とは別の理性の可能性を論じようとした。そのために彼がまず取り上げたのは，近代ヨーロッパで発展した「市民的公共性」であった。

　17世紀以降のイギリスとフランス，ドイツの都市では，コーヒーハウスやサロンが作られた。そこでは貴族と教養をもった市民たちとが，文学や芸術作品の批評を行っていた。この小コミュニティーのなかで，人々は，身分や利害に捉われることなく，最終的には他の人々の判断に拘束されない一人の自立した主体として，討論に参加した。市民的公共性はまず，このような「文芸的公共性」として確立した。

もちろん，人間である限りでの諸個人の対等な関係という理念は，この時期に実現していたわけではないが，少なくとも建前として掲げられ尊重されていた。文芸的公共性はやがて，討論の場をサロンから雑誌や新聞へ移しつつ，私的な利益を擁護し経済活動への国家の干渉を拒絶しようとする「政治的公共性」へと発展する。政治的公共性は，社会を支配する権力ではなく，支配権力に対抗してこれを監視しようとする原理となる。
　ただし，文芸的公共性も政治的公共性も，受け手に圧倒的な浸透力をもつ大衆文化とマス・メディアの登場によって失われてしまった。人は一人の自立した討論者ではなく，情報の単なる享受者となる。現代では小説は消費財であり，政治的討論も稀である。ホルクハイマーたちが言うように現代が悲惨の時代なら，それは市民的公共性の没落が原因であろう。
　ハーバーマスにとって，近代特有の市民的公共性に見られる理性は，道具的理性ではない。理念として見るならば，自由な個人たちによる討論のための理性は，合理性の追求が非合理な結末をもたらすという「啓蒙の弁証法」を終結させ，啓蒙的理性の可能性を示唆する。とはいえ，ハーバーマスがめざすのは，サロンの復活ではない。現代の哲学的状況を踏まえたうえで道具的理性以外の理性のあり方を提示する思考枠組みが，以下で見るような，コミュニケーション的行為の理論であり，討議倫理学である。

第2節　コミュニケーション的行為の理論

コミュニケーション論的転回
　人間の相互関係を規定する社会理論は，近代哲学の思考枠組みのうちで構築されてきた。ハーバーマスは「主観（主体）哲学」や「意識哲学」という語によって，近代哲学の特徴を浮き彫りにしている。近代哲学は一般に，主体（自己意識）と客体（世界）を区分する。世界の外部から世界を眺め，これに介入しようとする主体は，世界全体のしくみや人間の使命を説明する究極的原理を獲得しようと試みてきた。ところが，そのような試みはすべて挫折し，究極的原理とのつながりを失った主体は，自己保存に

邁進するようになる。主観哲学に従うなら,社会理論はつねに,ホルクハイマーたちと同じ困難——理性の非合理性——に帰着せざるをえない。

ハーバーマスはこのような思考枠組みからの脱却を宣言し,社会理論の新たな方法論を提示する。ハーバーマスが注目するのは,コミュニケーションである。コミュニケーションで問題となるのは,世界の外部から世界を眺める孤立的な主体ではなく,世界内部で他の主体たちと交流する主体である。主体は,自分の目的だけを追求するのではなく,他の人にも受け入れてもらえるよう行為を調整しなければならない。この相互主観的関係を成立させる行為調整メカニズムが,コミュニケーションである。

このメカニズムを解明するために,ハーバーマスは言語哲学の知見を導入する。というのも,コミュニケーションのために,人はたいてい言語を使用するからである。ただし,話し手の意図や考えが言語表現を介していかに聞き手に伝達されるのかと考えるのでは,主観哲学の段階にとどまることになる。そうではなく,話し手が聞き手と相互了解をめざしてどのように言語表現を用いるのかが,考察されなくてはならない。このようにして,ハーバーマスは,主観哲学の思考枠組みからの脱却を図り,相互主観性の発想と言語哲学の摂取とを介して,社会理論に「コミュニケーション論的転回」をもたらした。

同時に,このコミュニケーション論的転回は,真理についての新たな見解をもたらした。ハーバーマスは,言明が真かどうかは事実と照らし合わせて判定されるという「真理の対応説」を採らない。彼は,ある言明が真かどうかは,人々の合意可能性を通じて判定されると考えたのである。このような見解は「真理の合意説」と呼ばれる。

行為としての言語使用

コミュニケーション的転回がもたらした社会理論が,コミュニケーション的行為の理論である。「コミュニケーション的行為」とは,複数の主体のあいだでの合意をめざすような言語使用のことを指している。まず,「コミュニケーション的行為」にふさわしい言語使用がどのようなものであるかを確認しよう。

言語の使用は，一種の行為である。たとえば，「今から君の家に行くよ」と発言するとき，私は約束という行為をしている。また，「窓を開けてほしい」と言うなら，依頼という行為をしている。このように，言葉はただ事実を表示する道具ではない。私たちは，言葉を語ることにおいてじつは行為を遂行しているのである。この行為の特徴は，話し手と聞き手という複数の主体間での相互的な行為だということである。

ところで，「今すぐお金を貸してください」などと聞き手に伝えるのだが，言葉通りの行為をしているのではなく，その発言によって相手を困惑させようとしているだけという場合があるだろう。これも先の例と同じように，言葉の使用による相互行為である。だが，この場合，語られた言葉の内容ではなく，語られていない意図のほうが，行為の意味を表している。

どちらのタイプの行為も，聞き手に対して言葉が発せられている点では同じである。しかし，コミュニケーションで用いられるのは，語られた言葉からその意味が明確に読み取れるような言語でなくてはならない。たとえば，「今から君の家に行くよ」と言うとき，この言葉がそのまま家に行く約束として理解されてほしい旨が，聞き手に伝わらなくてはならない。同じ言葉でも，聞き手にただ困惑や恐怖を与えるように語られるのなら，それはコミュニケーションにふさわしい言語使用とはいえない。なぜなら，その場合に言葉は，話し手の意図を伏せたまま発せられており，それらを聞き手が理解し承認する可能性が抜け落ちているからである。

ハーバーマスは，話し手がただ自分の意図や目的を達成するために他の人の感情や行動，意思決定に影響を与えるような言語使用を「戦略的行為」と呼び，コミュニケーション的行為に対比させている。

コミュニケーション的行為

それでは，コミュニケーション的行為を，「喫煙してはいけません」という発言を例に考えてみよう。この発言は，話し手から聞き手への命令である。聞き手は命令に，集団心理で何となく従う場合もあれば，従わなければ制裁を科せられるという恐れから従う場合もある。しかし，ハーバーマスは，どちらの場合も命令と聞き手の行為との一致が見られるにもかか

わらず，合意の要件を満たしてないと言う。

　コミュニケーション的行為の場合，発言にはつねに「妥当要求」が伴われる。つまり，話し手は聞き手に対し，自らの発言の根拠（理由）を（明示的にか暗黙のうちにかはともかく）提示し，それをもとに発言が妥当であることを認めるよう要求する。たとえば，「喫煙をしてはいけません」という発言の場合，医者は患者に「健康」という理由を，旅客機の乗務員は旅行者に「飛行中の安全」という理由を提示して，自分の命令を理由とともに受け入れるよう聞き手に要求する。

　この発言に対し，聞き手は，言われたことの意味を把握し，話し手の指示に対し「はい」か「いいえ」かの態度をとり，達成された合意に従って自分の行為を変更する。話し手が命令の一方的な受容を迫る「戦略的行為」と異なり，コミュニケーション的行為の場合，理由に納得できなければ，聞き手は話し手の命令や要請を受け入れなくてもよいのである。聞き手が受け入れを拒否する理由としては，「話し手に事実誤認がある」や「社会的なルールに反している」，「話し手が自分の意図を誠実に告げていない」といったものが挙げられる。

　このように，コミュニケーション的行為の目標は，相互に受け入れ可能な理由に基づく合意形成である。そのような合意を達成するための能力が「コミュニケーション的理性」にほかならない。コミュニケーション的理性の存在は，人々が支配と抑圧の関係に置かれるのではなく，究極的には強制を伴われずに議論によって一致し合意を形成する可能性を示している。

第3節　近代社会とその病理

生活世界の合理化
　人間にはコミュニケーション的理性と道具的理性の双方が備わっているというのが，ハーバーマスの考えである。このような見方は，彼の社会観に深い影響を与えている。彼は，「生活世界」と「システム」という二つのメカニズムを対比させて，近代社会のあり様を説明している。

「生活世界」は，もともとは現象学で使用されていた語を，ハーバーマスが社会理論のために転用したものである。生活世界は，私たちが他の人々と暮らし，共有している世界である。私たちのコミュニケーション的行為はすべて，生活世界を背景になされる。人々は生活世界のうちに，文化的・社会的に蓄積された共有知を抱いており，生活世界において，自分の発言の妥当性を認めるよう要求しあう。もし生活世界が失われるようなことがあれば，人々はただちに意見の衝突に見舞われることだろう。

近代社会の特徴として，「生活世界の合理化」を挙げることができる。近代以前の社会において，人々は，一つの統一的な世界観（神話や宗教）を引き合いに出すことによって，合意を保持した。ところが，世界観が多様化するにつれ，伝統的な世界観に訴えるだけでは，合意を達成するのが困難になった。意見の不一致が顕在化する時に生じるのが，生活世界の合理化である。生活世界の合理化とは，生活世界が多様な専門領域へと分化し，それぞれの内部で形式主義化が進行することである。たとえば，近代では法や倫理は，厳格に区別され（専門化），「人を欺くな」「盗んではならない」といった具体的な規範としてではなく，むしろそのような具体的な規範を定めて根拠づける手続きとして理解される（形式主義化）ようになった。

このように，近代において，伝統的な世界観は反省と批判の対象となる。文化的知や社会的統合は，社会の成員によるコミュニケーション的行為と，それを通じて達成された合意に従ってのみ，維持される。

生活世界の植民地化

ハーバーマスによれば，実際に遂行される生活世界の合理化には，「システム」による「生活世界の植民地化」という病理がつきまとっている。システムは，（言語による合意形成ではなく）非言語的媒介を通じて人々の行為を調整するメカニズムである。そのような媒介としては貨幣と権力があり，それぞれ経済システムと政治システムとを制御する。

生活世界の合理化が進むにつれ，意見の不一致が頻繁に起こるようになる。合意形成の負担を軽減するため，経済システムと政治システムは，資

本主義的な市場経済と国家行政制度とを構築する。言語による合意形成ではなく貨幣や権力が，人々の行為を調整して社会を統合する原動力となる。

　問題なのは，システムが生活世界——家族や文化，マス・メディアなど——から乖離し，反対にシステムの論理が人々の生活のうちに浸透するようになったことである。この現象をハーバーマスは，システムによる生活世界の植民地化と呼ぶ。たとえば，企業は自らの利潤追求のために社員に業務を命令するが，その業務命令は，社員たちの具体的な行為目標や生活形態と無関係である。それどころか，それらに反してまで業務に邁進するように求める。経済活動や行政制度は，人々の合意によって統制されず，反対に人々に対して外部から行為目標を強要する。その結果，コミュニケーションの行為調整機能は著しく衰退することになる。

　生活世界の植民地化によって，人々に共有されていた意味の喪失や疎外，帰属意識の欠乏，伝統の断絶，社会的統合の衰退といった様々な退行現象が，社会のうちに現れる。しかし，保守主義者たちが主張するような，ひとたび失われた伝統や慣習への回帰によって，これらの病理を克服することは，もはや不可能である。

第4節　討議倫理学

討議倫理学の原則

　そこで，伝統的な倫理的所見に立ち返るかわりに，コミュニケーション的行為の理論を通じて社会規範を根拠づけようとするのが，ハーバーマスの「討議倫理学」(Diskursethik) である。ある社会規範に関して人々のあいだに意見の不一致が生じた時に，合意の回復をめざして行われる議論が，「討議」である。

　討議倫理学には，「討議原則」と「普遍化原則」という二つの原則がある。まず，討議原則は，「実践的討議への参加者としてのすべての当事者の同意をとりつけることができるような規範のみが妥当性を要求することができる」と表される。それに対し普遍化原則は，「懸案の規範をすべて

の人が遵守することから各人の利害関心に対して生じると思われる成果や副次的結果を，すべての人が強制なく受け入れることができる」と定式化されている。

　二つの原則は，社会規範の正当化に関する実践的討議の手続きを述べている。討議原則によれば，ある規範が妥当性を認められるためには，その規範に関わる人が皆，自由で平等な者として，当該の規範を検討する討議に参加し，合意できなくてはならない。そして普遍化原則によれば，合意によって妥当とされた規範に従うことで生じる成果は，ある人には利益で，別の人には不利益かもしれないが，どちらにせよ，受け入れなくてはならない。討議を通じた合意は，規範を正当化する根拠であり，同時に，各人が規範を受け入れる理由なのである。

　もちろん，現実の討議が何の強制も受けずになされるだとか，すべての人が全員一致である規範に同意するといったことは，まずないだろう。その意味で，現実の合意はつねに不完全で誤りを含んでいる。そこでハーバーマスは，自由で平等な参加者たちが討議原則や普遍化原則だけに従い，それ以外のいっさいの要素に影響されないという状況下での討議を，理想として提示する。このような「理想的発話状況」（ideale Sprechsituation）のもとでの討議という想定によって，少なくとも原理的には，全員一致の合意の可能性と，その合意に従って行為を調整する見込みがあることを，ハーバーマスは明らかにしている。

討議倫理学の展開

　ハーバーマスは理論構築だけでなく，現代的課題に関しても積極的に提言を行っている。彼の扱うテーマは，生命倫理や歴史修正主義，愛国心，環境保護，国民国家とEU，民主主義，戦争など，多岐にわたる。

　愛国心の問題について言えば，ハーバーマスは「憲法パトリオティズム（愛国主義）」を擁護している。国民国家における愛国心が国民を心情的に一体化させ，言語や宗教の異なるマイノリティーを排除する傾向があるのに対し，憲法パトリオティズムは，人権や国民主権を標榜する憲法のもとで開化したリベラルな政治文化に対する誇りを意味する。ハーバーマスは

これを，現代にふさわしい政治的アイデンティティの形態と見なす。

　また，生命倫理の問題では，個人の選択権を根拠に遺伝子工学技術の使用を許可することに，慎重であるべきだとハーバーマスは考える。というのも，人権や尊厳などの法的・倫理的理念は，肉体的に脆弱であり互いに助けを必要とするという人間観に依拠している。しかし，合意形成を踏まえずになされる遺伝子工学技術の使用は，そのような人間観の一方的変更を迫り，その結果，道徳一般を破壊してしまうかもしれないからである。

　このようにハーバーマスは，伝統的慣習の力が衰退したあとの時代にふさわしい倫理の構想を問いかけているのである。

＊　　　＊　　　＊

　道具的理性の暴走は，人々に抑圧的な生を強いる。しかし人間には道具的理性だけではなく，コミュニケーション的理性が備わっている。現代においては，複数の主体間で合意をめざして不断になされるコミュニケーションと討議とが，普遍妥当な真理につながる唯一の通路である。しかし，ハーバーマスの討議は，価値観や世界観を統一するためのものではない。討議は，人が意見をそれぞれ主張する際にその根拠が他の人に理解されるものでなくてはならないという条件だけを要求する。現代では理由に基づく合意形成のみが，抑圧からの解放を，つまり啓蒙を可能にするのである。

（石田京子）

【文献】
ハーバーマス『公共性の構造転換：市民社会の一カテゴリーについての探究』細谷貞雄・山田正行訳，未来社，1994年
ハーバーマス『コミュニケイション的行為の理論』上・中・下，河上倫逸ほか訳，未来社，1985〜1987年
ハーバーマス『討議倫理』清水多吉・朝倉輝一訳，法政大学出版局，2005年
中岡成文『ハーバーマス：コミュニケーション行為』講談社，2003年
ジェームズ・ゴードン・フィンリースン『ハーバーマス』村岡信一訳，岩波書店，2007年

第 22 章
ヘア

Richard Mervyn Hare, 1919-2002

　ヘアは 20 世紀の英米圏を代表する倫理学者であり,「普遍的指令主義」や「二層理論」,「選好功利主義」として知られる数多くの理論を提唱した.『道徳の言語』(1952 年) や『道徳的に考えること』(1981 年) において, 彼は道徳用語や道徳判断の論理的性質を分析することにより, 倫理学に生じる混乱を解消し, 私たちが実生活において道徳の問題を合理的に解決するための方法を考案した. ここでは, 彼が行った道徳用語と道徳判断の分析, 彼が考えた道徳判断の方法について見ていこう.

第 1 節　道徳用語の分析

議論の背景

　ヘアの登場した時代, 英米圏の倫理学には二つの大きな潮流があった. その突端となったのは, 20 世紀初めにムア (George Edward Moore, 1873-1958) が発した以下のような提案である. 従来の倫理学は「何がよいのか」や「何をすべきか」といった問いを論じてきたが, 何よりもまず私たちは,「よい」や「べき」などの語の意味を正確に理解しなければならない. なぜなら, それらの語の意味を確定しないまま問いを立てること自体が, 不要な哲学的問題を生じさせているからである. それゆえ, 倫理学の課題とは,「よい」などの道徳用語の意味や機能を分析し, 明確化することである. こうした意識のもとで, 彼は,「よい」とはほかの言葉によっては説明できない定義不可能な語であり, 何がよいかは直観によって理解できる, という「直観主義」の立場をとった.

　こうした流れを受けて,「情動主義」と呼ばれる主張が台頭した. その

分析によると、道徳判断の機能とは、感情を表し、聞き手に対して判断者と同様の感情をもたせることである。つまり道徳判断は通常の判断とは異なり、事実ではなく判断者の感情を表しているというのである。

　上記の直観主義と情動主義が大きな影響力をもっていたが、どちらも、道徳判断を行う者どうしのあいだで、議論の不一致が生じうる、という問題があった。前者においては、文化や価値観の異なる人々のあいだでは道徳の直観も異なるため、道徳判断が一致しない場合がある。また後者では、道徳判断は個々人の感情を表明しているにすぎないため、論理的な議論が不可能であり、異なる感情をもつ人々のあいだでの不一致は解消されないままになってしまう。第二次世界大戦での兵役経験をもつヘアにとって、これは大きな問題であった。とくに、捕虜となることを拒否し自害しようとする日本兵の姿は、道徳判断が合理的になされねばならないというヘアの基本理念に強く影響したという。以下では、ヘアが道徳用語の分析を通じて、自身の理論を展開した姿を見ていく。

道徳用語の二つの意味

　先行する哲学者たちと同様に、ヘアも道徳用語の分析を通じて持論を展開した。彼の見解を理解するために、まず私たちがふだん「よい」という語をどのように用いているかを考えてみよう。たとえば誰かが、一つのイチゴを手に取り、「これはよいイチゴだ」と評価したとしよう。この時、そのイチゴは、大きかったり、非常に甘かったりするかもしれない。いずれにしろ、私たちは「よい」という語を用いる時、そのイチゴが「よい」と呼ばれるための評価基準となるような様々な特徴を意味している。つまり「よい」という語には、対象についての事実を表す意味、すなわち、「記述的意味」（descriptive meaning）が含まれているのである。

　しかし私たちが何かを「よい」と言うとき、その「よい」ものの特徴だけを伝えようとしているわけではない。イチゴのよし悪しが問題になるのは、様々なイチゴの中からどれを買おうかなどと考える時、つまり、選択する時である。そして私たちが選ぶべきイチゴはよいイチゴであり、悪いイチゴではない。そのため、「よい」ものとは選択するべきものであり、

「よい」という語には，それを「選ぶべきである」や「選びなさい」という推奨や指令の意味が含まれている。つまり，「よい」には，記述的意味に加えて，「指令的意味」（prescriptive meaning）が含まれているのである。

　こうしたことは，道徳的な意味で用いられる「よい」においても当てはまる。「人助けはよい行為だ」などと言うとき，私たちは，たんにそれらの行為の特徴を説明しているだけでなく，人助けをすべきであると勧めている。また，「差別をしないことは正しい態度である」という主張に用いられる「正しい」や「他人に迷惑をかけるべきではない」という発言の「べき」などにも，それぞれの語の対象についての推奨や命令の意味が含まれている。つまり，「よい」だけでなく，あらゆる道徳用語にも，記述的意味と指令的意味が含まれているのである。

道徳用語を用いた推論

　道徳用語には，記述的意味と指令的意味が含まれる。この特徴により，私たちは道徳用語を用いて論理的な推論ができる。つまり，道徳的な事柄を，直観や感情ではなく，論理的に話し合うことができる。その方法を，人種差別を例に考えてみよう。

　現在に至るまで人種差別は様々な形でなされてきたが，それらは多くの人に苦しみをもたらしてきた。また，多くの人に苦しみをもたらす行為とは，悪い行為であるといえる。それゆえ，人種差別は悪い行為である，という結論が導かれる。つまり，「多くの人に苦しみをもたらす行為は悪い行為である」という道徳用語を用いた原則が大前提として置かれ，「人種差別は多くの人に苦しみをもたらす」という事実についての記述が小前提に当たる。これらの前提から，「人種差別は悪い行為である」という結論が三段論法の形式で論理的に導かれていることが分かる。

　先述の通り，「悪い」という語には「してはならない」という指令的意味が含まれている。そのため，「人種差別は悪い行為である」という文は，「人種差別をしてはならない」という命令ないし推奨を意味している。そこで，人種差別についての知識から，人種差別をしないという行為が選択されることになる。こうして，私たちは，道徳用語の論理的性質に従うこ

とにより，実際の行為を決定できるのである。

　ここまで，道徳用語の特徴と，そこから導かれる推論の方法を見てきた。以降では，私たちが道徳用語を用いた判断，すなわち道徳判断を，どのように行っているとヘアが考えたかを見ていこう。

第2節　道徳判断の分析

道徳判断の普遍化可能性
「よい」などの道徳用語には，記述的意味と指令的意味が含まれている。そのため道徳判断とは記述的で指令的な判断であるのだが，こうした特徴は単なる命令や推奨も有しているといえる。そこでヘアは，道徳判断に含まれ，それらとの相違をもたらす重要な論理的特徴を提示する。それが道徳判断の「普遍化可能性」（universalizability）である。

　たとえば誰かがあるイチゴの甘さと新鮮さを理由に「よいイチゴだ」と判断したとしよう。その時，まったく同じ甘さで，まったく同じ新鮮さのイチゴを「悪い」と評価したならば，その人の判断は矛盾していることになる。そのため，価値判断のための理由として提示される特徴と同じ特徴をもつ対象については，つねに同じ判断を下さなければならない。これが普遍化可能性である。

　同じことが道徳判断についても適用される。たとえば誰かが，「自分の評価を上げるために嘘をついてはならない」という道徳判断をしたとする。しかし，別の時のまったく同じ状況において，「嘘をつくべきだ」と判断したとする。このような場合，その人は，「嘘をついてはならない」と推奨すると同時に，「嘘をつくべきだ」と推奨していることになり，これは矛盾した指令をしていることになる。私たちは矛盾した指令を受け入れることは不可能であるため，道徳判断も他の価値判断と同様に，普遍化可能でなければならない。

道徳判断の優先性

　上述の通り，道徳判断とは指令的で普遍化可能な判断であるが，道徳以外の価値判断もこれらの特徴を有している。そこでヘアは，道徳判断**だけ**が有する特徴として，道徳判断の「優先性」(overridingness) を提示する。

　ヘアは「優先性」を説明するために以下のような状況を挙げている。ある時，彼は妻から緋色のクッションをプレゼントされた。ところが彼自身は，そのクッションと部屋の深紅のソファの色合いが悪いと考え，できれば部屋に置きたくないと考えている。しかし，もしクッションを使用しなければ，妻の気持ちを害することになるだろう。この時彼は，「深紅のソファに緋色のクッションを置くべきではない」という美的判断と，「妻の気分を害するべきではない」という道徳判断との二つのあいだで葛藤していることになる。後者は道徳判断であるため，優先性を有する。そのため彼は「妻の気分を害するべきではない」と決断することになる。このように，道徳判断は他の判断よりも優先されるのである。

　この例に対して，なぜ美的判断よりも道徳判断を優先すべきなのかという疑問が生じるかもしれない。だが，ヘアによれば，美的判断はほかの判断よりも優先されることによって，道徳判断となりうる。先の例で言えば，仮に「妻の気分を害するべきではない」という道徳判断よりも，「深紅のソファに緋色のクッションを置くべきではない」という美的判断に従ったとしよう。その場合，美的判断が優先性を有することになり，道徳判断に格上げされるのである。

　ここまで見てきたのは，道徳用語と道徳判断の特徴についての理論であった。以降では，私たちが実際に様々な状況で道徳判断をするには，どのような方法で行っているかということについて見ていこう。

第3節　道徳判断の方法

二層理論

　ヘアの分析によると，私たちはまず幼少期に，「嘘をついてはならな

い」など，簡潔で一般的な決まりを教え込まれ，決まりを破った場合は叱られ，守った場合には褒められるといった教育を受ける。こうした過程を通じて，私たちは決まりを守ろうと思うようになり，それを破った場合は，誰も見ていなかったとしても後ろめたい気持ちを抱くようになる。このように，感情と結びついた一般的な決まりは「一見自明な原則」と呼ばれる。私たちは，将棋やチェスの定石に従ってゲームを進めるように，ふだんそれぞれの場面に適用できる一見自明な原則を直観的に選び，それに従って行為している。つまり日常的な道徳判断は「直観的レベル」で行われているのである。

　しかし私たちが道徳的な問題に直面する際，直観によっては解決できない場合がある。というのも，一見自明な原則が複数適用でき，それらの指令する内容が両立しないような場合があるからである。このように，直観的レベルでは解決できないような葛藤が生じた場合，どの原則が最も適切であるかを見定め，選択する必要がある。それを行うのが「批判的レベル」での道徳判断である。

　このように，ヘアは，私たちが実生活の中で行う道徳判断を，直観的レベルと批判的レベルという二つのレベルに分けて考えている。そのため，彼の理論は「二層理論」（two-level theory）と呼ばれている。

　批判的レベルの道徳判断は，以下のような場合になされる。たとえば，子どもと外出する約束をしていた休日に，急に海外から客が来ることになったと仮定しよう。この時，「約束を守るべき」という原則と，「親切にするべき」という原則とのあいだで葛藤が生じており，どちらに従うかを選択しなければならない。どちらも直観的には推奨されているため，どちらを選択するかを直観によって決めることはできない。そのため批判的レベルで判断する必要があるのである。

　このほかにも，一見自明な原則の内容自体を吟味する時（たとえば「つねに嘘をついてはならない」よりも「誰かに大きな危害が生じる場合を除いて嘘をついてはならない」という原則のほうが正しいのでは，などと考える場合）や，まったく新しい状況に対処する時（「脳死の患者を延命治療すべきか」など）は，直観的に対処できるような原則がない。そのため，

私たちは批判的レベルでの道徳判断を行う必要がある。以下では，この批判的レベルでの道徳判断がどのようにしてなされるか見ていこう。

選好功利主義

　ヘアによると，批判的レベルの道徳判断では，その判断に関係する人々の「選好」（欲求や好みなど，私たちがその実現のために行為するものの総称）に注目する必要がある。これを理解するために，まず具体的に考えてみよう。あるトランペット演奏者が練習をしようとしているが，彼は隣室にクラシックのCDを聴こうとしている人がいることを知っているとしよう。この時，彼は，自分の「楽器を練習したい」という選好を有しており，さらに隣人の「クラシックを聴きたい」という選好を知っていることになる。そのため彼は，自分が練習をすべきか否か，という問題について葛藤していることになる。

　このように仮定した場合，まず注意しなければならないのは，トランペット演奏者は，隣人の選好を無視することができないということである。なぜなら，仮に隣人の選好を無視すべきと判断しようとしたら，普遍化可能性の要請により，彼は「（自分を含めた）すべての人の選好を無視して決断せよ」という指令を受け入れる必要があるからである。

　また彼は，隣人がどのような状況におり，どのような選好をもっているかを想像し，仮に自分が彼の立場にいた場合にもつだろう選好を，実際にもつ必要がある。つまり，相手の立場に立つことで，自分自身の内で隣人の選好を再現するのである。そうすることで，演奏者自身が自分の選好を獲得していることになり，演奏者自身の選好を比較する場合とまったく同じ要領で，自分の選好と隣人の選好を比較することができるようになる。

　これらの条件により，演奏者は，練習した場合に充足される自分と隣人の選好の合計と，演奏しなかった場合に充足される両者の選好の合計を比較することができる。彼は，いずれの選好も自分の選好として扱うことができるため，その総量が大きくなるように行為を調整すればよいのである。

　以上のように，批判的レベルでの道徳判断は，その判断に関係する人々の選好を比較することで可能となる。その時，たとえ他人の選好であった

としても，自分自身の選好を考慮するのと同様の方法で比較考慮できるのである。このように考えると，道徳判断を通じて，あらゆる選択肢の中から関係する人々の選好が最大化される原則が選ばれることが分かるだろう。この点についてヘアは，「指令を普遍化するという要件が功利主義を生み出すまでの経過が見てとれる」と言っている。つまり，選好を比較し，最大の選好を満たす指令に従うことは，全体の選好を最大化することになる——すなわち，彼の道徳判断の分析は，結果的に功利主義の主張と見事に一致するのである。このように，人々の選好を比較考慮するヘアの功利主義は「選好功利主義」（preference utilitarianism）と呼ばれている。

第4節　道徳理論と実践

道徳的である理由

　ヘアは，道徳判断の論理的性質を分析すると，関係する人々の選好を最大化する行為が選択され，それは功利主義の主張と一致すると結論した。だが，そもそも，「なぜ道徳判断を行うべきなのか」という根本的な問題が生じるだろう。そこで，この問題に対するヘアの議論を見ていこう。

　道徳判断の普遍性と指令性は，あくまで理論的性質であるため，すべての人をその理論的性質に則るよう強制することはない。そのため私たちは，道徳判断をまったく行わない無道徳主義者として生きることも可能である。しかしヘアによると，私たちには無道徳主義者ではなく道徳的に生きるための十分な理由がある。それを彼は，子どもの教育という観点から説明している。

　もし自分の子どもを幸福にしたければ，私たちはどのような原則を子どもに教えるだろうか。幸福な人生とは，多くの選好が満たされる人生であると言い換えられるため，私たちは，子どもの人生の選好充足を最大化する原則とはどのようなものか，という問題を考えることになる。

　そこでたとえば，「つねに周囲を確認し，まったく周囲にばれることがないと確信があるならば，自分の利益になる行為をせよ」という原則はど

うだろうか。たしかにこの原則に子どもが従ったならば，道徳判断を行わなくとも，つねに自分の利益になる行動をしようとするだろう。しかし，よほどの注意力と並外れた能力がないかぎり，そうすることは不可能である。犯罪は概して割に合わないため，多少利益が減ったとしても，道徳判断を行い，それに従ったほうが安定して選好を満たせるだろう。

　また，「ふだんは周囲から道徳的であるように見せかけながら，まったく危険のない場合は道徳に反して自分の利益になる行為をせよ」という原則を教えることも，あまり得策ではない。なぜなら，周囲に道徳的であると思わせる一番の方法とは，何よりも自分自身が道徳的感情をもち，道徳的によい行為をする傾向性をもつことだからである。こうした道徳的感情や傾向性をもつことと，極端に道徳的によい行為をすることとは異なる。それゆえ，本人にとって適度に道徳的によい行為をする，ということが十分可能なのである。

　これらのことを踏まえると，まったく道徳的でないよりも，道徳的であるよう子どもを育てるほうがより確実に多くの選好を満たすことができる。そして，そのことは，私たち自身についても当てはまる。つまり，ヘアの分析により，道徳判断をするための理由が，私たちにも十分に与えられているのである。

道徳理論の実践と自由

　以上のように，ヘアは道徳用語や道徳判断の理論的性質を明らかにすることで，私たちが実際に道徳判断を行うべきである理由を導きだした。こうしたことは，道徳の性質についての議論から，私たちの生き方についての議論へ秘密裏に移行しているように感じるかもしれない。しかし，そもそもヘアが道徳の言語分析を展開したのは，私たちが実際に生きる中で直面する道徳的問題を考える際の混乱を解消するためであった。それゆえ，私たちはヘアの理論を用いて実際に道徳的問題に取り組むことによって，はじめて彼の理論を理解したといえるだろう。事実，ヘア自身が自らの理論を用いて，生命倫理や道徳教育などについて多大な論考を残している。ここではそうした取り組みを追うことはできないが，私たちが道徳判断を

するために不可欠だと彼が考えていた重要な要素を最後に確認しておこう。

　前節の最後で，批判的レベルでの道徳判断を行うことによって功利主義的な帰結が得られると説明した。また，とりわけ道徳の理論的性質についての議論を見てきたために，ヘアの理論においては，私たち一人一人の考え方や価値観の違いが無視されているのではないかと感じる人がいるかもしれない。しかし彼は，道徳的問題に対処する際に，その論理的性質と同じほど，私たちが自分自身の道徳的見解をもつ自由を尊重している。たとえ私たちの道徳判断が普遍化可能であらねばならないとしても，その状況において人々の選好を比較し，どの原則を指令として受け入れるかを決定するのは，ほかでもない私たち自身である。そのため，道徳判断をする限り，どのような判断をするかという自由は残されているのである。

　　　　　　　　　＊　　　　＊　　　　＊

　ヘアは，道徳についての言語分析することで，道徳の問題についての混乱を解消しようと試みた。彼によれば，道徳用語には記述的意味と指令的意味が含まれており，それを用いて論理的推論が可能である。また，道徳判断は普遍化可能であり，ほかの価値判断と異なり優先的である。このような論理的特徴をもつ道徳判断は，直観的レベルと批判的レベルにおいて行われている。そして，こうした道徳判断を行うための十分な理由を私たちは有するのであり，様々な問題を道徳的に考えるための自由を有しているのである。

（五味竜彦）

【文献】
R・M・ヘア『道徳の言語』小泉仰・大久保正健訳，勁草書房，1982年
R・M・ヘア『道徳的に考えること：レベル・方法・要点』内井惣七・山内友三郎監訳，勁草書房，1994年
山内友三郎『相手の立場に立つ：ヘアの道徳哲学』勁草書房，1991年
佐藤岳詩『R・M・ヘアの道徳哲学』勁草書房，2012年

コラム 13

メタ倫理学

metaethics

メタ倫理学とは

「嘘をついてはならない」などの日常的な意見や「功利性原理に当てはまる行為はよい」などの学術的見解は，私たちのすべきこと・すべきでないこと，すなわち規範に関係している。こうした問題を論じる倫理学の学問領域は「規範倫理学」(normative ethics) と呼ばれる。しかし，それ以前に，そもそも私たちはどのような問題について論じているのかという，いわば規範倫理学の前提となるような問題を扱う領域があり，それが「メタ倫理学」と呼ばれている。

具体的には，メタ倫理学は，「善い」や「べき」などの語はどのような意味か（意味論），どのように「あの人は悪人だ」だと知るのか（認識論），「善さ」「悪い行為」などはどのような仕方で存在しているのか（存在論），どのように人は道徳的によい行為や悪い行為をするのか（道徳心理学）といった問題のすべてを対象としている。これらの問いに対する見解によって，メタ倫理学における個々の理論の立場が定められる。

認知主義と非認知主義

メタ倫理学の立場はまず，道徳的言明の真偽についての見解により大きく区別される。もし真偽を問えると考えるなら，それは「認知主義」に，そうでなければ「非認知主義」に分類される。こうした議論が活発化したのはイギリスの哲学者ムアの存在が大きい。倫理学に用いられる語の意味の明確化を訴えた彼は，「善さとは何か」と「何が善いものか」とは別の問題であると分析した。そして，「善さ」の意味は単純で定義不可能であり，快楽など他の用語で定義することは誤りであると主張した（「自然主義的誤謬」）。

ムアの議論を発端に，まず，道徳判断を態度や感情表現とする「情動主義」が登場し，非認知主義の考えが普及した。その後，道

徳判断の論理性に対する説明を補う理論として，ヘアの「指令主義」が登場した。これとは別に，道徳判断を行為者自身の感情の投影であると説明する「投影主義」の立場が広く支持されている。

一方，認知主義は，人間の意識とは独立に道徳的な性質や事実が存在すると考える「実在論」と，そうではないとする「反実在論」がある。反実在論の代表としては，実在しないものについて語る道徳的言明をすべて偽であると見なす「錯誤理論」が挙げられる。

実在論はさらに細分化され，道徳的な性質を自然的性質により説明できるとするなら「自然主義」，そうでないなら「非自然主義」となる。前者の代表的な理論としては道徳的性質が（科学的な意味での）事実に随伴すると主張する「コーネル実在論」がある。また非自然主義としては，道徳的性質は特別な感覚によって直接知覚できると論じる「直観主義」や，道徳的な成長によって，義務などを認識できるようになると論じる「感応性理論」が挙げられる。

道徳判断に関する内在主義と外在主義

メタ倫理学は，道徳判断と行為との関係，つまり動機づけの問題も対象とする。こうした動機づけの問題は，人が行為するためには，信念だけではなく，欲求が必要であるとするヒュームの考えに端を発している（この考えを簡略化した表現として，「である」から「べき」は導かれないという「ヒュームの法則」が知られている）。

さて，道徳判断と行為が一致しているという考えは，道徳判断に関する「内在主義」と呼ばれ，反対に，両者は独立しているとするのは「外在主義」と呼ばれており，先述の様々な理論がいずれかを採用していると理解できる。たとえば，多くの非認知主義は道徳判断を感情や態度によって説明しているため，判断と行為が密接に結びつく内在主義をとっている。一方，認知主義においては，価値の客観性を強調する自然主義が外在主義と相性がいい。しかし認識と動機づけが直結する「感応性理論」は，認知主義でありながら内在主義という独特の立場をとっている。

（五味竜彦）

コラム 14

徳倫理学

virtue ethics

徳倫理学とは

　徳倫理学とは，思慮や正義などの徳の概念を議論する倫理学の一分野であり，道徳的な評価基準を個々の行為ではなく個々人の性格に設ける。そこで，古代ギリシアから中世，近代に至るまでの倫理学理論の多くは，その中に徳倫理学の要素を含んでいることになるが，とりわけ現代の英米圏における一連の流れによって，一つの分野としての「徳倫理学」が注目を集めるようになった。

　現代の英米圏の倫理学は，大別すると「功利主義」ないし「目的論」と「義務論」に二分される。両者は，道徳判断の基準——前者は行為の帰結，後者は行為者の動機——に関する見解が大きく異なっているため，自らの理論的正当性をめぐり，活発な議論がなされてきた。

　その中で，両者の理論を批判し，倫理学において徳の復権を提唱したのが，アンスコム（Gertrude Elizabeth Margaret Anscombe, 1919-2001）である。彼女は論文「近代の道徳哲学」（1958 年）において，義務の概念がユダヤ・キリスト教に由来する神の法に由来し，それが現代では通用しないことと，行為の帰結のみを考慮することが悪しき行為を正当化しうることを痛烈に批判した。そして，両者とは異なる理論的基盤をもつ考えとして，徳の概念に基づいた倫理学の重要性を訴えたのだった。

現代徳倫理学の諸理論

　こうしたアンスコムの主張を受け，現代において徳を中核に据えた様々な理論が展開されてきた。その多くは，アリストテレスの理論を根幹に据えているため，彼の議論のどの側面に重きを置くかによってそれぞれの特徴が出ている。まず人間の有する能力の発揮や，それに伴う幸福に重点を置いた「新アリストテレス主義」と呼ばれ

る理論があり，その代表としてフット（Philippa Foot, 1920-2010）が挙げられる。

また，徳のポリス的な側面を重視したマッキンタイア（Alasdair MacIntyre, 1929-）は，個々人が自身を統一体として納得するためには共同体の伝統が重要であると説いた。ほかには，慈悲や仁愛といった徳が中心であるとし，徳の感情的な側面を強調したものや，習慣によって得られる卓越性という観点から，徳を一種の知覚能力として論じたものなどが，代表的な徳倫理学の理論である。

その特長と課題

さて，それぞれの理論を一瞥して分かるとおり，一概に「徳倫理学」と言っても，その内実は多岐にわたっている。そうではあるものの，いくつかの共通点を挙げられるだろう。

まず徳の概念を用いることで，道徳判断と行為との関係の説明が容易となる。たとえば誠実の徳を有する人は，真実を述べる習慣や傾向性を有しているため，ふだん嘘をつくことはないだろう。つまり何らかの徳を有することと，その徳に該当する行為に動機づけられることは，非常に緊密な関係にあるのである。反対に，有徳ではないと見なされる人が，どのように徳ある行為をするのか，という動機づけの問題についての説明が必要となる。

次に，道徳的に求められている以上の行為（いわゆる「義務以上の行為」）に対する説明も，徳倫理学は可能である。なぜなら，義務とは見なされないが有徳に見える行為は多くの場面で認められており，そうした行為は徳によって十分に価値があると説明できるからである。しかしそうした義務以上の行為を，すべての人に要請するのならば，徳倫理学の主張は強すぎるという懸念が生じるだろう。

さらに，善悪あるいは正・不正のほかにも，徳には多様な種類がある。そのため，個々の場面ごとに該当する徳を基準として道徳的な判断をすることが可能となる。ただし，それぞれの徳が，それぞれの社会や文化に依存するということは，普遍的な善の存在の否定や相対主義による価値観の不一致につながる恐れがある。

（五味竜彦）

第 23 章
ロールズ

John Rawls, 1921-2002

　ロールズは，20 世紀アメリカの倫理学者，政治哲学者であり，その主著『正義論』において，自由で平等な市民間での公正な正義原理とはどのようなものであるべきか，という問いを追求し，現代の正義論に多大な影響を与えた。本章では，ロールズの「公正としての正義」という考えを紹介する。

第 1 節　公正としての正義

議論の背景
　『正義論』が出版されたのは 1971 年である。当時，英語圏の倫理学の主な関心は，道徳的な言語の分析など，メタ倫理学の問題にあった。そのため，どのような行為や社会制度が正しいかという問いを扱う規範倫理学は下火であった。政治哲学の分野でも，20 世紀に入ってから長らく注目された著作はなかった。そのような状況を変えたのが，『正義論』であった。また，当時のアメリカは，1960 年代の公民権運動や，ベトナム反戦運動の影響のもと，人々の関心が正義をめぐる議論へ向いた時代でもあった。このような時代の後押しもあって，『正義論』は，広範な読者に受け入れられ，正義をめぐる議論が活発化した。
　ロールズは，主な論敵として，功利主義を想定している。功利主義は，社会の幸福の最大化という単一の原理によって社会制度の正しさを判定する立場である。その特長は，単一の原理によって複数の道徳的考慮が衝突することなく，答えを導くことができることにある。だが，同時に次のような欠点があるとロールズは言う。

幸福の最大化は，個人にとっては合理的な選択原理である。だが，それを社会の選択原理として拡張することによって個人間の区別や個別性には十分な注意が払われなくなる。たとえば，功利主義は，一部の人の権利・自由が侵害されても，それによって幸福が最大化されるならば，正しいとしてしまう。功利主義の立場であっても，権利・自由の保障が要求されることはある。だが，それは，あくまで二次的な考慮にとどまり，その保障は絶対ではない。そして，そのような立場は，われわれの正義についての常識的な考えに合致しないと言う。

　そこで，ロールズが提唱するのは「公正としての正義」（justice as fairness）という考えであり，そこに含まれているのが「正義の二原理」（two principles of justice）である。

分配的正義の問題

　ロールズは社会制度の正義，より詳しく言えば，分配的正義を扱う。彼は，人々を自由で平等な市民であると捉え，社会を，市民がともに社会的協働を行い，財を産出し，義務や負担を分かち合う場であるとする。ロールズが追求しているのは，このような市民のあいだで産出された財をどのように分配すべきかという問題である。

　分配される財は，「社会的基本財」と呼ばれる。社会の人々は，それぞれ異なる多様な人生の価値観や目的をもっている。だが，どのような目的をもっていようと，それを追求するために必要になってくる財がある。ロールズはそのような財を，社会的基本財と呼び，具体的には次のものを挙げる。すなわち，基本的権利と自由，機会，社会的地位に伴う特権と権限，所得と富，自尊心を人々がもてるための社会的基盤である。

　また，ロールズは社会の主な政治・経済制度を「基礎構造」と呼ぶ。人々は，基礎構造を背景にして社会的協働を行っているため，基礎構造のあり方が生活に深い影響を及ぼす。ロールズは，基本財が正義に適った仕方で分配されるよう求めるが，そのためには，基礎構造が正義の二原理によって統制されなければならないと主張する。

正義の二原理の内容
では、正義の二原理の内容を見ていこう。それは次のとおりである。

1. 各人は、他の人々の同様な自由と両立する限りにおいて、最大限の平等な基本的自由に対する権利を有する。
2. 社会的・経済的不平等は、次の二つの条件を満たさなければならない。
   (a) 公正な機会均等という条件のもとで、あらゆる人に開かれている地位や職務に伴ったものでなければならない。
   (b) 社会の最も恵まれない成員の最大限の便益に資するものでなければならない。

　第一原理は「平等な自由の原理」と呼ばれるが、それはすべての人に等しく基本的自由を保障することを求める。ロールズは基本的自由のリストを挙げており、そこには、選挙権・公職に就く権利、言論および集会の自由、思想・良心の自由、人身の自由などの市民的・政治的自由が含まれている。この第一原理はほかの原理に優先する。つまり、ある基本的自由がほかの基本的自由のために制限されることは許されるが、経済的利益などのために制限されることはけっして許されないのである。
　第二原理は、社会的・経済的不平等が許される条件を二つ定めている。条件（a）は「公正な機会均等原理」と、条件（b）は「格差原理」と呼ばれ、（a）は（b）に優先する。
　まず、公正な機会均等原理はどのような原理であるのか。機会の平等は、形式的な機会の平等と、実質的な機会の平等に区別できる。人々が就く社会的地位や職務に応じて、その人が社会において期待できる基本財の分け前は異なってくる。形式的な機会の平等が求めるのは、性別、人種、宗教などによって差別されることなく、すべての人にあらゆる社会的地位・職務が開かれていることである。
　だが、ロールズはこれでは正義の実現のために不十分だとして、実質的な機会の平等、すなわち公正な機会均等がさらに必要だとする。それが求

めるのは，人々が社会的地位・職務に就く過程の条件をより公正にしていくことである。というのも，社会的地位・職務があらゆる人に開かれていたとしても，生まれた社会的境遇などによって，不利な立場に立たされている人々もいるからである。そこで，公正な機会均等原理は次のことを求める。それは，同程度の才能と能力をもっていて，これらを用いようとする同程度の意欲をもっている人々が，生まれた社会的境遇にかかわらず，社会において同等の成功の見込みをもてるようにすることである。そのための施策としては，生まれた社会的境遇にかかわらず人々が十分な教育を受けられるようにすることなどが挙げられる。

次に，格差原理はどのような原理であるのか。正義に適った財の分配方法としては，一つには，すべての人に等しく財を分配するという考えがある。だが，すでにある一定の量の財を分配するのではなく，その分配の仕方によって財の産出量が変わる場合には，不平等を認めたほうが産出される財の量は多くなり，社会全体の利益になるとも考えられる。というのも，期待される財の見込みが多ければ，それが動機づけになり，能力のある者がよりいっそうの財を産出する，また，資源を効率的に利用して財を産出できる者が，その能力を発揮できる立場につく，と考えられるからである。

そして，格差原理は，不平等が認められるのは，社会の最も不遇な成員の最大の便益になる場合に限られるというものである。つまり，社会の最も不遇な成員に注目して，不平等があることがそのような成員の最大の便益になるよう社会的・経済的制度を立てることを求めるのである。

第2節　正義の二原理の正当化と意義

社会契約説と原初状態

それでは，ロールズは，どのような議論によって「公正としての正義」という考えを擁護しているのか。

ロールズは，「公正としての正義」は，ロック，カントやルソーなどに代表される社会契約説の伝統に連なる理論であると言う。社会契約説とは

国家の起源や，国家の法に従う理由を人々の同意によって説明する理論である。ロールズは，それを現代において再構成し，正義原理の正当性を，自由で平等な人々によって選択されたということによって基礎づける。そこで問題になってくるのは，正義原理が選択される状況をどのように設定するか，そして，どの正義原理が選択されるかということである。

ロールズは，古典的な契約説の自然状態に代わるものとして，人々が正義原理を採択する状況を「原初状態」（original position）と呼ぶ。原初状態とは，思考実験を行うための一種の仮説的な状況である。そこにおいて，人々はともに集まり，自分たちがこれから住まう社会の正義原理を一緒に採択しようとしているとされる。そして，人々が，自由で平等な道徳的人格として，対等な立場から，公正な正義原理を一致して選択できるように，いくつかの想定が置かれている。

まず，人はふつう，自分に有利な正義原理を採択しようとするものである。たとえば，社会の恵まれた成員は，社会保障や教育などへの公的支出は求めずに，できるだけ課税が少ない社会がよいと考えるだろう。だが，社会の不遇な成員は反対の意見をもつかもしれない。このように各人が自分に都合のよい正義原理を選択しようとするならば，ともに正義原理を選ぶことはできない。そこで，ロールズは，不偏的な観点から正義原理を選択することができるように，原初状態の当事者には「無知のヴェール」（veil of ignorance）がかけられているとする。無知のヴェールがかけられることにより，当事者は，自分自身に関する情報が遮断され，自らの社会的境遇，生来の能力，加えて，自分がどのような価値観をもっているかも知らない中で正義原理を選ぶ。

また，当事者は，人生においてどのような価値観や目的を追求していようと，できるだけ基本財の分け前が多い方がよいと思っており，その意味において合理的であるとされる。また，相互に無関心であり，自分の利益だけを追求する。

そして，このような状況において，原初状態の当事者は，どの立場であっても受け入れることのできる正義原理として，「正義の二原理」を選択することになる。それはなぜか。当事者は，正義原理を通じて，その原理

によって統制された社会を選択していることになるが，その時に，自分が社会のどの位置を占めることになるかまったく分からない状況では，「マキシミン・ルール」に従って選択するのが合理的だからである。マキシミン・ルールとは，最悪の状態を比較してできるだけましなものを選択するという選択ルールである。

たとえば，功利主義の原理を正義原理として選択した場合，権利・自由が保障されないなど，耐えられない状況に陥る場合がある。そこで，人々は，自分が社会の最も不遇な成員であったことが判明したとしても，基本的自由や機会の平等が保障され，他の社会体制と比べて最大の分け前が格差原理によって保障されている正義の二原理を選択することになる。

反照的均衡

以上の原初状態の議論に加えて，ロールズが正義の二原理を正当化するときには，その根底に，ある一つの方法が存する。それは「反照的均衡」（reflective equilibrium）と呼ばれる。

ロールズは，正義について考えるにあたって，私たちが日常下している正義に関する道徳判断を起点にする。ロールズは，人々には「正義感覚」（sense of justice）が備わっていると考え，それをうまく発揮できる状況で下された道徳判断を「熟慮された判断」と呼ぶ。私たちは，様々なレベルの「熟慮された判断」を下している。個別的な行為や政策に関する判断（「あの政策は正しい」），より一般的・抽象的な判断（「差別は悪い」「奴隷制は悪い」），そして，さらに一般的・抽象的な判断（「各人は等しく扱われなければならない」）である。

ロールズが求めるのは，これらの様々なレベルの道徳判断の根底にあり，それらに説明を与えてくれるような「正義の構想」（conception of justice）すなわち，正義についての考え方である。そこで，反照的均衡の作業は，次のように行われる。まず，私たちの様々な道徳判断と整合的な正義の構想を求める。そして，道徳判断のうち，正義の構想と整合的でないものがある場合は，道徳判断もしくは正義の構想を修正しながら，両者の整合性を高めていく。最終的に，全てのレベルの道徳判断と正義の構想が互いに

調和している状態が，反照的均衡の状態である。

　反照的均衡という観点から見れば，原初状態で課せられている条件は，私たちの正義に関する判断のうちで最も抽象的なレベルのものを表していると考えることができる。たとえば，「正義原理は特定の人に有利なものであってはならない」といった判断である。ロールズは，「様々な考慮が互いに支え合っていること，すべてが一つの整合的な見解におさまっていること」によって正義の構想は正当化されると考える。

　反照的均衡の作業を通じて，私たちの道徳判断のゆがみが修正され，同時に，それらの根底にある正義についての考え方も明らかにされ，正当化される。このように日常の道徳判断を正当化の過程に組み込む形で，正当化された正義の構想は，私たちの正義に関する常識的な考えにも合致するものである。

正義の二原理の意義

　正義の二原理によって統制された社会は，基本的自由の保障が優先されたうえで，人々が自由を行使できるように社会的・経済的不平等の是正がなされている社会である。このような立場は「平等主義的リベラリズム」と呼ばれる。そして，ロールズの正義論は，福祉国家を理論的に正当化するものとしてしばしば引き合いに出される。

　また，第二原理は人々のあいだの社会的・経済的不平等を是正する原理であるが，その根底にあるのは，個人の力の及ばない要因によって人々のあいだで格差が広がるのは正義に適っていないという考えである。人々の生まれた社会的境遇や生来の能力の違いは，偶然によるものである。そして，違いがあること自体は不正ではない。だが，それによって人々のあいだで格差が生じるのであれば，それを是正することが正義に求められている。おおまかにいえば，公正な機会均等原理は，人々が生まれた社会的境遇にかかわらず社会で能力を発揮することを可能にし，格差原理は生来の能力の違いによる格差を是正する働きをもつ。第二原理は，社会的・自然的な偶然の影響を緩和することで，人々が自尊心をもちながら，ともに社会的協働から利益を得ることを可能にするのである。

第3節　批判と応答

リバタリアニズムからの批判

　以上が，ロールズの「公正としての正義」という考えである。このロールズの正義論には，様々な批判が寄せられた。以下では，「リバタリアニズム（自由至上主義）」からの批判と，「コミュニタリアニズム（共同体主義）」からの批判を取り上げたい。

　リバタリアニズムは，ロックやスミスに代表される古典的自由主義の流れを受け継いでおり，個人の消極的自由（国家や他者に干渉されない自由）を最大限に認める立場である。そして，個人の自由を尊重するうえで私的所有権を重視し，市場における財の自発的な取引を支持し，政府の正当な役割を限定的に捉える。

　その代表的な論者であるノージック（Robert Nozick, 1938-2002）は，『アナーキー・国家・ユートピア』（1974年）において，ロックの理論に依拠しながら，リバタリアニズムの正義論を展開した。ノージックによれば，人々は国家に先立ち自然権を有しており，そこには自分の身体や能力に対する所有権（「自己所有権」）が含まれる。そして，個人は自分の身体を使ってどのように労働するのかを決定する権利をもち，また，労働の成果も個人の所有物となる。これらは不可侵の消極的権利である。そこで，正当な国家とは，暴力・盗み・詐欺からの保護，契約の執行のみを行う「最小国家」だけであると言う。というのも，それ以上の働きをもつ「拡張国家」は，個人の権利を侵害するからである。

　ノージックは，正義の問題は，いかに国家が財を分配するかではなく，いかなる歴史的な過程を経て人々の財に対する所有権が生じるかである，と主張する。そして，自らの正義論を「権原理論」と呼ぶ。人々が正当な仕方で財を取得し，自発的に財を移転した結果として生じた財の分配状態は，正義に適っている。人々のあいだで格差が生じた場合，困窮した人を助けるための慈善は推奨されることではあるが，国家が介入すること，たとえば，課税によって再分配を行うことは，権利の侵害である。

この批判は，ロールズの格差原理にもそのまま当てはまる。ロールズの格差原理は，社会の恵まれた成員から最も不遇な成員へと財の移転を求める原理だからである。だが，このような批判に対していえるのは，財への正当な権利がどのように生じるのかについて，両者の考え方がそもそも違うことである。ノージックは，自己所有権を起点にして，人々が財を取得し，自由に財を移転した結果として生じた分配が正当であると考える。それに対して，ロールズは，正義の二原理によって統制された社会で人々が社会的協働を行い，格差が是正されたうえで，それぞれが手にした財が各人の正当な所有物であると考えるのである。

コミュニタリアニズムからの批判

また，80年代から90年代にかけて，コミュニタリアニズムからの批判も多く寄せられた。コミュニタリアニズムは，リベラリズムを個人主義的だとして批判し，共同体の重要性を強調する。そして，個人のアイデンティティや生の目的は，共同体において形成されることや，倫理的問題は，共同体に共有されている価値観や伝統に照らして考慮されるべきことを指摘する。

たとえば，サンデル（Michael Sandel, 1953-）は，ロールズの「自己」の概念を，とくに原初状態を念頭に置きながら批判する。サンデルによれば，リベラリズムにおいて，自己は，いかなる目的や愛着にも先立って，それらを自由に選択できる存在として捉えられている。これをサンデルは「負荷なき自己」と呼ぶ。しかし，これでは，私たちの道徳的な経験をうまく説明できない。私たちは共同体の一員として目的や愛着を抱く。そして，そのような目的や愛着は，私たちのアイデンティティを構成しているのであり，私たちが自由に選択できるものではない。たしかに，リベラリズムは，自らの生き方を自由に選択できる自律的な個人を重視している。だが，コミュニタリアンであっても，自らの価値観を批判的に捉え直せることの重要性は認めるはずである。

また，リベラリズムとコミュニタリアニズムのあいだには，正義の捉え方についても大きな違いがある。リベラリズムは，人々がそれぞれ異なる

価値観をもっていると考える。そのため，各人が自らの価値観に沿って人生の目的を追求できるための社会の枠組みを提供することが，正義の課題であるとする。このような考えでは，権利の保障が何よりも重要になってくる。それに対して，正義の課題は，共同体における善き生とはいかなるものかという問いや，共同体における徳の涵養の問題とは切り離せないとコミュニタリアンは主張する。

＊　　　＊　　　＊

　ロールズは，分配的正義の問題を論じ「公正としての正義」という考えを提出した。彼が描く正義に適った社会とは，基本的自由が人々に等しく保障されたうえで，社会的・経済的不平等も是正されているような社会である。そして，その正義についての考え方を原初状態の議論や，反照的均衡の方法を通じて正当化しようとした。その正義論は，リバタリアニズムやコミュニタリアニズムに代表されるように，様々な議論を引き起こし，その後の政治哲学に多大な影響を及ぼした。

（花形恵梨子）

【文献】
ロールズ『正義論〔改訂版〕』川本隆史・福間聡・神島裕子訳，紀伊國屋書店，2010年
ロールズ『公正としての正義　再説』田中成明・亀本洋・平井亮輔訳，岩波書店，2004年
川本隆史『ロールズ：正義の原理』講談社，2005年
クカサス／ペティット『『正義論』とその批判者たち』山田八千子・嶋津格訳，勁草書房，1996年

第 24 章
セン

Amartya Sen, 1933-

　アマルティア・センは，1998 年にアジア人で初めてノーベル経済学賞を受賞したインド出身の経済学者である。センの研究テーマは，厚生経済学，貧困分析，公共政策論，正義論など多岐にわたる。とくに，哲学・倫理学と経済学との橋渡しをした点で，高い評価を受けている。ここでは，現代の倫理学の論争に大きな影響を及ぼした議論として，とくに人間観，貧困問題，正義論，国際社会のあり方についてのセンの議論を紹介する。

第 1 節　人間観の転換

「合理的な愚か者」の誤り

　人間をいかなる存在として捉えるべきなのか。論文「合理的な愚か者」(1977 年) では，これまでの経済学における人間観を批判することを通じ，この問題に取り組んでいる。
　センによると，それまで経済学で主流をなしてきた理論は，人間を自己利益の追求のみにより動機づけられる存在と見なしてきた。そうした人間観によると，人間はそれぞれ，自身の利害関心を反映する選好（自ら選択する欲求）の順序をもっており，その順序に矛盾なく従う限りで，その人は，自身の厚生（幸福，welfare）を達成することができる。さらに，ある人の行為のすべてが，その人の選好順序と矛盾せず説明されるかぎりにおいて，そうした行為は「合理的」だと見なされる。
　センは，こうした人間観を「合理的な愚か者」(rational fools) と呼び，批判する。合理性をごく狭い意味で理解するなら，上述の人間は「合理的」だと言えるかもしれない。だが，自身の選好や利害関心，厚生，自身

の選択する行為といった諸概念を同一視するそのような人間は，社会的には愚か者に近い。なぜなら，現実には，人は，それら諸概念に区別を設けており，さらに，単一の選好順序では説明しつくすことのできない複雑な動機をもっているからである。

コミットメント

人間は，たとえ自分の利益にならなかったり反したりするとしても，他人のために行為しうる存在である。このことを主張するうえで，センは，「コミットメント」（関与，commitment）という概念に注目する。

たとえば，他人の苦痛を取り除こうとする行為について考えてみよう。たしかに，そうした行為でも，他人の苦痛を知ることで，自身にも苦痛が生じ，それが動機となる場合はあるだろう。その場合，他人の苦痛を取り除こうとする行為は，自身にとっても利益となる。しかし，センによると，そうではなく，自身が苦痛を覚えることはないが，それでも他人が苦しむのは不正だと考え，それが動機となる場合がありうる。そうした場合を，彼はコミットメントに基づく行為だと説明する。この場合，行為は必ずしも行為する人自身には利益とならない。それでも，選挙や労働など，様々な場面において，人間はコミットメントに基づき行為しうるのであり，経済学の理論はこのことを考慮しなくてはならないと言う。

人間観についてのセンの批判は，直接は経済学の理論に向けられている。しかし，「人間を自己利益によってのみ動機づけられる利己的な存在と見るのが適切か否か」という問い自体は，これまで倫理学において論じ続けられてきたものであり，現代でも重要な論点の一つである。

第 2 節　貧困と飢饉

エンタイトルメント・アプローチ

センがそもそも経済学の道に進むきっかけとなったのは，9 歳で経験したベンガル大飢饉だと言う。1943 年に起きたこの飢饉では，およそ 300

万人が亡くなった。なぜ大規模に飢餓が起きるのか。それを防ぐにはどうすればよいのか。『貧困と飢饉』（1982年）で，センは，こうした問題に答えるため，飢餓や飢饉を捉え直す新たなアプローチとして，「エンタイトルメント・アプローチ」を提唱し，それに基づき，自身が経験した飢饉やそのほかの飢饉に分析を加えている。

「エンタイトルメント」（entitlement）とは一般に，あることを行ったりあるものを手に入れたりする権利や資格を個人が社会から与えられていること，あるいは，そうした個人の権利や資格そのものを意味し，権原または権能と訳される。エンタイトルメント・アプローチとは，「人々がそうした権利や資格を行使することで自由に手に入れたり用いたりすることのできる財の範囲はどの程度なのか」という点に注目し，とくに「食料という財へのエンタイトルメントを人々がどの程度保持しているか」という点から，飢饉の発生メカニズムを分析するアプローチである。

「ある人の食料へのエンタイトルメントが損なわれること」は，言い換えると，「その人の自由になる食料の組み合わせが減少すること」であり，それだけ，その人が食料を自分の自由にする能力が減じられることを意味する。この点で，センは，エンタイトルメント・アプローチを「人々が食料を意のままに用いる能力に注目するアプローチ」と特徴づけている。

エンタイトルメントの喪失としての飢饉

センによると，ある人の食料へのエンタイトルメントは，財へのエンタイトルメントを各人に付与する各社会の諸ルール（センの言葉を使うなら「エンタイトルメント関係」）に依存する。

たとえば，私的所有に基づく市場経済の場合，交易や生産，労働，相続に関するルールが挙げられる。床屋という職業に就く人の場合，理髪の技能と自身の労働力とを有するが，それらは食べることはできない。その人が食料へのエンタイトルメントを得るには，労働や交易を経る必要があるが，理髪サービスへの需要が著しく落ち込んだ場合，その人は食料へのエンタイトルメントを喪失しうる。あるいは，食料価格が高騰することで，エンタイトルメントの喪失が起きることもある。このように，センによる

と，ある人の食料へのエンタイトルメントを直接に左右するのは，その付与に関する社会のルール全体であり，社会全体の食料供給量ではない。

それまでの通説では，飢餓や飢饉は，食料供給量の不足によって生じるものとされてきた。しかしセンは，エンタイトルメント・アプローチによって，この説を覆す。食料供給量が急に減少した場合，たしかにそれは飢餓や飢饉を引き起こすきっかけとなりうる。しかし，食料供給量が社会全体で十分であったとしても，一部の人々の食料へのエンタイトルメントの喪失によって，飢饉や飢餓は引き起こされる。たとえば，ベンガル大飢饉の場合には，物価上昇や，食料の市場への出し控え，パニック的な食料の貯蔵，さらには政策の失敗などによって，一部の人々のエンタイトルメントが極端に低下し，それが飢饉の原因となった，とセンは分析する。

飢饉と貧困の撲滅に向けて

飢饉や慢性的な貧困の撲滅は不可能だとする悲観論を退け，センは，公共行動と法整備によってこれらを完全に撲滅することは可能だと主張する。ここで言う「公共行動」とは，たとえば公的雇用や食料配給，医療・保健衛生，基礎教育といった国家による行動だけでなく，さらに市民による行動も含む。市民による公共行動としては，政府に対する救済政策の要求などがある。また，飢饉回避のために重要な立法として，センは，自由な選挙や自由な報道，公の場での検閲のない批判などを保証する立法を挙げ，メディアが果たす役割を強調する。センによると，たとえ食料供給量が低下しても，こうした対策により，一部の人のエンタイトルメント喪失のダメージを社会全体で負担することで，飢饉や貧困は回避可能なのである。

飢饉と飢餓についてのこうしたセンの分析は，貧困にまつわる研究や政策に大きな影響を与えた。また，食料へのエンタイトルメントという形で，人々の能力に注目するセンの視点は，その後，彼自身が提唱するケイパビリティ概念（本章第3節）の基礎になっている。

第3節　正義，自由，福祉

何の平等か

　倫理学のなかでも，とくに正義論は，社会のあり方に関わる領域である。論文「何の平等か」(1980 年)および著作『不平等の再検討』(1992 年)でセンは，従来の正義論を「何の平等か」という点から整理し，自由および福祉の観点からそれぞれに吟味を加えている。なお，日本語で「福祉」と言った場合，文脈によっては，個人の生活を支援するための活動や制度，政策を意味することがあるが，センの議論における「福祉」とは，"well-being"の訳語であり，基本的に，何らかの意味での「個人のよい状態」を指している。

　センによると，正義論は，必ず何らかの点に関して，個人を平等に扱うよう求める。たとえば，代表的な立場として功利主義がある。功利主義とは，行為や社会制度のよさを，それらが結果としてもたらす効用・功利(utility)に基づき説明する立場である。センは，この立場を，効用という成果の一種に注目する点，そして，全体の効用を計算する際に各個人の効用を等しく重みづける点で，特徴があるとする。しかし，この立場は，たとえば成果を重視するあまり，個人の自由を軽視したり，また成果のなかでもとくに効用という，人間の福祉のごく限られた面にのみ注目したりといった，いくつかの点で問題があると言う。

　とくにセンが功利主義の深刻な問題として指摘するのは，いわゆる「適応的選好形成」の問題である。たとえば，人は長い間，困窮を強いられると，その状況を変えようとするのを断念し，その状況に適応し，その状況下で達成可能な選好しかもたなくなることがある。選好功利主義のように，個人の選好が満たされたかどうかという点にだけ着目して，社会のあり方を考えようとすると，深刻な不正義が見落とされてしまう可能性がある。

　また，センは，正義に関する代表的なもう一つの理論として，ロールズの理論を取り上げる。センによると，ロールズの理論は「基本財」の平等を求める理論として捉えることができるが，この基本財は，福祉を達成す

る手段と位置づけられる。しかし，基本財の平等を求めることは，必ずしも自由を平等にすることを意味しない。同じ手段をもっていたとしても，身体に障害がある人とそうでない人とのあいだでは，自由の程度が異なることはありうる。さらに，二人のあいだで達成される福祉のレベルが異なるということもありうる。人間には，たとえば代謝率や年齢，妊娠しているかどうかといった形で，手段から福祉や自由へと変換する能力において，多様性がある。人々の多様性を無視している点で，基本財の平等を求めるロールズの理論には問題がある。

このように，センは人間の多様性を基本的な事実として重視する。身体的な特性や外的な特性など，様々な点において人は多様であるために，ある点で平等を求めることは，別の点での不平等に結びつくと言う。

ケイパビリティの平等

では，社会のあり方を考えるうえでは，いかなる点で，個人の平等を求めるべきであるのか。センが主張するのは，ケイパビリティの平等である。「ケイパビリティ」(capability) とは，たとえば身体を動かし移動する，必要な栄養を得ている，衣食住が整っている，社会生活に参加するなど，人がそうであったり行ったりすることのできる機能の組み合わせを指しており，「潜在能力」と訳されることもある。センによると，人間の生活は，このように，ある状態であったり何かを行ったりするという，機能の集合からなる。ある人のケイパビリティが高いということは，ある人が達成することのできる機能の組み合わせが多いということであり，それだけその人の生活は豊かである，つまり，福祉の水準が高いことを意味する。

センによると，正義論は，個人の福祉そのものに注目し，その点において平等を求めなくてはならない。ケイパビリティは，個々人の福祉そのものの水準を評価するうえで優れた視点である。さらにセンによると，ケイパビリティは，自由の程度を表すものでもある。なぜなら，ケイパビリティは，その人が生活のなかで選んで達成することのできる機能の幅を表しているからである。したがって，ケイパビリティが高いということは，それだけ，どのような生き方を選択できるのかという「生き方の幅」が広い，

つまり自由の程度が大きいことになる。
　個人の自由の程度を反映するという点でも，センはケイパビリティの重要性を強調する。なぜなら，まず，このような自由は，福祉を実現するための手段として，重要だからである。自由が増大すれば，より望ましい選択肢が増え，それだけ，福祉を実現する可能性が高まる。さらに，自由は福祉にとって直接重要なものであると言う。「選択すること」は，それ自体で，豊かな生活の一部をなす。たとえば，誰かが飢えている場合でも，一方で，それは断食という形で，ほかに選択肢があるなかで選ばれた結果である場合もあれば，他方で，ほかに選択肢がなく，強いられた場合もありうる。前者の場合，けっして福祉が低いとはいえない。

ケイパビリティ・アプローチ
　ケイパビリティに着目し個人の状況を評価するという，こうしたアプローチを，センは，人種間や階級間の差別，ジェンダー間の格差，貧困など，社会の様々な不正義を分析する手法として，提唱する。またこのアプローチは，国際連合開発計画（UNDP）による人間開発指数の開発の理論的基盤として採用されるなど，広く国際社会に影響を及ぼしている。
　ただし，センのこのアプローチについては，問題点も指摘されている。その一つが，「様々なケイパビリティのなかでも，とくにいずれがより重要なのかという判断の規準を，センは示していない」とするものである。たとえば動き回るという能力と，バスケットボールをするという能力とでは，重要性が異なるはずである。では，とくにいずれのケイパビリティに関して，個人の平等を求めていけばよいのか。
　この点については，センと共同研究を行っていたマーサ・ヌスバウム（Martha Craven Nussbaum, 1947-）が，自身のアリストテレス研究をもとにして，人間にとって基本的なケイパビリティの列挙を試みている。

第4節　国際社会の課題と人間の安全保障

グローバル化の時代における国際社会の課題

　現代社会はしばしば「グローバル化の時代」と特徴づけられる。それは，経済や技術，学問，芸術など，様々な面での人々の交流が従来の国境を越えた規模で進んでいく現象を指す。センは，『グローバリゼーションと人間の安全保障』（2009年）をはじめとするいくつかの著作で，こうしたグローバル化の時代における国際社会の課題について論じている。

　センによると，グローバル化はけっして新しいものではない。たとえば数学の考え方の伝搬に見られるように，この現象は数千年前から見られる。他方で，センは，現代の私たちが向き合うべき課題として，「グローバル化から得られる利益をいかに配分するのが公正なのか」を挙げる。グローバル化が人類にとって利益があるにしても，問題は，その利益を豊かな国と貧しい国のあいだで，また一国内の中で，いかに配分するかである。とくに貧しい人が必要なものを入手できるようにするにはどうしたらよいのか。センは，こうした問題を私たちは考えなくてはならないとし，問題を考える視点として「人間の安全保障」（human security）の概念に注目する。

人間の安全保障

　人間の安全保障とは，人間一人ひとりに着目し，その生存，生活，尊厳に対する脅威や危険から人々を守ることを指す。この概念が公的な場で初めて用いられたのは，国際連合開発計画が作成した1994年版『人間開発計画報告書』であり，2001年には人間の安全保障委員会が創設された。センは，緒方貞子と共にその共同議長を務めている。

　「安全保障」という言葉が国際社会の文脈で用いられる場合，それまでは基本的に，国家に関わるものとして，つまり国家の外部からくる脅威や危険から国家を守ることとして，理解されてきた。しかし，国家の安全が保障されることと，個々人の安全が保障されていることとは，必ずしも一致しない。たとえばGDPが高く，外敵からの侵略から守られており，国

全体としては，安全が保障されている場合でも，一部の国民が飢餓や貧困，感染症などで，生存の危機にさらされることはありうる。人間の安全保障は，国家の安全保障を補うものとして，提案された概念である。
　こうした人間の安全保障の観点から「グローバル化の利益をいかに公正に配分するか」の問題を考えるなら，まず「不利益をこうむるリスク」に目を向けなくてはならない，とセンは主張する。たとえば，HIV/AIDS や新型マラリアといった感染症，紛争，それに伴う虐殺，テロリズム，景気後退，経済危機など，今日，個人の生存，生活，尊厳を脅かす新たな脅威が，グローバル化によって次々と生じている。センによると，こうした脅威に最も影響を受けやすいのは，弱い立場にある人々なのであり，そうした人々の状況を単なる格差の問題として見過ごしてはならない。
　さらに，人間の安全保障の観点からすると，たとえば一定水準の所得保障や物資の配給といった形で，弱い立場にある人々を保護するだけでは十分ではないと言う。さらには，言論の自由や自由な政治参加といった民主主義的な諸権利を，そうした人々に保障することも，重要である。たとえば，生存を脅かす脅威の一つに飢饉があるが，センによると，諸権利が人々に保障された民主主義的な体制の社会において，本格的な飢饉は一度も発生したことがないと言う。

普遍的な価値としての自由
　人間の安全保障と近い考え方に，人間開発と人権がある。「人権」は，人が人である限りでもつとされる権利であり，人間の基本的な自由を尊重すること，それを拡大することの義務を説明する根拠となる概念である。「人間開発」は，国連開発計画の定義によると，「人々が各自の可能性を十全に開花させ，それぞれの必要と関心に応じて生産的かつ創造的な人生を開拓できるような環境を創出すること」を開発の目的に置く考え方であり，ケイパビリティ概念に依拠して提案されたものだといわれている。
　人権と人間開発は，まず，一人ひとりの人間の生存や生活に注目する点で，そして，自由がそうした人間の生存や生活にとって重要なものだと見なしている点で，人間の安全保障の概念と共通する。センは，これら二つ

の概念と人間の安全保障とを相補的な関係にあると説明し，三つの概念を，国際社会の課題を考えるうえでの規準となる概念として，重視する。

しかし，個人の自由を重視するこうした考え方に対しては，「西欧的な価値であり，アジアの社会にはなじまない」という批判がある。これに対しセンは，自由の価値の普遍性を強調することで，反論している。

センによると，そもそもアジア社会は多様性に富んでおり，そこで見出される価値を「アジア社会の価値」とひとくくりにはできない。むしろ歴史的には，中国やインドなど，アジアにおいても自由を重視する考えが見出される。たしかに自由をすべての人に認めるべきとする考え方は，西欧社会で比較的近年に生じたものかもしれない。しかし，だからといって，自由がアジアになじまないことにはならない。自由は，誰であれ人間らしく生きるのに不可欠なものであり，誰もがそれを価値として受け入れる理由がある。この点で，センは，自由を普遍的な価値だと述べる。

＊　　＊　　＊

センは，従来の経済学の人間観を批判し，「コミットメント」に依拠した新たな人間観を提唱した。また，「エンタイトルメント」や「ケイパビリティ」という形で，貧困や福祉を捉えるうえで，人々の能力に注目することの重要性を主張し，ケイパビリティの観点から従来の正義論を批判した。こうしたセンの思想は，国連による人間の安全保障委員会の設置といった形で，今日の国際社会に広く影響を及ぼしている。

（圓増文）

【文献】
セン『貧困と飢饉』黒崎卓・山崎幸治訳，岩波書店，2000 年
セン『不平等の再検討』池本幸生・野上裕生・佐藤仁訳，岩波書店，1999 年
川本隆史『現代倫理学の冒険』創文社，1995 年
大石りら「アマルティア・セン　人と思想」，セン『貧困の克服』大石りら訳，集英社新書，
　　2002 年，所収

人名索引

【ア行】

アウグスティヌス 27-36
アガンベン 216
アドルノ 231
アリストテレス 13, 15-22, 26, 38, 253, 271
アルチュセール 206
アンスコム 253
イエス・キリスト 32-33, 35, 37, 173
ウェーバー 50
ヴォルテール 94
エピクロス 23-24
エラスムス 49-50
エンゲルス 151
オーウェン 147

【カ行】

ガタリ 218-219
ガリレイ 48
カルヴァン 49
カント 93, 113-125, 128, 131, 190, 211, 258
キケロ 27-28
キルケゴール 201-202
クザーヌス 48
グロティウス 50
クワイン 177
ケプラー 48
コペルニクス 48
コンディヤック 143
コント 143-144
コンドルセ 144

【サ行】

サルトル 189, 191-200, 203, 206, 211
サン＝シモン 143, 147
サンデル 263
ジェームズ 177-178
シェーラー 189-190
シェリング 123-125
ショーペンハウアー 158
スアレス 50
スピノザ 50-51, 60, 73-80, 82
スペンサー 146
スミス 92, 103-112, 262
ゼノン 25
セン 265-274
ソクラテス 3-7, 9-12, 19, 22, 130, 136, 158, 173, 215
ソシュール 203, 205

【タ行】

ダーウィン 145-146
ダランベール 94, 143
ディドロ 94
デカルト 51-60, 73-75, 77-78, 127, 205, 207, 224
デューイ 177-178
デュルケム 209
デリダ 217, 219-220
ドゥルーズ 166, 217-219
トマス・アクィナス 37-46, 68

【ナ行】

ニーチェ 157-166
ニュートン 48
ヌスバウム 271
ネグリ 216
ノージック 262-263

【ハ行】

ハイデガー　179-180, 182-188, 221
パウロ　32-33, 38
パース　177-178
パスカル　62
ハーバーマス　231-240
ピコ・デラ・ミランドラ　47
ヒューム　83-93, 103-105, 112, 252
フィヒテ　123-125
フーコー　160, 207-217, 219
フッサール　189, 191-192, 221
フット　254
プラトン　3-4, 7-13, 15, 19, 22, 26, 29, 47, 158, 219
フーリエ　143, 147-148
プルードン　147-148
ブルーノ　47
フロイト　205
ヘア　241-242, 244-250, 252
ヘーゲル　123-132, 147-148, 151, 191, 201, 206, 217
ベーメ　48
ペラギウス　33
ベール　50
ベルクソン　144, 167-176
ベルンシュタイン　155
ベンサム　133-137, 142, 147, 212
ボダン　50
ホッブズ　50, 63-72, 85, 91, 93, 120, 131

ホルクハイマー　231-234

【マ行】

マキアヴェッリ　48
マッキンタイア　254
マルクス　147-156, 196
マルセル　202
ミル　133, 135-142
ムア　241, 251
メルロ＝ポンティ　189-190
モア　48
モンテスキュー　94
モンテーニュ　61, 207

【ヤ行】

ヤコブソン　204
ヤスパース　202

【ラ行】

ライプニッツ　48, 76
ラカン　205
リオタール　217-218
ルソー　72, 93-102, 120, 258
ルター　49
レヴィ＝ストロース　203-205
レヴィナス　189, 221-229
レーニン　155
ロック　50, 71-72, 91, 93, 120, 258, 262
ローティ　177
ロールズ　255-264, 269-270

事項索引

【ア行】

愛　34-35, 43, 62, 81, 190
悪　30-32, 48, 64, 80, 160, 222
アタラクシア　24
アート・オブ・ライフ　139-140
アパテイア　26
アポロン的／ディオニュソス的　158
憐れみ　95, 101-102
アンガジュマン　195-196
位階秩序　39-40
意志の転倒　31-21
意識　127-30, 151, 167-170, 189, 191-193
一般意志　98-99
一般的な観点　105
イデア　10-12
イリヤ　222
運命愛　165-166
永遠の相のもとで　81
永遠平和　121
永遠法　44-45
永劫回帰　164-166
エートス　13, 22, 187
エピクロス派　23-25
エラン・ヴィタル　169-171
遠近法主義　163
エンタイトルメント　266-268, 274
大きな物語　218
恩寵　32-34, 36, 38, 40-41, 43, 46, 49, 52, 62

【カ行】

階級闘争　153
懐疑　28, 56, 207
懐疑論　28, 56, 61, 113

快楽　18, 23-25, 40, 133-136, 138
快楽計算　134
快楽主義　23-24, 133, 135
顔　224-226
格差原理　257-258, 260-261, 263
隠れて生きよ　24
仮構機能　173-174
下部構造／上部構造　152, 206
神あるいは自然　74
神の国／地の国　35
神の知的愛　81
神の似姿　29-30, 37, 40
神は死んだ　161
考える葦　62
間主観性　189-190
感情主義　83, 92, 103, 105, 107, 112
感応性理論　252
機械　52, 218
機械論　48, 52
幾何学の精神／繊細の精神　62
基礎存在論　179
気遣い　180-182, 188
気晴らし　62
義務　25, 88-90, 106, 115-116, 118-120, 122, 136-137, 139, 253-254
義務論／目的論　253
共感　86-87, 91-92, 103-106, 111-112, 139, 190
狂気　207-209
共産主義　154-156
共存在　181
共通善　43-44
共和国　98-99
共和主義　100

ケイパビリティ　270-271, 273-274
啓蒙　93-94, 113, 130, 143, 217, 231-233
　　──の弁証法　231-233
限界状況　202
原罪　30-33, 35-36, 44, 49
現象学　189
現象／物自体　114, 123-124
原初状態　258-261, 263-264
現存在　179-186, 188
権力　67, 70-72, 140-142, 211-216, 233, 237-238
構造主義　200, 203-206, 211, 221
幸福　3, 7-8, 13, 15-17, 20-21, 24-25, 28, 60, 101-102, 115-116, 120, 133-134, 136-138, 142, 248, 255-256, 265
公平な観察者　104-106, 111-112
高邁　60
功利の原理　133-140
功利主義　23, 133, 137, 140, 142, 248-250, 253, 255-256, 260, 269
　選好──　241, 247-248
合理主義　51, 74, 83
合理的な愚か者　265
コスモポリタニズム　26
コナトゥス　63, 78-80, 82
コミットメント　266, 274
コミュニケーション的行為　234-238
コミュニケーション論的転回　233-234
コミュニタリアニズム　262-264
コペルニクス的転回　114

【サ行】

最大多数の最大幸福　134
錯誤理論　252
サンクション　135
三段階の法則　144
暫定的道徳　55
死へと関わる存在　183-184, 186

自我　124-125
自我中心主義　225
自己愛　21-22, 89, 91, 95-96, 101, 106, 108-112
自己意識　127, 192-193, 233
自己外化　129
自己保存　65, 68, 78-80, 95, 173, 233
自己利益　101, 265-266
持続　168
実在論／反実在論　252
実質的価値倫理学　190
実証主義　143-144
実践理性の要請　115
実存　179, 184-185, 193-195, 199, 201-201
実存主義　191, 193-196, 198-204, 206, 221-222
実存的交わり　202
自然　25-26, 38, 73-75, 79, 82, 90, 96, 101, 125, 173-174, 232
　──の光　51, 54
　──に帰れ　96
自然権　68-72, 262
自然主義的誤謬　251
自然主義／非自然主義　252
自然選択説　145
自然的〔本源的〕善性　95, 100-102
自然法　26, 45-46, 68-72, 90, 95, 97
自尊心　96, 256, 261
シニフィアン／シニフィエ　205
至福　40-41, 62, 65, 81-82
資本主義　50, 147-148, 150, 153-156
市民社会　63, 71-72, 131-132, 147-150
市民的公共性　232-233
社会契約　98-99, 120
社会契約説　63, 71-72, 91, 93, 102, 120-121, 132, 229, 258
社会主義　147-148, 155-156, 206
社会進化論　146

社会静学／社会動学　144
自由　25, 41, 68-69, 71, 80-81, 93-102, 109-110, 112, 115, 118-119, 129-130, 140-142, 194-195, 200, 222-227, 229-230, 250, 256-257, 260-263, 269-271, 273-274
　　──の刑　194-195
自由意志　30, 33-34, 47, 49, 57-60, 76, 82
宗教改革　49-50, 66, 130
重層的決定　206
集列　197
主体化＝従属化　212
主体的真理　201-202
受動感情／能動感情　79
主と奴の弁証法　128-129
止揚　126, 131
商業社会　94, 107-109, 112
情動主義　241-242, 251
情念　26, 58-60, 64-65, 67, 83-85, 92
職業召命観　49
所有　67, 90, 131, 148, 202, 222
所有権　71-72, 110, 262-263
自律　118, 122, 212
指令主義　241, 252
仁愛　88-89, 106, 108
新アリストテレス主義　253
進化　145-146, 169-172
信仰義認説　49
信仰／理性　27, 38, 46, 62, 115
心身〔物心〕二元論　58
神秘主義　48, 174-175
新プラトン主義　28, 30, 32
進歩　144-146
人民主権　98-100, 102
人倫　130-132
ストア派　25-26, 66, 68
正義　7-9, 19-21, 42, 67, 69, 89-92, 109-111, 138-139, 218, 220, 228-229, 255-264, 269
　　公正としての──　255-256, 258, 262, 264
　　──の二原理　256-261, 263
生活世界の植民地化　237-238
生権力　213-214
聖書中心主義　49
精神　28, 32, 58-60, 62, 73-74, 76-82, 125, 128-129, 151, 165-166
生政治　213-214, 216
静的宗教／動的宗教　173-175
生命　169-171
世界内存在　180, 188
責任　182, 194-195, 200, 220, 225-230
絶対者　123, 125-127, 129, 132
善（善さ）　6, 10-11, 15-16, 29-30, 39, 43-45, 49, 64, 70, 80-81, 115, 131, 138, 160, 227, 251
善意志　115
先駆的決意　185-186, 188
全体性　221-226, 228-229
総駆り立て体制　187-188
疎外された労働　149-150
即自存在／対自存在　192-193
素材／形相　15-16
ソフィスト　3-4
尊厳　47, 62, 118, 136, 187, 272-273
存在忘却　186-187

【タ行】

頽落　182-183
他者　127-128, 141, 181-182, 184, 189-190, 196-197, 214-216, 220-221, 223-230
他者危害の原則　140-142
多数者の専制　140-142
他性　224-225, 228-229
脱構築　219-220
魂　5, 8-9, 11-12, 16-17, 26, 41-42
力への意志　162-166
知の考古学　209

中間者　62
中庸　17-18, 20-22
超人　164, 166
直観　167-169, 171-172, 176
直観主義　241-242, 252
定言命法　116
ディシプリン　212
哲人王　9
デミウルゴス　11, 29
ドイツ観念論　123-125, 132
投影主義　252
討議原則　238-239
討議倫理学　231, 238-239
道具主義　178
統治性　214, 216
道徳感情　86-87, 103-106, 112
道徳法則　115-119, 124, 128
徳　3, 5-6, 8, 16-19, 21-22, 25, 41-43, 59-60, 79-82, 83, 85-86, 88-92, 104, 107, 111, 138, 253-254
徳倫理学　22, 253-254
閉じた社会／開いた社会　172-173
奴隷道徳／主人道徳　159-161, 163

【ナ行】

内在主義／外在主義　252
二層理論　241, 245-246
ニヒリズム　157, 161-165
人間の安全保障　272-274
人間の終焉　211
認知主義／非認知主義　251-252

【ハ行】

パレーシア　215-216
反照的均衡　260-261, 264
汎神論　47, 74
万人司祭主義　49
万人の万人に対する戦争　67-68

ひと　182-183, 185, 188
批判哲学　113, 120
ピュシス／ノモス　11-12
ヒューマニズム　47, 187, 195-196, 200, 206, 211
ヒュームの法則　252
表象知／理性知／直観知　77-78
平等　49, 66, 95, 97-98, 102, 257, 269-270
貧困　265, 268, 274
不安　183, 185, 194-195, 200
福祉国家　156, 261
不条理　198
不平等　94-98, 132, 147, 154, 257-258, 261, 270
普遍化可能性　244, 247
普遍化原則　238-239
普遍性の法式　116
プラグマティズム　177
フランクフルト学派　231-232
並行論　76, 78, 82
弁証法　123, 125-126, 151
弁論術　4, 14
ポストモダニズム　217-218
ポストモダン　217
ポリス的な動物　20
ポリテイア　21
本能／知性　170-172

【マ行】

マルクス主義　155, 196, 198, 200, 206, 211
見えざる手　109
身代わり　227
無からの創造　29, 36
無限　47-48, 57-58, 73-74, 223-226, 228-230
無知のヴェール　259
無知の知　5
目的の法式　117
目的の国　119

黙約　90-92
メタ倫理学　251-252
モラリスト　61-62, 159
問答法　5

【ヤ行】

野生の思考　204
唯物史観　151, 156, 196, 198
友愛　20-22, 43-44
溶融集団　197
抑制のなさ　9, 18-19
欲望　9, 31, 59, 64, 78, 131-132, 148, 175, 218-219
欲望の体系　131
予定（予定説）　34-35, 49

【ラ・ワ行】

リヴァイアサン　70-71
利己心　90-91, 108
リバタリアニズム　262, 264
リベラリズム　261, 263
理性　9, 16, 25-26, 37-38, 51-54, 61-62, 64-65, 77, 79-81, 83-86, 93-94, 113-115, 118, 128-129, 201, 207-209, 231-234
　コミュニケーション的——　231, 236, 240
　道具的——　232-233, 236, 240
理性の狡知　129
理想的発話状況　239
良識　52
良心　101, 105-107, 110, 137, 160-161, 184-185, 188
倫理　187, 207, 215-216, 221, 225-226, 228-230
倫理学　13-14, 22, 73-74, 241, 251, 253, 255
ルサンチマン　160
ルネサンス　47-48
霊／肉　28-30
私は思惟する，ゆえに私は在る　56

【執筆者一覧】

柘植尚則（【編者紹介】参照）
　はしがき，第6・8・10・14章
西村洋平（にしむら・ようへい　兵庫県立大学環境人間学部准教授）
　第1・2章，コラム1・2
武富香織（たけどみ・かおり　慶應義塾大学大学院文学研究科博士課程単位取得退学）
　第3章
菅原領二（すがわら・りょうじ　ローマ大学ラ・サピエンツァ哲学科博士課程）
　第4章
秋保亘（あきほ・わたる　玉川大学文学部助教）
　第5・7章
吉田修馬（よしだ・しゅうま　上智大学特任准教授）
　第9章，コラム3・4・5・6
石田京子（いしだ・きょうこ　慶應義塾大学文学部准教授）
　第11・12・21章
水野俊誠（みずの・としなり　慶應義塾大学文学部非常勤講師）
　第13章，コラム7・8
西川耕平（にしかわ・こうへい　文京学院大学人間学部非常勤講師）
　第15・19章，コラム11・12
西山晃生（にしやま・てるお　慶應義塾大学文学部非常勤講師）
　第16章
金成祐人（かんなり・ゆうと　帝京大学理工学部リベラルアーツセンター講師）
　第17章，コラム9
長門裕介（ながと・ゆうすけ　大阪大学社会技術共創研究センター特任助教）
　第18章，コラム10
村上暁子（むらかみ・あきこ　慶應義塾大学文学部助教）
　第20章
五味竜彦（ごみ・たつひこ　慶應義塾大学文学部非常勤講師）
　第22章，コラム13・14
花形恵梨子（はながた・えりこ　日本薬科大学非常勤講師）
　第23章
圓増文（えんぞう・あや　東北大学大学院医学系研究科助教）
　第24章

【編者紹介】

柘植尚則（つげ・ひさのり）

1964 年	大阪府生まれ
1993 年	大阪大学大学院文学研究科博士課程単位取得退学
現　在	慶應義塾大学文学部教授，博士（文学）
専　攻	倫理学
主　著	『イギリスのモラリストたち』研究社，2009 年
	『プレップ倫理学』弘文堂，2010 年
	『プレップ経済倫理学』弘文堂，2014 年

入門・倫理学の歴史 ── 24 人の思想家 ──

2016 年 3 月 10 日　第 1 刷発行　　《検印省略》
2022 年 3 月 31 日　第 4 刷発行

編著者ⓒ　柘　植　尚　則
発行者　　本　谷　高　哲
印　刷　　シナノ書籍印刷
　　　　　東京都豊島区池袋4-32-8

発行所　　梓　出　版　社
　　　　　千葉県松戸市新松戸7-65
　　　　　電話/FAX047 (344) 8118

乱丁・落丁本はお取り替えいたします。
ISBN 978-4-87262-038-2